T0276354

LA PAREJA ESPIRITUAL:

UNA GUÍA PARA EXPERIMENTAR LA RELACIÓN SANTA

DE LOS PRINCIPIOS DE *UN CURSO DE MILAGROS*

PRÓLOGO DE PATRICK MILLER

CINDY LORA-RENARD

EL GRANO Ð MOSTAZA

Título: La pareja espiritual
Autora: Cindy Lora-Renard

Copyright © 2023 a cargo de Cindy Lora-Renard
Primera edición en España, enero de 2024
© para la edición en España, El Grano de Mostaza Ediciones

Impreso en España
ISBN PAPEL: 978-84-127340-8-9
ISBN EBOOK: 978-84-127340-9-6
DL: B 21589-2023

El Grano de Mostaza Ediciones, S.L.
Carrer de Balmes 394, principal primera
08022 Barcelona, Spain
www.elgranodemostaza.com

LA PAREJA ESPIRITUAL:

UNA GUÍA PARA EXPERIMENTAR LA RELACIÓN SANTA

DE LOS PRINCIPIOS DE *UN CURSO DE MILAGROS*

PRÓLOGO DE PATRICK MILLER

CINDY LORA-RENARD

"Con su nuevo libro, *La pareja espiritual: Una guía para experimentar la relación santa*, Cindy Lora-Renard ofrece un examen extenso y maravilloso de la mayoría de las relaciones y de lo que se necesita para convertirlas en santas. Este libro no trata sobre Cindy y yo, aunque hay una parte sobre mí; es para todos aquellos que están en una relación o les gustaría estarlo. He visto crecer el conocimiento y la sabiduría de Cindy a lo largo de los años hasta el punto en que se ha convertido en una de las mejores maestras y escritoras espirituales del mundo. Si te interesa expandir tu conciencia, ¡no te pierdas este importante libro!".

—Gary Renard, autor de la trilogía de *La desaparición del universo* y *Las vidas en que Jesús y Buda se conocieron.*

"¡Prepara bolígrafo y papel porque vas a querer tomar notas! *La pareja espiritual* es más que un libro. Es una guía sobre cómo llevar los principios espirituales a tus relaciones y a tu vida. Cindy Lora-Renard combina su profunda comprensión de *Un curso de milagros* con su naturaleza amable para ayudarnos a sentirnos seguros de mirar adentro y descubrir esos malditos obstáculos al amor que obstaculizan nuestras relaciones. A un nivel personal, me gusta que Cindy destaque y refuerce continuamente la importante y poderosa ley de la mente: tal como veas a otros, así te verás y, por lo tanto, te experimentarás a ti mismo. Cindy te ayudará a entender claramente esta ley, de modo que se convierta en una puerta para experimentar compasión, curación y una auténtica paz en tus relaciones, y en consecuencia dentro de ti. Me encanta mi creciente compromiso con la sanación y disfrutar de mi relación desde que he leído esta guía tan útil y genuina".

—Fiona Williams, coach espiritual y autora de
Awakening Your Right Mind-Healing from Fear y
Following Spirit with A Course in Miracles.

"Cindy Lora-Renard ha escrito una guía preciosa para favorecer el aprendizaje en nuestra aula más importante: nuestras relaciones. Su libro cubre un amplio rango de temas asociados con las relaciones, con abundantes ejemplos tomados de sus muchos años de experiencia como consejera espiritual y maestra de *Un curso de milagros.* Las enseñanzas de Cindy son consistentes y están enraizadas en el amor y la curación, y se basan en la verdad de que sanar nuestras relaciones nos ayuda a sanar nuestra creencia en la separación de Dios. Cualquiera que sea tu estatus relacional, ¡obtendrás mucho de este libro!".

—Corinne Zupko, autora del éxito de
ventas *From Anxiety To Love.*

"Pocos libros abordan directamente los aspectos fundamentales de estar en relación con otra persona como el de Cindy Lora-Renard, *La pareja espiritual: Una guía para experimentar la relación santa.* Usando como cimiento *Un curso de milagros,* Cindy comparte ejemplos de su vida personal. Describe la diferencia entre la relación santa, basada en el amor incondicional, y lo que pasa por ser amor en el mundo físico, a lo que se refiere como relaciones especiales. Cuando aprendemos a perdonar nuestras proyecciones sobre los demás y el mundo, entramos en el espacio sagrado de nuestra existencia y tenemos un vislumbre de esa realidad, lo cual tiene un efecto positivo en nuestras relaciones. Cindy explica que la relación santa no es un romance, no es posesiva ni exclusiva, sino un estado transcendente en el que se pasa de parecer que se está separado de todo a ser uno con todo. ¡Qué maravilloso realizar este viaje con Cindy al leer su libro! Sus metáforas inspiran, transcienden y reavivan".

—Gabriella Ilie, Dalhousie Medical Research
Foundation, científica investigadora de la calidad de
vida con cáncer de próstata y profesora numeraria.

Dedico este libro a todos los maestros visibles e invisibles que me han inspirado a vivir mi vida al máximo. Me siento eternamente agradecida por su apoyo continuado, por reconfortarme y por sus ánimos a medida que recorro el camino de vuelta a Dios.

A veces tienes que cerrar los ojos para
ver verdaderamente lo que está delante de ti.

Cindy Lora-Renard

ÍNDICE

PRÓLOGO

Confieso que no puedo pensar en lo que *Un curso de milagros* nos enseña sobre las relaciones sin tener un recuerdo extrañamente cariñoso de Choosy.

'Choosy' es el pseudónimo de una mujer encantadora que conocí durante un breve y aventurero periodo de citas en línea que siguió a mi divorcio después de quince años de matrimonio. Encontré su perfil un fin de año, el día 31 de diciembre, y le escribí a la mañana siguiente, asombrándome de recibir una respuesta casi inmediata. Como pronto supe, en realidad no era una respuesta. De hecho, Choosy y yo nos habíamos enviado saludos *simultáneamente* aquel fatídico primero de enero.

Es un milagro, pensé, asumiendo que la sincronicidad era un buen augurio para una relación romántica profunda y significativa. En cambio, los siguientes treinta días nos trajeron un desfile de encuentros extraños y conversaciones artificiales. Sobre todo, Choosy quería ir al cine, y fuimos muchas veces. Pero eso dejaba horas en las que teníamos que hablar y, después de compartir los comentarios sobre las películas, encontramos poco terreno en común.

Choosy se declaraba atea, aunque se sentía fascinada por los programas de televisión sobre cazafantasmas. Esta paradoja me convenció de que probablemente estaba reprimiendo una vida interna espiritual. De modo que le hablé —y extensamente, me temo— sobre mi propio camino espiritual, que comenzó tras siete años de una enfermedad grave, el síndrome de fatiga crónica, que me llevó a mi primer encuentro con *Un curso de milagros*. Eso activó el largo proceso de curación siguiente y así sucesivamente.

Pensé que este sería un tema sublime entre películas, pero noté que el rostro de Choosy revelaba una mirada vidriosa cada vez que hablaba del *Curso*. Al acabar el mes ya había tenido bastante. El 31 de enero me abandonó sin más ceremonia y sin una palabra de explicación.

Nos volvimos a encontrar dos años después. Yo bajaba saltando las escaleras del gimnasio después de hacer ejercicio cuando me topé con Choosy, que estaba cruzando la calle y se dirigía directamente hacia mí. Además de parecer sorprendida, también se quedó pálida y dubitativa, obviamente estaba agotada. Lo cierto es que no podía decirle honestamente "¡Tienes un aspecto fantástico!", de modo que solo le pregunté cómo le iba. Ella respondió:

—No muy bien. He estado enferma durante meses y me han diagnosticado el síndrome de fatiga crónica.

Le expresé de inmediato mis condolencias —podía decir honestamente que sabía por lo que estaba pasando— y le ofrecí ayuda con cualquier información o conocimiento que le pudiera ser útil. Todavía con ojos de sorpresa, Choosy me miró fijamente y dijo:

—Bueno, resulta interesante toparme contigo justo en este momento. Acabo de ver a mi terapeuta, y me ha sugerido que podría beneficiarme de echar una mirada a *Un curso de milagros*.

Después de un breve y silencioso brote de reivindicación engreída, solo respondí:

—Oh, ¿de verdad?

Mirándome con más intención, Choosy se me acercó y susurró:

—Entonces, ¿puedo preguntarte algo que realmente necesito saber?

—¡Claro! —susurré de vuelta, sin tener claro por qué parecía haber tanto secreto. Choosy miró a ambos lados de la acera antes de preguntar con toda seriedad:

—¿No es el *Curso*, principalmente, para *gente loca*?

Confieso que me eché a reír delante de ella por dos razones. En primer lugar, ahora estaba clara la razón que le había llevado a deshacerse de mí tan abruptamente. En segundo, estaba dando justo en la diana con su caracterización de los estudiantes del *Curso*. De modo que le respondí:

—Sí, tienes toda la razón, ¡siempre que entiendas que el *Curso* dice que *todos* estamos locos!

Este encuentro inolvidable vino con frescura a mi memoria mientras disfrutaba de la revisión de este libro sobre las relaciones y *Un curso de milagros*, escrito por Cindy Lora-Renard. Esto se debe a que mucho de lo que Cindy tiene que compartir es lo que yo llamaría sentido común extraordinario; es decir, lo que todos nosotros ya sabríamos si no hubiéramos perdido la cabeza y enloquecido.

Ken Wapnick, el legendario filósofo del *Curso*, a menudo indicó que, a pesar de que resulta desafiante y de su dificultad general, *UCDM* no es un camino espiritual avanzado; de hecho, es curativo. No está diseñado para llevarnos directamente a la iluminación. Más bien, está diseñado para llevarnos a reconocer el lío en que se han convertido nuestras vidas empapadas de ego, de modo que seamos llevados a la humilde consideración de que "debe haber otra manera". Y paso a paso, lección a repetitiva lección, nos muestra un camino de salida: un camino hacia la cordura inspirado por un punto de vista profundamente distinto a la perspectiva triste, trágica y egocéntrica a la que estamos acostumbrados.

Muchos creemos que nuestras relaciones problemáticas —que el *Curso* define como "especiales"— son las que nos han vuelto locos. Sin duda, la primera que experimentamos es la relación con nuestros padres y/o nuestra familia de origen, pero la que pone a prueba nuestra cordura en la vida adulta es la que solemos definir como *romántica*. Este es el tipo de relación de a dos en la que, inicialmente, la nueva y atractiva pareja parece ser el hombre o la mujer "de nuestros sueños": todo lo que podríamos desear en cuanto a sentimientos, inteligencia, sexualidad, gusto cinematográfico y así sucesivamente. Esto es lo que *UCDM* identifica como la fase de "amor especial".

Por desgracia, con el tiempo el amor especial a menudo degenera en aburrimiento, inquietud, discordia, alienación, para acabar en divorcio en todos los sentidos de la palabra. Esta es la fase de "odio especial", para la que la mayoría de la gente no tiene una respuesta preparada, aparte de retomar su esperanzada y desventurada búsqueda de la "pareja del alma".

Cindy aclara profundamente este ciclo de la relación especial al sugerir que nos preguntemos: "¿Quiero encontrar a mi pareja del alma mientras todavía tengo la mente nublada con pensamientos de carencia, juicio o temor? Para el ego, la respuesta es sí, porque necesita algo o a alguien en quien proyectar su culpa inconsciente, y le sirve cualquiera".

Por tanto, los lectores deben estar avisados de que Cindy no ofrece una guía fácil y rápida para encontrar al amor de tu vida. Lo que sí hace es proveer una serie de herramientas de pensamiento y meditaciones inspiradas en el *Curso*, algunas diseñadas con la ayuda de su marido Gary (he oído hablar de ese tipo antes, en alguna parte), que acelerarán el progreso del lector en la disciplina esencial del perdón, la abundancia interna, "la comunicación intrépida" y más. Y en el Capítulo 10 aborda la gran cuestión de las relaciones; es decir, el truculento y pinchoso reto de decidir si uno quiere "tener razón o ser feliz".

Como cuenta Cindy: "He visto incontables situaciones en las que dos personas se saltaban mutuamente al cuello porque cada una de ellas quería que la otra estuviera equivocada y no llegaban a ninguna parte en su comunicación". Las comprensiones de Cindy serán especialmente útiles para cualquiera que haya estado ahí y haya hecho eso.

Aunque *UCDM* es ampliamente considerado una disciplina para estudiarla cada uno por su cuenta y muchos la emprendemos inicialmente en soledad, es en nuestras relaciones donde "llega la hora de la verdad", en cuanto a obtener sus beneficios. Gracias a Dios y a Cindy por este resumen veraz y conciso, al tiempo que amplio, de lo que el *Curso* propone, no solo para ayudarnos a entender las relaciones, sino para nuestra transformación continua dentro de ellas. El intento de encontrar un compañero del alma, si se contempla con suficiente humildad, es una oportunidad de confrontarse a uno mismo, de descubrirse y, por último, de continuar compartiendo una felicidad genuina. Garantizado: a algunos les puede disgustar que no sea una simple cuestión de ser selectivos.*

---

* Aquí el autor hace un juego de palabras con "choosy", selectivo, y el nombre usado por la compañera de la que habla en la primera parte de la introducción, Choosy. (N. del t.)

D. Patrick Miller es el fundador de Fearless Books, el editor original de La desaparición del universo *de Gary Renard, y autor de* Understanding A Course in Miracles: The History, Message, and Legacy of a Profound Spiritual Path *(Fearless Books, segunda edición 2021).*

NOTA DE LA AUTORA Y AGRADECIMIENTOS

Este es un libro sobre las relaciones, que son lo más importante de nuestra vida, aunque a veces no lo reconozcamos. Sin duda, algunos pensamos que podemos alejarnos de lo que *Un curso de milagros* llama relaciones "especiales". Este brillante *Curso*, que citaré a lo largo del presente libro, es un sistema de pensamiento puramente no dualista que dice que solo Dios o el amor perfecto es nuestra realidad absoluta. Como he ofrecido una introducción más completa a los principios del *Curso* en mis anteriores libros, en este me centraré principalmente en su perspectiva sobre las relaciones, que toman la forma de amor especial y odio especial, aunque ninguno de ellos es el amor incondicional de Dios. Entonces, ¿cómo experimentamos este amor total e incondicional de Dios? Podemos usar nuestra relación para otro propósito, y de esto tratará el presente libro.

Aunque siempre me consideraré una estudiante de *Un curso de milagros*, al que a partir de ahora me referiré simplemente como el *Curso*, he enseñado sus principios durante más de quince años. Durante ese tiempo, las preguntas más frecuentes de los alumnos han tratado sobre las relaciones, y más específicamente sobre cómo sanarlas. Estas preguntas tienen una respuesta, aunque es posible que no sea la que tú crees. A medida que avancemos, irá quedando claro que existe una conexión entre sanar nuestras relaciones en este mundo y sanar la creencia en la separación de Dios.

Algunas personas creen que pueden escapar de las relaciones especiales, lo cual es imposible. Si estuvieras meditando en la cima de una montaña en el Tíbet, o aislado en la soledad de una isla desierta, seguirías estando en conflicto con alguien y ese alguien serías tú. Además, tendrías recuerdos. Pero si estás viviendo lo que denominamos una vida "normal", una cosa importante que has de entender es que tus relaciones especiales a menudo conllevan mucho dolor. Esto se debe a la culpa depositada en la mente debido a la creencia de que nos hemos separado de Dios, creencia que fue proyectada al exterior y que ahora vemos fuera de nosotros, en otras personas. Es exactamente ahí donde el ego quiere estar. Nuestra función no es *escapar* de las relaciones especiales, sino transformarlas. Este libro te enseñará cómo hacerlo.

Todos nacemos en el seno de relaciones especiales. Esto comienza con las relaciones que tenemos con nuestros padres o con quien nos haya criado hasta llegar a la edad adulta, y también con aquellos a quienes juzgamos porque no nos dedicaron el suficiente tiempo para ser "buenos" padres o nuestros "verdaderos" padres. Así es como estaba organizado. Lo que hemos olvidado es que queríamos que fuera así, tal como queremos que sean como son todas las demás relaciones de nuestra vida. Puede que esto nos parezca imposible, pero eso se debe a que sobre la mente cae un velo de olvido. No obstante, como comento a lo largo del libro, dicho olvido no significa que no tengas una mente para elegir cómo quieres ver tus relaciones y, por tanto, que no tengas la capacidad de vivir pacíficamente y en armonía contigo mismo y con los demás. La tienes. Puedes tener éxito y lo tendrás si haces tu parte dando el máximo de ti.

¿Cuál es la relación última y definitiva? La relación definitiva es la que tienes con tu Fuente o Dios. Esto se debe a que, en realidad, no hay nada más. En el Cielo la palabra relación no tiene sentido, puesto que implica que hay otro con quien estar en relación, cuando, de hecho, el estado último del ser es la unidad total. Puesto que creemos estar separados de Dios, necesitamos sanar esta sensación de separación. Tanto si nos damos cuenta de ello como si no, cuando sanamos nuestras relaciones especiales aquí en el mundo, eso refleja la curación de nuestra relación última con Dios al recordar que somos uno con Él. La relación santa o relación perdonada es aquella en la que reconoces la inocencia del otro y, por lo tanto, la tuya. Hace falta práctica para llegar a un punto dentro de la relación en el que ves al otro como nada menos que Dios. Esto puede atemorizar a algunos, e incluso puede ser la causa de un ataque en la forma de alejarse de la intimidad con el otro, e incluso de evitarle completamente. Cultivar una relación sana contigo mismo, lo cual también involucra el perdón, es otra manera de iniciar el proceso de sanar *todas* las relaciones.

La cuestión no está en tener relaciones o no. Eso es algo que ya ha sido determinado, incluyendo a las personas exactas y la naturaleza de dichas relaciones. La cuestión es: *¿Para qué son?* Este libro responderá a esta pregunta sin ambigüedad. Lo hará principalmente dentro del contexto de las relaciones de amor especial, bien entre un hombre y una mujer, o entre una mujer y otra, o entre un hombre y otro hombre. Aunque me enfocaré en las relaciones de pareja, a veces abordaré las relaciones en general, incluyendo las que tenemos con los niños, puesto que ellos también son un aula importante en la que aprender nuestras lecciones de perdón. Las dinámicas de estas relaciones son las mismas, aunque la forma parezca diferente. Al final, se comprenderá que el objetivo de nuestro yo individual no es solo unificarse con otro yo individual, como en el matrimonio o en algún otro compromiso a largo plazo, sino más bien llegar a ser uno con Dios. Logramos esto al reconocer nuestra unidad con los demás.

Es poco realista exigir o esperar que la otra persona esté realizada y sea perfecta si entendemos que nosotros mismos tampoco somos perfectos aquí en el nivel de la forma. Solo el amor de Dios puede satisfacer la ilusión de carencia que el ego fabricó. Este libro está diseñado para responder a algunas de las preguntas más comunes desde la perspectiva no dualista que el *Curso* enseña sobre las relaciones, así como para inspirarte a experimentar tus relaciones de forma pacífica. Esto puede llevar a una profunda sensación de intimidad y, en último término, a la sanación de la Filiación en su totalidad. ¡Que todos seamos bendecidos por la comprensión de que el amor puede sanar nuestra adicción más poderosa..., la creencia en nuestra separación mutua y, en último término, en la separación de Dios!

Este libro no habría sido posible sin la ayuda de tantas personas amorosas que me han inspirado a expresarme tan plenamente como pueda y a vivir de manera auténtica. Mi más profunda gratitud va a la Voz del *Curso* (Jesús), cuya amable guía y amor incondicional por todos nosotros me han inspirado más allá de lo imaginable. También un profundo agradecimiento a la escriba del *Curso*, la doctora Helen Schucman, por estar dispuesta a realizar su tarea de tomar notas de la Voz para que pudieran ser compartidas con millones de personas. Su colega y coescriba, Bill Thetford, también desempeñó un papel esencial en el proceso de llevar el *Curso* a su fructificación, trabajando con Helen e inspirándola a seguir avanzando con este bellísimo e imponente documento.

Quiero dar las gracias a mi asombroso marido, Gary R. Renard, por sus útiles comentarios a lo largo de la escritura de este libro, pero sobre todo por su bondad y sus ánimos, y por recordarme que no me tome a mí misma demasiado en serio. También le doy gracias por su poderosa contribución a la comunidad del *Curso* y al mundo en general, expresando las enseñanzas del *Curso* junto con Arten y Pursah (los Maestros Ascendidos que se aparecen a Gary) de manera tan ligera y, al mismo tiempo, tan impactante y única. Estoy agradecida de que estemos despertando a Dios juntos.

También quiero reconocer a mi increíble familia y a mis amigos por su amor y apoyo incondicional. Más específicamente, doy gracias a mi madre Doris Lora, estudiante del *Curso* y editora de este libro. Ella vive verdaderamente los principios del *Curso*, siendo una inspiración para mí y para muchos otros. Su atención amorosa y el cuidado que pone en cualquier proyecto que yo emprenda significan mucho para mí. También me gustaría dar las gracias a mi padre, Ron Lora, por seguir siendo una fuente continua de apoyo y ánimos a lo largo de mi vida, siempre dispuesto a escuchar con mente abierta y a mostrar un interés genuino por mi camino. Expreso más amor y gratitud hacia mi hermana, Jackie Lora, también estudiante y maestra del *Curso*, que es una verdadera inspiración para mí: mi hermana del alma en la senda del despertar. Me encanta cómo nos recordamos la verdad una a la otra, sin importar lo que pueda presentarse en nuestro camino en este mundo imprevisible.

También me gustaría dedicar un profundo agradecimiento a mi cuñado, Mark Jones, quien se ofrece muy amablemente a echar una mano cuando se le necesita, tanto a nivel personal como con la tecnología. Su deseo de ser verdaderamente útil es admirable. Además, le doy las gracias por hacer que este viaje de la vida sea tan interesante y divertido al ofrecernos sus comprensiones profundas y únicas.

Otro gran agradecimiento va dirigido a mi madre adoptiva, Alice Lora, y a mi hermanastra, Leah Ray, por su bondad y por apoyarme siempre en cualquier cosa que haga. Aprecio su mentalidad abierta y las conversaciones gratificantes e inspiradoras que tenemos sobre la vida. Quiero dedicar un profundo agradecimiento a mi hermanastro, Jeff Ray, que falleció en 2014 a la temprana edad de 43 años, con quien compartía un profundo vínculo; él me recordó que siguiera mi pasión al demostrarme que seguía la suya.

Estoy muy agradecida al doctor D. Patrick Miller por escribir el Prólogo de este libro y por su apoyo tanto hacia Gary como hacia mí. Su ayuda significa mucho para mí. Doy gracias a Gabriela Ilie, Fiona Williams y Corinne Zupko por tomarse el tiempo de leer este libro y escribir recomendaciones. Vuestro apoyo ha sido muy valioso. También me gustaría expresar mi profundo agradecimiento a Stefan L.L. Van Heester por su importante labor de edición y por sus ánimos.

Siento una profunda gratitud hacia el difunto gran doctor Kenneth Wapnick, el amado profesor y el más prolífico escritor sobre *Un curso de milagros*, quien realmente entendió las enseñanzas de Jesús. He recibido mucha inspiración en mi estudio y práctica del *Curso* tanto de él como de su amable esposa, Gloria Wapnick, creadores de la Fundación para *Un curso de milagros*.

Y por último, aunque no menos importante, un sentido agradecimiento al editor autorizado y propietario de los derechos de autor de *Un curso de milagros*, la Fundación para la paz interior, por sus años de dedicación a hacer que el *Curso* esté disponible para millones de personas de todo el mundo.

Cindy Lora-Renard

CAPÍTULO 1

EL PROPÓSITO DE LAS RELACIONES

¿Qué mejor propósito podría tener una relación que el de invitar al Espíritu Santo a formar parte de ella y otorgar Su magno regalo de regocijo?[1]

Cada día es el día más poderoso de tu vida, porque cada día se te concede la oportunidad de elegir cómo percibirte a ti mismo y a los demás, lo cual tiene un efecto en todas tus relaciones. Solo hay dos identidades entre las que siempre estamos eligiendo (el Espíritu y el cuerpo), y solo el Espíritu o Dios es real. Según el *Curso*, el cuerpo es una ilusión. Esta dicotomía de Espíritu y cuerpo, en la que solo el Espíritu o Dios es real, es a lo que el *Curso* se refiere con no dualismo puro. Aquella identidad que percibas que eres determinará tu experiencia diaria. Entraremos más en esto a medida que vayamos avanzando, y el significado del no dualismo puro se hará más comprensible. Verás que vivir desde la actitud del no dualismo puro te ayuda a estar en paz en tu vida cotidiana. Te ayudará con cualquier cosa con la que tengas relación, incluyéndote a ti mismo, a los demás y al entorno en general. También verás que la mente estará en conflicto hasta que te adhieras a una sola voz, la Voz del Espíritu Santo; elaboraré más sobre esto a medida que sigamos adelante. Según el Espíritu Santo, el propósito del mundo es que aprendamos nuestras lecciones de perdón. Nuestras relaciones especiales son una de las áreas más importantes en las que aprender dichas lecciones.

Nuestras relaciones con los demás también son una herramienta que podemos emplear para medir dónde nos encontramos en nuestro desarrollo espiritual. Por lo tanto, el *Curso* dice que es sabio tomar cualquier oportunidad en la que surja una dificultad y aprovecharla al máximo. Lo dice de esta manera: *Cada minuto y cada segundo te brinda una oportunidad más para salvarte. No dejes pasar esas oportunidades, no porque no vayan a repetirse, sino porque demorar la dicha es innecesario.*[2] Cuando entendemos que elegir la interpretación del Espíritu Santo con respecto a nuestras relaciones nos produce alegría, la elegimos con más frecuencia. El Espíritu Santo, que es la Voz que habla por Dios, se basa en un sistema de pensamiento de totalidad, amor y perdón. Es completamente opuesto al sistema de pensamiento del ego, basado en la idea de separación que suscita juicios y ataque. Por eso es tan importante usar tu mente para elegir entre estos dos sistemas de pensamiento. Esto determina el tipo de experiencias que tendrás.

Todas las relaciones, cualquiera que sea su forma, son oportunidades de crecer y aprender. Las necesitaremos mientras parezca que somos cuerpos en el mundo, porque nos muestran los juicios y las oportunidades de perdón que hemos de abordar. Con relación al mundo, el *Curso* dice: *Es el testimonio de tu estado mental, la imagen externa de una condición interna.*[3] La mente es la causa y el mundo, el efecto, incluyendo nuestros yoes físicos y psicológicos.

Las relaciones también son necesarias para borrar. ¿Qué quiero decir con esto? Aquellos que estudiáis el *Curso* y habéis leído el libro *La desaparición del universo,* de mi marido Gary Renard, sabéis que el practicar el verdadero perdón, del tipo que deshace el ego viendo la inocencia en el otro y en ti mismo, acaba llevándote al despertar de tu verdadera naturaleza espiritual y a *la desaparición del universo.* Esto se debe a que el universo/el mundo es un sueño, y no tiene nada que ver con la realidad. Cuando aprendemos todas nuestras lecciones de perdón, ya no necesitamos tener la experiencia de encarnar y volvemos a casa en Dios, el hogar que nunca hemos abandonado. Siempre estamos en Espíritu, y solo soñamos que nos hemos ido.

Tal como el Espíritu Santo, el ego también tiene un propósito para nuestras relaciones. Para el ego, nuestras relaciones tienen el propósito de proyectar nuestra culpa inconsciente en los demás, haciendo que ellos sean culpables mientras nosotros conservamos la inocencia. Esto es separación en su desdichado punto álgido. Las relaciones no prosperarán bajo estas condiciones, porque el mundo mismo fue fabricado para que el amor no pudiera entrar en él. Si al interactuar con alguien nos identificamos con el ego, no hay manera de que se resuelva cualquier problema que podamos tener. Tenemos que ir más allá del pensamiento del ego a la verdad que está detrás del velo, y recordar que tenemos intereses compartidos con los demás. Todos estamos haciendo las cosas lo mejor que podemos con la conciencia que tenemos en ese momento, y estamos recorriendo nuestro camino de vuelta a casa en Dios; todos. Nuestro amor tiene que incluir a todos para poder progresar en el "gran despertar" de la Filiación. El perdón es la herramienta principal que usa el *Curso* para inspirarnos a recordar la verdad de quiénes somos.

En mis tres primeros libros expliqué el significado profundo del perdón usando ejemplos simples de cómo aplicarlo en la vida diaria. Como este libro es sobre las relaciones, comentaremos cómo practicarlo en este contexto. Así, el perdón se hará más comprensible para ti a medida que vayamos avanzando. En nuestras relaciones con los demás (con algunos de los cuales hemos compartido incontables vidas), se nos presentan algunas de las oportunidades de perdón más poderosas. A medida que soltamos los juicios sobre nosotros mismos y sobre otros, y aprendemos a trabajar en armonía con los demás, podemos borrar literalmente el karma negativo acumulado en vidas pasadas. A medida que se borra, también lo hacen las lecciones que lo acompañan. A esto se refiere el *Curso* cuando habla del "milagro" o del cambio de percepción que colapsa el tiempo. ¿Por qué es importante esto? Bueno, ¿cuán importante es para ti tener paz mental? Descubrirás que iré repitiendo esta pregunta con frecuencia, por una razón. Jesús, la Voz del *Curso*, dice: *Una mente tranquila no es un regalo baladí.*[4] El sufrimiento es innecesario. El deseo de conocerte a ti mismo tal como en verdad eres es una forma de deseo muy valiosa. *Y la verdad se restituye en ti al tú desearla, tal como la perdiste al desear otra cosa.*[5]

Cada encuentro que tienes con otro, incluso si es un extraño, es una oportunidad de enseñar amor o miedo. Estás enseñando constantemente con el ejemplo. La cuestión es: ¿qué estás enseñando? Si tienes miedo, estás enseñando miedo. Si sientes amor, estás enseñando amor. En realidad, cualquier cosa que enseñes se reduce a un tipo de conciencia. Al prestar atención y entrenar a la mente para que esté atenta, estarás en una posición mejor para gestionar tus emociones y, por lo tanto, para ser un mejor profesor de la paz, lo que tendrá un efecto positivo en todas tus relaciones. Entrenar la mente es practicar el verdadero perdón y ver con la visión espiritual, día tras día, cualquier cosa que surja y altere tu paz. El entrenamiento mental exige una práctica y un enfoque continuos. La visión espiritual se comentará con más detenimiento en capítulos posteriores.

Todos cometemos errores. Por ejemplo, si vas por una carretera, puedes llegar a darte cuenta de que es la carretera equivocada. La clave está en reconocerlo cuando ocurre y en elegir la correcta. Esta declaración debe aplicarse en el nivel de la mente. Solo se trata de un error que necesita corrección. No hay nada malo en elegir la carretera equivocada ni en cometer un error. El tiempo que permanezcas en la carretera equivocada (en la mente del ego) depende de lo consciente que seas, así como de que tengas la humildad de decir: "Me he equivocado. Mi elección estaba equivocada (a favor del ego) y ahora llevo mi elección errada a la luz del Espíritu Santo". Esto significa que estamos llevando nuestras ilusiones a la verdad y aceptando la corrección (la Expiación) para nosotros mismos, lo que inspira a otros a hacer lo mismo. La Expiación de la que habla el *Curso* no es la misma de la que se habla en la Biblia. En el *Curso*, Expiación significa deshacer la creencia en la separación reconociendo que en realidad la separación de Dios nunca ocurrió, lo que significa que somos inocentes. Solo estamos soñando un sueño. Esta idea también forma parte de lo que significa tener una actitud de perdón. En otras palabras, asumimos plena responsabilidad por nuestras percepciones, reconociendo que lo que estamos viendo no es verdad porque todo es un montaje, una proyección de la creencia de la mente en la separación.

Otra idea clave que recordar mientras practicas el perdón en tus relaciones es que este se hace en el nivel de la mente, y no tiene nada que ver con el comportamiento. De hecho, el perdón no es entre cuerpos, porque es una corrección que ocurre en la mente, y es para tu beneficio. El milagro o el perdón es un cambio de percepción del pensamiento basado en el miedo/ego al amor inspirado por el Espíritu Santo. El perdón es más fácil cuando te das cuenta de que es a ti mismo a quien estás liberando de estar prisionero en tu propia mente. Es posible que seas guiado a realizar alguna acción que sientas necesaria, aunque dicha acción podría no agradar a tu pareja o a la persona a la que tratas de perdonar, y eso está bien. Lo importante es que surja de un lugar de amor. El lugar de amor al que me refiero es la parte correcta de tu mente, donde reside el recuerdo de Dios o del Espíritu Santo. Si te dejas guiar por el Espíritu Santo, tu experiencia cambiará para mejor, pero el resultado del perdón no es tu responsabilidad. Puedes dejar que el Espíritu Santo se encargue de él.

Si te sientes inspirado a emprender alguna acción después de haber pedido guía al Espíritu Santo, confía, aunque no tenga sentido para ti. No siempre podrás ver el gran cuadro o lo que es mejor, así como las bendiciones que pueden derivarse de seguir tu guía. Lo único que importa es que hagas tu trabajo de perdón con sinceridad. Como este libro trata sobre el desarrollo de la relación santa, la mayoría de los ejemplos se darán en el contexto de la relación de pareja. Sin embargo, el tipo de perdón del que hablo está destinado a aplicarse a cualquier situación o relación que quieras perdonar. Por ejemplo, digamos que tu pareja está siendo muy abusiva consigo misma o contigo, y que esto afecta negativamente a tu salud y bienestar, o a tu capacidad de comunicar. La forma del abuso es irrelevante. Puedes sentirte guiado a irte de esa situación, tanto si ocurre en tu casa, en la calle, en el coche o donde sea. No tienes que someterte al abuso. Puedes retirarte de la violencia y al mismo tiempo practicar el perdón, o practicar el perdón más adelante, cuando te acuerdes de hacerlo. Incluso si te sientes descentrado y estás haciendo algo que no harías normalmente, recuerda que no se trata del comportamiento. Más bien, es la decisión de ser amoroso hacia ti mismo, y de cuidar bien de ti, lo que en último término sirve a la totalidad. **Cuando uno sana, todos sanamos**.

Si las cosas parecen ingobernables la mayor parte del tiempo, y eso afecta a tu capacidad de vivir con comodidad aún intentándolo, eso también es una señal de que puedes querer prestar atención a lo que te dice tu guía interna. Lo sabrás por cómo te sientes. Si no estás preparado para afrontar a tu pareja, puedes estar seguro de que llegará el momento en el que sabrás sin duda lo que debes hacer. El perdón guiará el camino y abrirá puertas que han permanecido cerradas durante mucho tiempo. Una pregunta que podrías plantearte en momentos difíciles es: ¿Qué quiero que salga de esto? ¿Qué es lo más amoroso que puedo hacer ahora mismo? ¿O cuál es el pensamiento más amoroso que puedo tener ahora mismo? Esto te pondrá inmediatamente en el camino del amor. No puedes ser de ayuda para ti mismo ni para otro si tienes miedo y no estás en paz. La cuestión es usar cualquier estado en el que te encuentres como una oportunidad de perdonar, y actuar en consecuencia. Recuerda también que cuando el ego siente que se está acercando un "cambio", hará su trabajo, que es "atacarte" agresivamente del modo que pueda, porque su identidad se está viendo amenazada. Como dice el *Curso*, y esto se volverá a repetir más adelante, *El ego, por lo tanto, es capaz de ser desconfiado en el mejor de los casos, y cruel en el peor. Esa es la gama de sus posibilidades*.[6] Cuando te identificas con el ego, creyendo que él eres *tú*, sientes miedo. Hay una forma de salir de esto que iremos comentando sobre la marcha con ejemplos.

Otra idea importante es que has de enfocarte en tus *propias* lecciones de perdón, no en las de otra persona. El mejor ejemplo que puedes establecer para otros es estar en un estado de alegría, indefensión y paz, pase lo que pase a tu alrededor. Esto requiere mucha práctica. No necesitas ser perfecto, pero puedes dar el máximo para seguir conectado con la Fuente/Dios. Esto aumentará tu vibración, de modo que no te sientas enredado en el conflicto. Si tu pareja está haciendo algo que te molesta, después de practicar el perdón, practica no permitir que tu mente se detenga en lo que crees que él o ella hizo, y recuerda que hay otra forma de verlo. En todo caso, vive tu vida y haz cosas con las que disfrutes. Rodéate de gente positiva, juega con tu mascota, da un paseo por la naturaleza, y simplemente continúa con tu vida lo mejor que puedas. ¿Has oído el dicho "Baila como si nadie te estuviera mirando"? En otras palabras, sé tu auténtico Ser.

No tienes que detener tu vida porque tu pareja no esté viviendo a la altura de tus expectativas. Quizás quieras dejar de asignar a tu pareja un rol que quieres que cumpla. Esa no es tu función. Puedes estar interesado y comprometido con tu pareja, y eso es normal, pero te aseguro que si vives tu vida sin *apego* a lo que esté haciendo, será una relación con mucho menos sufrimiento. Esto no significa que condones el comportamiento abusivo ni que toleres algo que no sea saludable para ti, o que pretendas que todo te da igual y no te importa nada. Solo se requiere que cambies tu forma de contemplarlo, y después emprende la acción que te parezca necesaria desde esa perspectiva saludable y desde el equilibrio interior.

¿QUÉ SON LOS COMPAÑEROS DEL ALMA?

Una de las preguntas más frecuentes que respondemos en nuestros talleres viene de personas solteras que quieren una pareja para toda la vida. La pregunta es: "¿Quién es mi pareja del alma?". O "¿Cómo puedo encontrar a mi alma gemela?". Las almas gemelas parecen una idea muy romántica, porque hemos interpretado que vamos a conocer a esa persona "especial" que satisfará todas nuestras necesidades imaginadas. En otras palabras, tenemos la esperanza de que esa persona nos complete. Aunque sientas que has encontrado a tu alma gemela, tendrás lecciones que aprender. Además, ¿quién dice que un alma gemela tiene que ser una pareja romántica? Tal vez pueda ser cualquiera con quien tengas el potencial de mantener una relación santa. En otras palabras, en el mundo todas las relaciones son especiales o se basan en el amor *condicional*, hasta que cambiemos su propósito para que sirvan al Espíritu Santo, convirtiéndose así en relaciones santas.

El *Curso* dice que el guion está escrito. También dice: *En la salvación no hay casualidades. Los que tienen que conocerse se conocerán, ya que tienen el potencial para desarrollar una relación santa. Están listos el uno para el otro.*[7] ¿Cómo podrías no encontrar a tu alma gemela si aceptas esta definición? Si está en tu guion, conocerás a la persona que se supone que debes conocer para que puedas aprender tus lecciones de perdón, las cuales, una vez más, son el objetivo de las relaciones. Desde esta perspectiva no hay necesidad de preocuparse.

Repito, el perdón es soltar la idea de separación (una ilusión) que ha sido proyectada sobre otra persona o sobre el mundo, y reconocer que no ha pasado nada. Esto significa que tú y todos los demás sois inocentes, y todavía sois plenos en el amor de Dios. El problema que la mayoría de las personas tienen con el perdón es que creen que están perdonando la verdad en lugar de ilusiones. Así, primero dan realidad al error y *luego* intentan perdonarlo. Así es como el ego mantiene la separación.

En el Evangelio de Tomás, en el dicho 22, Jesús dice: *Cuando hagáis de los dos uno, y cuando hagáis lo interno como lo externo y lo externo como lo interno, y lo superior como lo inferior, y cuando hagáis del hombre y la mujer uno solo, de modo que el hombre no sea masculino y la mujer no sea femenina... entonces entraréis en el Reino.* En otras palabras, cuando dejas de hacer que la otra persona sea diferente de ti, lo cual es establecer una separación entre ella y tú, y ves los intereses compartidos con la otra persona, estás preparando tu mente para entrar en el Reino de los Cielos. El Reino de los Cielos es una conciencia de la perfecta unidad y un estado de verdadera paz.

El *Curso* también dice: *Tal como lo consideres a él, así te considerarás a ti mismo. Tal como lo trates, así te tratarás a ti mismo. [...] Nunca te olvides de esto, pues en tus semejantes o bien te encuentras a ti mismo o bien te pierdes a ti mismo.*[8] Puedes usar las relaciones para reconocer tu inocencia y no perder tu Espíritu. Puesto que solo hay una Mente, cualquier cosa que pienses sobre otra persona es lo que crees que es verdad sobre ti mismo. Esto no significa que siempre estarás de acuerdo con las personas ni con lo que hagan. Se refiere a tu forma de pensar. Si piensas que alguien no es digno de perdón, estás declarando que *tú* no eres digno de perdón. Si dices que odias a otra persona, en realidad te odias a ti mismo. Tu forma de pensar sobre otras personas juega un papel muy importante en el perdón. Cuando empiezas a darte cuenta de que todas las mentes están unidas, no quieres proyectar tu culpa inconsciente en los demás porque sabes que en realidad te estás haciendo daño a ti mismo. Es muy útil entender cómo funciona la mente para navegar las interacciones difíciles con otras personas.

Volviendo a las almas gemelas, en mi experiencia, la mayoría de las personas que han encontrado a su alma gemela han conocido a la persona cuando *no* estaban buscándola. Esto es lo que nos pasó a Gary y a mí. De hecho, después de divorciarme de mi primer marido, lo último que tenía en mente era tener otra relación y volver a casarme. No pensaba en casarse otra vez. En otras palabras, no estaba buscando a nadie. De esta manera, el proceso de nuestra relación se desarrolló de forma natural.

Si estás soltero, algo que debes tener en cuenta es mantenerte atento al juicio del ego que dice: "Algo anda mal en mí porque no tengo pareja". Si te descubres diciendo esto regularmente, procura amarte incondicionalmente, como Dios te ama, sin importar los rasgos que no te gusten de ti mismo. Como metáfora, el *Curso* expresa la idea de que eres tan valioso que Dios mismo está incompleto sin ti. Repetiré esto más adelante porque merece la pena reforzarlo. Cuando cultivas el amor incondicional hacia ti mismo, no solo estás haciéndote un gran servicio, sino que estás preparándote para conocer a una posible pareja desde una actitud de abundancia en tu mente y no de carencia. Asimismo, ¿Quién dice que tienes que dejar de extender amor solo porque esa extensión no toma la forma de una pareja romántica? El amor es amor, y cuando escuchas una voz que dice: "No debo ser amoroso ni capaz de amar si no tengo una pareja romántica", eso es un truco del ego. Extiende amor dondequiera que vayas y lo experimentarás dentro de ti.

Volveremos a la idea de que la abundancia está en la mente en un capítulo posterior. Por ahora, un punto clave es entender que puedes estar en paz con independencia de tu estatus relacional. Esto sucede con el tiempo, a través de la práctica del perdón. Quizás te sientas molesto o incluso enfadado por no haber encontrado a tu alma gemela. Una pregunta para reflexionar es... ¿quiero encontrar a mi alma gemela aunque todavía tenga la mente obstruida con pensamientos de carencia, juicio o miedo? Para el ego, la respuesta es sí, porque necesita algo o alguien en que proyectar su culpa inconsciente, y cualquier cuerpo servirá. La culpa inconsciente viene de la idea de que realmente nos separamos de Dios, de que lo atacamos y desechamos Su amor. Esta idea, que está enterrada en la mente, se proyecta afuera en nuestro sentimiento de ser tratados injustamente por otros o por el mundo en general. Por eso es muy importante resolver tus "asuntos" y sanar cualquier problema no resuelto en tu mente lo mejor que puedas *antes* de iniciar una nueva relación. Cualquier cosa que haya quedado sin sanar se dará a conocer en cualquier relación. La bendición que la relación contiene es que te da la oportunidad de entender qué es lo que más necesitas perdonar.

Al comienzo de una nueva relación, la mayoría de las personas experimentan el sentimiento de que todo es maravilloso, amoroso, lleno de esperanza, romántico y sexualmente excitante. Más adelante, la culpa inconsciente sale a la superficie y, por lo general, ambos terminan proyectando esa culpa en el otro. No es que se trate de asuntos nuevos. Esos asuntos ya estaban ahí, pues de otro modo no habrían aparecido. Por eso, las demás personas no son la causa de tu malestar. Los problemas ya estaban enterrados en la mente inconsciente y necesitaban un detonador para emerger. Este proceso te ayudará antes de entrar en una nueva relación, o de encontrar a tu alma gemela, porque estarás empezando a comprender lo importante que es asumir la plena responsabilidad de tu propia curación.

Otro punto a tener en cuenta es que por el mero hecho de creer que alguien puede ser tu alma gemela, eso no significa necesariamente que estéis destinados a estar en una relación romántica de por vida. La mayoría de la gente piensa que las almas gemelas deben ser nuestras parejas románticas para toda la vida, y colectivamente creemos que en eso consiste un alma gemela. Creo que un enfoque más sabio, y quizás más pacífico, sea dejar de lado cualquier apego a definir las cosas a tu manera (con el ego como maestro) y confiar en que con quienquiera que debas estar aparecerá en el momento divinamente establecido y, por lo tanto, no tienes que buscar a esa persona. Deja que las cosas se desarrollen naturalmente como estaba previsto que sucedan. A medida que conozcas gente, ten en cuenta si sientes una punzada extra de emoción, o una sensación de que hay algo indefinible con respecto a esa persona, o tal vez te resulte familiar.

Sea lo que sea, presta atención y, luego, si te sientes guiado a conocer a esa persona, mira si está abierta a ello. Además, recuerda que hay una razón por la que nos sentimos atraídos hacia ciertos individuos. Lo más probable es que haya algo que aprender del otro, algo que pueda servir al propósito del Espíritu Santo. El ego siempre tiene su propio propósito, que es encontrar en otros lo que sentimos que nos falta. Por eso decimos: "Tú me completas". En verdad, no necesitas que nadie te complete ya que fuiste creado pleno.

Antes de que Gary y yo nos conociéramos, ambos estábamos a punto de separarnos de nuestros cónyuges y camino del divorcio. Como he mencionado, ciertamente, en ese momento yo no estaba buscando a alguien que ocupara el lugar de mi exesposo. De hecho, me gustaba la idea de estar soltera y la sensación de libertad que le acompañaba. No esperaba lo que estaba a punto de suceder el día que conocí a Gary y lo que pasó a continuación. No estaba buscando una nueva relación, y lo último que pensaba era que iba a conocer a alguien tan pronto y que volvería a casarme. A esto es a lo que me refiero con la idea de que, si algo está destinado a ser, será. Nos conocimos porque estaba en nuestro guion, tal como estaba en nuestro guion enamorarnos, trabajar juntos y crear una vida juntos. Simplemente estábamos desempeñando nuestros papeles. Así que, si te sientes culpable o te juzgas por no haber encontrado a la persona "adecuada", puedes confiar en que sucederá si ese es el guion que diseñaste. No hay encuentros "casuales".

Si te planteas cómo reconocer si alguien es el compañero de tu vida, o cómo saber si la persona con quien estás es ese compañero de vida, estas preguntas pueden ser útiles para obtener claridad: ¿Cómo te sientes? ¿Sientes una sensación de conexión o reconocimiento, una sensación de que esta persona tiene una historia más profunda contigo, una historia que está más allá de esta vida presente o más allá de este mundo? ¿Sientes que tenéis una tarea conjunta, un trabajo que hacer en común o algún material no resuelto, y que se os está dando una oportunidad para resolverlo y sanarlo de una vez por todas? ¿Estás más comprometido con esta persona y con tu crecimiento de una manera que no te había ocurrido antes? Como ya he mencionado, ten en cuenta que, incluso si respondes sí a todas estas preguntas, eso no significa necesariamente que estarás toda tu vida con esta persona, pero podrías si lo dice tu guion.

El *Curso* habla de tres niveles de relaciones: el primer nivel es un encuentro muy breve con alguien en el que se te da la oportunidad de convertirlo en una relación santa. Podría ser alguien que conoces en un ascensor. Quizás por un instante no juzgas a esa persona, sino que le sonríes y te unes a ella en tu mente, sin saber cuánto significa tu sonrisa para ella. Ese es un encuentro santo. Es una oportunidad de unirte a otro con el objetivo común de reconocer su Divinidad y la tuya como una sola. Estos encuentros suelen ser breves y lo más probable es que no vuelvas a ver a esa persona.

Una relación de nivel dos es más intensa y duradera, como un matrimonio, o las relaciones que se mantienen con amigos o con miembros de la familia, pero eso no significa tampoco que durará toda tu vida. Normalmente durará tanto como sea necesario, es decir, hasta que ambos hayan aprendido todo lo que puedan aprender uno del otro en ese momento.

Una relación de nivel tres dura toda la vida, ya sea en matrimonio, con un familiar o con amigos. En esta relación las personas están preparadas una para la otra, y la curva de aprendizaje es perfecta. En una relación del nivel tres, si estás casado, puedes divorciarte pero seguir conectado el resto de tu vida y, por lo tanto, es una relación vitalicia. El propósito de todos estos vínculos es alcanzar la relación santa.

Establecemos estos niveles para comprender que cualquier relación es importante, en el sentido de que es una oportunidad para ser lo que realmente eres, que es amor. Se trata también de dejar de lado las diferencias, entendiendo que tenéis intereses compartidos y que sois iguales porque compartís la misma mente. Cualquiera que sea la forma de vuestra relación, el propósito es aceptarla y usarla para el propósito del Espíritu Santo. *Pues cuando lo hayas aceptado de buen grado, te darás cuenta de que vuestra relación es un reflejo de la unión que existe entre el Creador y Su Hijo.*[9] Todos unidos somos el Hijo de Dios.

Si tienes ganas de salir a buscar a esa persona especial y te preguntas si la vas a encontrar, puedes indagar qué propósito tiene encontrarla. ¿Cuál es tu meta? Jesús dice en el *Curso: El objetivo debe definirse al principio, pues eso es lo que determinará el resultado.*[10] ¿Cuál es tu intención? La mayoría de las veces, nuestras buenas intenciones no son suficiente porque están motivadas por el ego. Es más sabio mirar de qué parte de la mente proviene la motivación. En otras palabras, la motivación suele ser del ego, mientras que la inspiración viene del Espíritu Santo. Si el ego te motiva a buscar un alma gemela, lo reconocerás por un sentimiento de carencia que estás tratando de llenar. Esta situación también puede tomar la forma de no sentirte completo cuando estás solo. Lo que ocurre aquí es que el ego está siendo astuto, e inconscientemente quiere encontrar otro cuerpo para poder proyectar sobre él toda su culpa inconsciente. Este es el propósito que el ego da a las relaciones. Si te sientes inspirado o guiado desde un lugar amoroso, tu propósito será diferente. Vendrá del deseo de compartir y de unirte a otro para aprender y crecer. Es decir, ya te sentirás abundante en tu mente, y por eso querrás compartir tu alegría con otro. No se tratará de conseguir del otro algo que sientes que te falta dentro, que es de lo que se trata en la relación especial.

Por lo general, cuando te sientes abundante, las cosas se desarrollan de manera natural, sin ningún esfuerzo. Tienes una sensación de libertad, de no ser un efecto del mundo ni de lo que sucede en el mundo. Permanecerás en la causa, donde podrás decidir cómo piensas y sientes. Ese es el verdadero poder: tu poder para elegir como maestro al ego o al Espíritu Santo. Existe lo que llamamos cualidades atractivas, y te aseguro que, si exudas las cualidades de plenitud, abundancia, confianza y alegría, serás un imán para otros, porque la gente se siente atraída hacia la luz. En realidad, lo que todos estamos buscando es nuestra conexión con nuestra Fuente/Dios y, sin que la mayoría de las personas lo sepan, el ego utiliza sus relaciones especiales como sustituto del Amor de Dios. Lo que buscamos es el amor de Dios, y solo necesitamos despertar a la idea de que ya somos amor perfecto y estamos en casa en Dios.

Gary y yo conocemos a alguien que pensó en suicidarse porque una mujer que amaba decidió estar con otra persona. Nos dijo que estaba sufriendo y sentía una profunda pérdida. Para empezar, si tú o alguien a quien conoces está teniendo pensamientos suicidas, has de saber que hay ayuda disponible, y por favor haz lo que puedas para hablar con alguien de lo que te ocurre. No tienes que vivir esos sentimientos en soledad. En mi segundo libro, *El asunto del perdón*, dediqué un capítulo entero a la depresión y al suicidio que puede ser útil para quien esté experimentando estos sentimientos. Cuando estás completamente identificado con el ego, tienes todo tipo de sentimientos que provienen del miedo. Cuando empiezas a darte cuenta de que tu verdadera identidad no tiene nada que ver con este mundo ni con tu cuerpo, o con otros cuerpos, comienzas a sentirte más empoderado como Espíritu. Eres una mente tomadora de decisiones que tiene el poder de elegir *cómo* interpretar cualquier cosa que parezca suceder en tu guion. Puede que no tengas el control sobre lo que sucede, pero tienes control sobre cómo piensas. Ninguna fuente externa puede controlarte o hacerte sentir de cierta manera a menos que le des ese poder.

La mayoría de nosotros a veces nos sentimos solos, y puede ser útil observar lo que la soledad nos está diciendo. Dice: *Soy diferente de mi Creador, y NO soy tal como Dios me creó. Soy un yo separado e individual, completamente cortado del amor, y al sentirme así consigo reafirmar que existo como un ego, aparte de Dios.* Por supuesto, esto no podría estar más lejos de la verdad, pero el ego, que tiene su propia voz, quiere que te sientas así para que él pueda seguir siendo una víctima. Quiere que olvides que puedes volver a la mente y elegir de nuevo, elegir otra interpretación recordando la fuerza de Cristo dentro de ti, e invertir en el Espíritu Santo como tu maestro. El Espíritu Santo *es* tu fuerza porque solo te conoce como Espíritu íntegro, inocente y perfecto. Invierte tu fe en esta fuerza, ¡y te elevarás en la vida y en todas tus relaciones!

En el *Curso* hay una sección llamada *La curación y la fe*,[11] que resulta inspiradora e importante para nuestras relaciones. En primer lugar me gustaría repasar lo que significa tener fe. Tener fe equivale a confiar en algo más allá de uno mismo. Esto significa confiar en algo más allá de tu ego (el cuerpo y la personalidad). En cierto sentido, confías en que hay otra parte de tu mente, la parte correcta. Esta parte de la mente opera de manera consistente, fluyendo constantemente a través de ti. Lo único que bloquea esta voz es nuestro deseo de escuchar otra voz. Cuando el *Curso* habla de tener fe, también dice que necesitamos la fe para alcanzar la meta que propone, que es el logro de la verdadera paz.

El *Curso* nos pide que permanezcamos vigilantes solo a favor de Dios. Este es un tema que se presenta continuamente a lo largo de él. Es parte de lo que significa tener fe, fe en que estás más allá del cuerpo y en que hay una realidad que ha continuado sin interrupción, a pesar de las apariencias del mundo de la dualidad. Cuanto más practicamos el tener fe en nuestra vida cotidiana, más mejoran nuestras relaciones. Cuando estás en presencia de alguien cuya mente está sanada, puedes aceptar o rechazar lo que ofrece esa vibración. A veces el ego tiene demasiado miedo para estar en una vibración más alta porque significa su fin. En otras palabras, cuando elegimos la luz, la oscuridad desaparece. Imagina que estás en medio de una discusión con alguien y entonces recuerdas la verdad. Empiezas a cambiar de actitud. En cuanto haces eso, te estás ofreciendo otra interpretación sobre la otra persona que podría parar la discusión de golpe.

Podemos confiar en que, cuando vamos más allá del cuerpo hacia el tomador de decisiones en la mente y elegimos al Espíritu Santo como maestro, nos unimos al sistema de pensamiento de paz, inocencia, amor y perdón. Esta elección producirá beneficios inimaginables en cualquier relación que tengas con alguien. Hay una línea en el *Curso* que dice: *Dijimos anteriormente que cuando una situación se ha dedicado completamente a la verdad, la paz es inevitable.*[12] Se trata de tener voluntad y motivación. Tenemos que tener la voluntad de querer la paz de Dios por encima de todo lo demás. Jesús también dice: *[...]es imposible alcanzar la paz sin tener fe, pues lo que se le entrega a la verdad para que esta sea su único objetivo se lleva a la verdad mediante la fe.*[13]

Piensa ahora mismo en una relación de tu vida que te resulte difícil o molesta. Imagina que tienes fe en que, aunque en este momento es posible que esa relación no te parezca bonita, tener fe es ir más allá de eso, hacia lo que no podemos ver. No podemos ver el gran cuadro, un panorama más amplio, pero ¿cómo sabemos que no nos está esperando algo maravilloso a la vuelta de la esquina? Martin Luther King Jr. dijo: "Fe es dar el primer paso aunque no veas toda la escalera". El *Curso* diría: fe es subir el primer escalón de la escalera (la escalera que descendimos con el ego) sin verla toda, pero eligiendo como maestro al Espíritu Santo cuando damos ese paso. No necesitamos ver el panorama completo. Es útil saber que existe un panorama más amplio, pero solo se nos pide que vayamos paso a paso. Intenta mantener tus dificultades dentro de este contexto: mientras sigas ascendiendo paso a paso por la escalera, perdonando cualquier cosa que se presente ante ti en cualquier momento dado, posiblemente no te sentirás tan abrumado. Muchas veces queremos llegar al objetivo final, pero el final no importa porque ya has tenido éxito y esto es seguro. No puedes fracasar porque el mundo ya se ha acabado. Repitiendo un punto importante, solo se trata de aceptar la Expiación para uno mismo. Vas a llegar allí independientemente de lo que suceda en tu guion.

Toda nuestra experiencia en el mundo se basa en la idea de que hemos pecado. Inconscientemente, creemos con tanta fuerza que hemos pecado que basamos nuestra realidad en esa idea. El *Curso* dice:

Es esencial que no se confunda el error con el pecado, ya que esta distinción es lo que hace que la salvación sea posible. Pues el error puede ser corregido, y lo torcido, enderezado. Pero el pecado, de ser posible, sería irreversible. La creencia en el pecado está necesariamente basada en la firme convicción de que son las mentes, y no los cuerpos, las que atacan. Y así, la mente es culpable y lo será siempre, a menos que una mente que no sea parte de ella pueda darle la absolución. El pecado exige castigo del mismo modo en que el error exige corrección, y la creencia de que el castigo es corrección es claramente una locura.[14]

El pecado no es un error, pues el pecado comporta una arrogancia que la idea del error no posee. Pecar supondría violar la realidad, y lograrlo. El pecado es la proclamación de que el ataque es real y de que la culpabilidad está justificada. Da por sentado que el Hijo de Dios es culpable y que, por lo tanto, ha conseguido perder su inocencia y también convertirse a sí mismo en algo que Dios no creó.[15]

La siguiente afirmación indica el único error que todos tendemos a cometer con relación al verdadero perdón: *todo error puede ser corregido solo con que se le permita a la verdad juzgarlo. Pero si al error se le otorga el rango de verdad, ¿ante qué se podría llevar?*[16] Esto es realmente importante porque la mayoría de nosotros equiparamos nuestros errores con la verdad. Por eso es tan difícil perdonar, porque estamos haciendo de nuestros errores, o de nuestras ilusiones, la realidad. El verdadero perdón es perdonar nuestras ilusiones, no perdonar la realidad. Podemos llevar nuestros errores a la percepción recta del Espíritu Santo de amor, inocencia y plenitud a través del proceso del perdón. El perdón es sanador.

El *Curso* dice que el pecado se ha vuelto santo *porque* lo hemos hecho real. Lo verdaderamente santo es perdonar *los pecados secretos y odios ocultos*[17] que vemos en otras personas, y que solo son una creencia en nuestra mente. Esto es una parte importante del perdón. Queremos tener fe en la idea de que los errores se pueden corregir y el pecado es imposible. El pecado es solo una creencia, y las creencias se pueden cambiar. Cuando el *Curso* habla de errores, se refiere a nuestros pensamientos erróneos, a pensar con el ego, así como a los agravios y juicios que tenemos sobre nosotros mismos y los demás. Cuando los dejamos ir, ¡somos libres!

Es maravilloso tener fe en que no eres un cuerpo. Sin embargo, al mismo tiempo es importante cuidar el cuerpo. Recuerda que el *Curso* dice: *Tener fe es sanar. Es la señal de que has aceptado la Expiación y, por lo tanto, de que deseas compartirla. Mediante la fe, ofreces el regalo de liberación del pasado que recibiste. No te vales de nada que tu hermano haya hecho antes para condenarlo ahora. Eliges libremente pasar por alto sus errores, al mirar más allá de todas las barreras que hay entre tú y él, y veros a los dos cual uno solo.*[18] Cada vez que nos encontramos en una situación en la que no podemos perdonar a alguien por algo, podemos recordar que tener fe significa que estamos sanando o completándonos. La práctica se convierte en no ver a las otras personas como algo separado de nosotros. A nivel de la mente, no hay distancia entre nosotros. Parece haber espacios entre los cuerpos, pero eso es una ilusión. Cuando sientas que estás perdiendo la fe, e incluso perdiendo la fe en que puedes perdonar, recuerda esto: la mente es el proyector que proyecta millones de cuerpos, pero solo hay un proyector o una mente, lo que significa que todos los cuerpos que pareces ver forman parte de la mente mayor. Todos los cuerpos que aparecen sobre la pantalla creen ser mentes separadas, porque esa es nuestra experiencia. También es un truco.

Cada vez que no perdonamos a alguien, estamos siendo duros con nosotros mismos. Si pensamos que otros no merecen el perdón, estamos diciendo que nosotros tampoco. A través de los ojos de la fe vemos al Hijo de Dios perdonado, pleno y sano. Estamos libres de toda la culpa que nos hemos echado encima.

A medida que he ido observándolo a lo largo de los años, he llegado a darme cuenta de que lo que el mundo necesita es amor, como dice la popular canción escrita por Hal David con música de Burt Bacharach. El problema no es que no podamos despertar al amor, sino que el mundo no fue fabricado con amor. Esto significa que tenemos que elegir el amor y el perdón, y encontrar la paz dentro de nosotros primero antes de poder experimentar el amor en el mundo. Si no hay paz interna, no se reflejará en la paz externa. Cuando miras a un espejo, ves tu reflejo. Si estás sonriendo, el espejo lo mostrará. Si tienes el ceño fruncido, también lo mostrará. El espejo (el reflejo) no puede devolverte algo que tú no estés poniendo. En la escala macro, el *Curso* dice: *La proyección da lugar a la percepción. El mundo que ves se compone de aquello con lo que tú lo dotaste. Nada más. Pero si bien no es nada más, tampoco es menos. Por ende, es importante para ti. Es el testimonio de tu estado mental, la imagen externa de una condición interna.*[19]

CÓMO CRIAR A LOS NIÑOS PARA QUE SE CONVIERTAN EN ADULTOS SALUDABLES

Como nuestras relaciones con los niños nos ofrecen algunos de los trabajos de perdón más importantes, me gustaría comentar cómo relacionarnos con ellos y criarlos para que sean adultos saludables. Podríamos preguntar: "¿Por qué importa lo que ocurre en un mundo ilusorio y cómo criamos a los niños?". Importa porque, aquí, casi todos creemos que estamos en un cuerpo, viviendo en un mundo de tiempo y espacio. En otras palabras, todos creemos que nos hemos separado de Dios, aunque esto sea inconsciente para nosotros. Mientras creamos esto, es conveniente que seamos normales en el mundo, y que hagamos las cosas que nos ayudarán a despertar del sueño de la separación.

En los talleres que hago con mi marido, Gary Renard, nos plantean muchas preguntas sobre cómo enseñar el *Curso* a los niños. Siempre decimos lo mismo: "El *Curso* no ha sido escrito para niños y es sabio permitir que el niño tenga una infancia normal, puesto que se está desarrollando y aprendiendo a sobrevivir en este mundo. Si de manera natural el niño plantea preguntas sobre Dios o sobre su existencia, y está claro que quiere aprender más, puedes usar el discernimiento con la ayuda del Espíritu Santo para abordar estos temas. Tal vez un día, cuando el niño tenga la edad suficiente, quizá cuando esté en secundaria o en la universidad, puedas compartir más ideas, e incluso darle una copia del *Curso*, pero solo si está interesado. No servirá de nada insistir en que lo estudie. Es posible que quiera seguir otro camino espiritual, y puedes estar seguro de que su guion le ofrecerá los aprendizajes que sean relevantes para él".

Sin duda hay formas de criar a los niños para que se desarrollen y lleguen a ser adultos saludables. Aunque no soy madre en esta vida, ciertamente lo he sido en otras vidas ilusorias. También he observado e interactuado con muchos niños a lo largo de los años en mis viajes, en las sesiones de asesoría y en la vida en general. Las indicaciones siguientes ofrecen algunas maneras de tener una influencia positiva en el proceso de desarrollo de los niños. Sin duda, también hay otras. Espero que estas te resulten de verdadera ayuda:

1. Crea un espacio seguro en el que los niños puedan aprender de sus errores sin la necesidad de proyectar sus sentimientos sobre otras personas.

2. Enséñales que son lo suficientemente poderosos como para tener lo que necesitan sin hacer daño a otros para conseguirlo.

3. Dedícales elogios usando refuerzos positivos cuando hagan buenas acciones, o cuando su comportamiento proceda de su intuición o de la guía inspirada.

4. Enséñales cosas usando aquello que les gusta o por lo que se sienten interesados de manera natural, en lugar de reducir sus pasiones para que puedan aprender una lección.

5. Mantén una comunicación abierta, honesta y clara, demostrando que tú mismo estás en contacto con tus emociones y que las expresas sin proyectarlas sobre otras personas. El *Curso* dice: *Enseñar es demostrar. Existen solamente dos sistemas de pensamiento, y tú demuestras constantemente tu creencia de que uno u otro es cierto. De tu demostración otros aprenden, al igual que tú.*[20] Los niños recordarán más tus actos o comportamientos bondadosos que las palabras concretas que les digas. Es maravilloso decir "Te quiero", pero lo más significativo es la demostración de ese amor.

6. Permite que los niños desarrollen sus habilidades naturales o aquello hacia lo que se sienten atraídos de manera natural, dándoles espacio y tiempo para que lo hagan sin

interferencias. Muchas veces un padre proyectará en sus hijos una profesión que a él o ella le hubiera gustado tener, y ahora quiere que sus hijos vivan su sueño. Esta conducta puede ser muy controladora, aunque sea bienintencionada. Los niños necesitan tiempo para averiguar qué dirección quieren seguir sin que se interponga la dirección de un padre. Los padres pueden guiar y ayudar de manera amorosa, pero procura estar atento a la tentación de controlar. La intuición del niño le guiará en su camino si no interfieres demasiado.

7. Procura no preocuparte tanto por los detalles específicos del aspecto que podría tener el futuro de tu hijo. Él lo notará y se sentirá amenazado o atemorizado, y eso le producirá inseguridad. Más bien, enséñale con el ejemplo cuánto confías en él y en que su camino se desplegará de forma inspirada, saludable y emocionante. Esto ayudará a mantenerle de manera natural en un camino de creatividad, diversión y productividad. Recuerdo que mis padres hicieron esto conmigo. Ni mi madre ni mi padre insistieron en que hiciera algo en particular. Simplemente observaron cuáles eran mis talentos naturales y me animaron a seguirlos, pero sin juicio, control, duda ni preocupación. Esto me ayudó a desarrollarlos y potenció mis habilidades naturales.

8. Por último, presta atención a las señales de que tu hijo podría estar teniendo problemas o luchando contra algo. Si realmente conoces los hábitos de tu hijo, es muy probable que puedas notar cuando algo está "fuera de lugar". A veces no podrás saberlo, puesto que los niños saben esconder muy bien sus verdaderos sentimientos. Simplemente conecta con él o ella y hazle saber que tiene tu amor y tu apoyo incondicional. Eso es todo lo que puedes hacer. Tu trabajo no consiste en juzgar a tu hijo, solo en amarlo. Lo que elija hacer con su vida (cuando sea adulto) no es asunto tuyo. A veces tendrás que ver que tu hijo comete errores, que incluso pueden parecer destructivos. Haz lo posible por ayudar, pero si descubres que te estás ape-

gando, que estás muy pillado en los detalles específicos y empiezas a sentirte impotente, eso es una señal de que posiblemente te has identificado demasiado con su camino personal y no estás confiando en su capacidad de elegir. Esto no significa que tu hijo no te importe, ni que no trates de conseguir ayuda profesional si la necesita. Mantente en sintonía y conectado, y hazlo sin imponerte. Hay sabiduría en discernir cuándo dejar de recoger las cosas que tu hijo va dejando tiradas, puesto que esto a menudo no ayuda. Como ejemplo, el Espíritu Santo no limita el poder de elegir de nuestras mentes eligiendo por nosotros. Puede guiar y asistir cuando resulta útil, pero la elección es nuestra.

Leerles cuentos de hadas es otra manera maravillosa de enseñar a los niños los altibajos de la vida. Muchos cuentos tradicionales muestran la dualidad, lo que les enseña que en el mundo no todo irá siempre sobre ruedas, pero los cuentos también ofrecen soluciones. Cuando los niños son suficientemente mayores para entender, siempre puedes introducir la naturaleza puramente no dualista de Dios y Su Amor. Puedes demostrar este concepto desde su nacimiento viviéndolo en ti mismo. En otras palabras, da lo mejor de ti y procura amarlos incondicionalmente. Los niños necesitan los símbolos del mundo para crecer y ser adultos saludables. Todos los necesitamos porque creemos que estamos aquí.

Muchos estudiantes me preguntan si deberían tener hijos, puesto que no saben si eso está alineado con el *Curso*: traer más cuerpos a un mundo que no existe. La respuesta siempre es la misma: el *Curso* aborda el nivel de la mente, no el de la conducta. No hay reglas en cuanto a cómo vivir la vida. No hay un código ético. Puedes vivir una vida normal y practicar el *Curso* al nivel de la mente. Si quieres tener hijos, tenlos. Si quieres casarte, cásate. Si quieres cierta profesión, trabaja para conseguirla. Todas estas son aulas extraordinarias donde aprender las lecciones de perdón. No hay nada en el *Curso* que hable sobre tener hijos o no. En lo relacionado con tu vida personal, siempre pide guía al Espíritu Santo.

Ahora que tienes un poco de contexto sobre el propósito de las relaciones, tanto desde la perspectiva del Espíritu Santo como desde la del ego, podemos avanzar en nuestro viaje para entender qué significa ejercer nuestro verdadero poder de decisión, y podemos hacerlo en el momento presente, que se extiende para siempre.

PÁGINA PARA NOTAS PERSONALES

CAPÍTULO 2

EL PODER DEL PRESENTE

El tiempo es inconcebible sin cambios, mas la santidad no cambia.[1]
Pues ¿qué es el tiempo sin pasado ni futuro? El que te hayas descarriado tan completamente ha requerido tiempo, pero ser lo que eres no requiere tiempo en absoluto.[2]
Elige este preciso instante, ahora mismo, y piensa en él como si fuese todo el tiempo que existe.[3]
Aprender a aislar este segundo y a experimentarlo como algo eterno es empezar a experimentarte a ti mismo como no separado.[4]

El único tiempo que tenemos es el *ahora*, el eterno presente. Si esto es verdad, entonces cada pensamiento que tenemos, sea un recuerdo que parece venir del pasado o un pensamiento sobre el futuro, está siendo experimentado como que está ocurriendo *ahora*. El amor real, a diferencia del amor especial del ego, solo puede estar presente y ser experimentado cuando la mente está libre de asociaciones con el pasado y el futuro. El amor real lo abarca todo y no excluye nada ni a nadie. Este tipo de amor acepta a todos como que son lo mismo, de igual valía, y sin diferencias. Ve a todos como perfecto espíritu, nada menos que Dios. No tiene absolutamente nada que ver con el amor romántico. Obviamente, nadie puede amar románticamente a todos ni puede esperarse que tenga este tipo de relación con todos aquellos a los que conoce. La clave está en que no excluyes a nadie del amor incondicional que todo lo abarca. El amor real no es de este mundo porque este mundo no fue fabricado por el amor. Este mundo es una proyección del miedo y de la separación, y no existe en la realidad. El mundo no existe, lo único que existe es la creencia en el mundo. La idea del amor real es que amas porque eso es lo que eres. No está limitado en ningún sentido. El amor es simplemente él mismo y no tiene nada que hacer para ser lo que es.

La mayoría de las personas han experimentado relaciones extremadamente difíciles, desafiantes y dañinas, y algunos pueden estar experimentándolas ahora. Cuando practicas el verdadero perdón, puedes perdonar un recuerdo tal como perdonas algo que parece estar ocurriendo en el presente. Esto es posible porque, como ya he dicho, cuando tienes un recuerdo, está siendo experimentado como si ocurriera *ahora*. De modo que practicar el perdón con un recuerdo te libera del pasado para poder experimentar amor en el presente. Volviendo a enunciar un punto importante, el verdadero poder consiste en recordar que, si lo que estás eligiendo ahora te causa dolor, tienes una mente a la que puedes volver para cambiar de elección. Es posible que no siempre tengamos elección con respecto a lo que ocurre en nuestro guion, pero tenemos elección en cuanto a *cómo* elegimos percibirlo, lo cual prepara el escenario para elegir cómo *experimentarlo*. Percepción es interpretación. Podemos elegir interpretar una situación con el Espíritu Santo como profesor (la parte correcta de nuestra mente que conoce la verdad de nuestra unidad) o con el ego (la parte errónea de nuestra mente que refuerza el pensamiento de separación). La elección que hagamos determina lo que creemos ser en cualquier momento dado, porque nos identificamos con ella. O bien somos un ego y elegimos desde un sistema de pensamiento ilusorio basado en el pecado, la culpa y el miedo, o somos perfecto Espíritu, pleno e inocente. La cuestión es... ¿en qué estamos invirtiendo nuestra fe?

Es importante entender que en nuestras relaciones vemos lo que queremos ver. Incluso si alguien parece atacarnos, juzgarnos o tratarnos cruelmente, esto sigue siendo así. No reconoceríamos los ataques o los juicios de otros si primero no hubiéramos elegido atacar y juzgar en nuestra propia mente. Ahora bien, podemos ver los ataques de otros como peticiones de amor. El ataque siempre se produce primero en nuestra mente, y después proyectamos ese pensamiento de ataque afuera para no tener que verlo en nosotros mismos, sino en algún lugar externo, lo que hace que nuestro ataque parezca justificado. Ahora tenemos alguien a quien culpar. El ego dice: "No es culpa mía. Ellos me lo hicieron. Por eso soy inocente". Esto es lo que el ego quiere. Inconscientemente, el ego quiere verlo así para poder seguir siendo una víctima desamparada o un cuerpo que puede ser herido, abusado o abandonado. Esto se estableció con anterioridad como parte de un guion más amplio. No es que la gente quiera ser abusada conscientemente. **El ego no quiere que sepas que tienes una mente a la que puedes retornar para volver a elegir lo que quieres ser: perfecto Espíritu o ego.** Esta idea no puede repetirse demasiado. Esta es la manera que el ego tiene de absolverse de cualquier responsabilidad con respecto a lo que parece ocurrir.

Como he dicho antes, es posible que en el momento no tengas control sobre lo que ocurre, pero siempre tienes control sobre *cómo* lo miras. Por favor, date cuenta de que esto no significa que te esté animando a no decir lo que te pasa, o a no actuar en caso de sufrir cualquier abuso. Solo significa que puedes liberarte de sentirte como un prisionero de tus propios pensamientos. Seguimos siendo víctimas cuando nos negamos a asumir responsabilidad por nuestros pensamientos y por cómo interpretamos las cosas. Esto nos mantendrá en un estado de impotencia. **Saber que eres una mente te permite elegir cómo piensas.**

La causa de nuestro dolor y sufrimiento nunca está en algo que pareció ocurrir fuera de nosotros. Siempre es una elección que hacemos en la mente de identificarnos con la culpa, la verdadera causa de todo sufrimiento. Esta creencia en la culpa siempre se remonta a la falsa creencia de que estamos separados de Dios, a lo que el *Curso* denomina "pecado". En verdad, nunca podemos pecar, puesto que es imposible estar separados del amor perfecto. Creemos inconscientemente que hemos pecado, y por eso tenemos que aprender a perdonar esa creencia.

EJEMPLOS DE ELEGIR EL AMOR EN LUGAR
DEL MIEDO EN LA COMUNICACIÓN

Usemos un ejemplo real de cómo podemos usar la mente para retornar a un estado de amor en una situación difícil. Una experiencia común que la gente suele mencionar en nuestros talleres es el problema de que nuestra pareja no pasa suficiente tiempo con nosotros. Digamos que sientes esto en tu relación, y que tu pareja parece enfocarse más en su trabajo que en ti o en tu familia. Después de recordar que en realidad no hay nadie "ahí fuera" y que todo es una proyección de tu mente, el paso siguiente es comunicarle cómo te sientes, sin hacerle responsable de ese sentimiento. Generalmente, una persona hace responsable a la otra de cómo se siente y la conversación suele ser algo parecido a esto. Nota: Después de cada frase, daré el significado subyacente de lo que la persona está tratando realmente de comunicar:

—Ya nunca pasas tiempo conmigo, y parece que te importan más tu trabajo y tus amigos. (Contenido subyacente: echo de menos cómo estábamos al principio, cuando nos emocionaba estar juntos, y el sentimiento de amor que yo sentía cuando conectábamos. Me siento desconectado del amor).

—Antes nunca era así. (Contenido subyacente: quiero sentirme como me sentía cuando te conocí).

—Ya no estás en casa tanto como antes. ¿Estás teniendo una aventura? ¡Dime qué está pasando! (Contenido subyacente: me siento desamparado y fuera de control cuando no sé dónde estás. Me siento solo, sin valor y atemorizado).

Tu pareja podría responder:

—¿Qué quieres decir con que nunca paso tiempo contigo? ¡Siempre estoy aquí para ti! ¡Cómo te atreves a acusarme de tener una aventura. No me aprecias ni aprecias nada de lo que hago por ti! Lo único que te importa eres tú mismo. (Contenido subyacente: me siento tan incomprendido, juzgado y herido. Es doloroso para mí).

Estos son los escenarios típicos cuando ambas partes actúan desde sus egos, sin pensar antes de hablar, y solo reaccionando a sus propias proyecciones de pensamientos basados en el miedo. Es imposible estar en el presente y que tus pensamientos estén inspirados por el amor cuando estás en la modalidad ego, reaccionando a los comentarios del otro sin pensar en cuál es tu objetivo en ese momento. ¿Cuál es el propósito de tu comunicación? ¿Qué quieres experimentar? Sería muy útil plantearse mentalmente estas preguntas antes de hablar.

Entender el contenido subyacente de las declaraciones de tu pareja marcará toda la diferencia en vuestra comunicación. En el nivel más profundo, cuando sentimos dolor, lo que en realidad estamos diciendo es: "Ayúdame. He perdido a Dios, y estoy separada y sola". Tener esta comprensión de ti misma y de tu ser querido cuando estás disgustada puede cambiar mucho tu manera de abordar las cosas.

Ahora examinemos un ejemplo de otra manera de comunicar cuando te sientes herido, desde la perspectiva de alguien que está conectado con su mentalidad recta:

—Últimamente me he sentido un poco alterado porque estoy desconectado del amor. Parece que estoy haciendo que este sentimiento guarde relación con que no pasas suficiente tiempo conmigo, y trato de que tú lo arregles; pero, al mismo tiempo, me doy cuenta de que tú no eres la causa de mi disgusto. Me siento confuso. Solo quería compartir lo que estoy sintiendo, porque es importante para mí comunicar contigo y tener una relación abierta y honesta. ¿Tienes algún pensamiento sobre lo que acabo de compartir? Estoy abierto a oírlo.

En este caso es probable que tu pareja responda más positivamente a tus sentimientos, porque no la has responsabilizado de ellos. En otras palabras, te has responsabilizado de cómo te sientes. Es probable que tu pareja responda algo así:

—Gracias por compartir tus sentimientos. Es importante para mí. Te quiero mucho, y vamos a ver si encontramos un modo de pasar más tiempo juntos. Mantengamos esta conversación en marcha hasta que ambos sintamos que todo está resuelto.

Este es un ejemplo del aspecto que podría tener una interacción cuando dos personas conectan desde su mente recta; al venir del amor, no proyectan sus temores uno sobre otro.

PASOS PARA VOLVER A TU CENTRO

Si te encuentras en una situación como esta, y tu pareja no responde bien a lo que compartes porque él o ella está muy metido en un estado mental del ego, estos son algunos pasos que pueden ayudarte a tocar tierra y a centrarte antes de seguir adelante:

1. Cuando surja una dificultad, reconoce ante ti mismo qué parte de ti está alterada (es decir, el ego).
2. Recuerda que nunca estás disgustado por la razón que crees. Estás muy disgustado porque elegiste el ego y te permitiste desconectar de la Fuente/Dios, y estás recreando la separación en tu mente.
3. Pide al Espíritu Santo que lo mire contigo. Mirar con el Espíritu Santo significa pensar en la persona o situación con la percepción correcta, con la visión espiritual, que piensa en esa persona como pensaría en ella el Espíritu Santo. El Espíritu Santo pensaría en términos de plenitud e inocencia, y vería a esa persona como perfecto Espíritu, pasando por alto sus errores. Recuerda también que, si una persona no está expresando amor, está pidiéndolo. Entonces la respuesta apropiada sería el amor y la compasión. Ella tiene tanto miedo como tú y quiere la paz igual que tú. Las personas no siempre saben expresar sus sentimientos, de modo que tienen miedo y se ponen a la defensiva. Si puedes reconocer esto, te salvará de muchas penas.
4. Identifica cualquier juicio o suposición que tengas sobre la persona o situación, trayéndolos a la superficie sin analizarlos. Simplemente míralos como un observador.
5. Perdona usando un verdadero ejercicio de perdón, como *Tú eres Espíritu, pleno e inocente, todo queda perdonado y liberado.*[5] O (y este es uno de mis favoritos, porque recuerda a la mente que todo lo que parece estar fuera de nosotros es una proyección de la mente), *Tú no estás realmente aquí. Si pienso que eres culpable o la causa del problema, y si yo te he fabricado, entonces la culpa y el miedo imagi-*

nados deben estar en mí. Puesto que la separación de Dios nunca ocurrió, nos perdono a ambos por lo que en realidad no hemos hecho. Ahora solo queda inocencia, y me uno en paz con el Espíritu Santo.[6]

6. Libera, deja ir, entrégaselo al Espíritu Santo, confiando en Su fuerza dentro de ti. Tú no eres responsable de cómo tu perdón/sanación es recibido por la otra persona. El Espíritu Santo tomará tu perdón, y cuando la otra persona esté preparada para aceptarlo, será recibido.

7. Por último, acuérdate de reír, no de la gente, sino de la seriedad con la que nos tomamos las cosas. Puedes crear una nueva realidad a cada momento aligerando la situación, lo que significa que no tienes que dejar que afecte a la paz de Dios dentro de ti. Esto te ayudará a crear el milagro (un cambio de percepción), y a mantenerte empoderado en el presente. De lo que te ríes es de la pequeña idea loca[7] de la que habla el *Curso,* que es la idea de que podrías estar separado de tu Fuente. Esta es la idea que fue tomada en serio. De modo que no te estás riendo a expensas de alguien, solo de la tentación de dar realidad a la separación. Recuerda que tu pareja y tú tenéis intereses compartidos porque compartís la misma mente. Por eso sois lo mismo. Ambos compartís la parte de la mente que se identifica con el ego y la parte que se identifica con el Espíritu Santo, así como el tomador de decisiones que decide entre ambos. Compartir es la raíz de toda creación, el compartir del amor de Dios con Su único Hijo. Ese es el verdadero compartir, la aceptación de la unidad.

Practica estos pasos en los momentos difíciles, y tal vez te sorprenda lo rápido que todo puede dar la vuelta en tu mente.

Además de estos pasos, conserva tu fe en que, a medida que dejas las cosas en manos del Espíritu Santo, Él se encarga de ellas. Confía. Estate atento a lo largo de los días, y presta atención a qué profesor eliges en tu mente en cualquier momento dado. Practica el ver cualquier situación que altere tu paz como una oportunidad de llevarle curación y resolución mediante el perdón. Clarifica tu objetivo al comienzo del día. No puedo imaginar mejor objetivo que experimentar verdadera paz. Jesús dice en el *Curso: Deseo la paz de Dios. Decir estas palabras no es nada. Pero decirlas de todo corazón lo es todo. Si pudieras decirlas de verdad, aunque solo fuera por un instante, nunca más volverías a sentir pesar alguno, en ningún lugar o momento.*[8] Demuestras que quieres la paz de Dios mediante la práctica del perdón. A veces no parece que puedas elegir paz. Sin embargo, si la deseas más que ninguna otra cosa, la estás eligiendo.

Por último, practica soltar cualquier apego a saber qué os conviene más a tu pareja o a ti. Más bien, reconoce que no sabes qué es lo que más te conviene a ti o a otro, y pide al Espíritu Santo que lo juzgue por ti. Si no estás en paz, puedes estar seguro de que estás depositando tu confianza en tus propias fuerzas, e identificándote con el plan del ego para la salvación, que siempre conduce al sufrimiento. Cuando asumimos que sabemos qué es lo mejor para nosotros mismos o para los demás, dejamos de aprender. No podemos ver el panorama completo, así que necesitamos un maestro (el Espíritu Santo) que pueda ser esa presencia sin juicios en nuestra mente, que dirigirá nuestros esfuerzos con Su Visión, en lugar de usar nuestra visión limitada.

Recuerda que, en este mismo momento, el poder de aprender tus lecciones de perdón está dentro de ti. Toma cada recuerdo que te duela, o cualquier cosa que surja ahora, como una oportunidad de usarlo para el propósito del Espíritu Santo, de sanarlo y resolverlo, y recuerda tu inocencia. Estos son los verdaderos regalos que damos al Espíritu Santo, las cosas que nos "hieren". **El poder del presente reside en reconocer que cualquier pensamiento que esté en tu mente, ya sea un pensamiento sobre el ahora, el pasado o incluso el futuro, puede ser perdonado en este momento, porque en este momento es donde *está* tu poder.**

ERRORES COMUNES QUE SE COMENTEN EN LAS RELACIONES

En mis años de experiencia como consejera espiritual he notado algunos errores comunes que la gente comete en las relaciones y que, cuando se corrigen, marcan una gran diferencia en nuestra capacidad de estar en paz:

1. Culpar al otro de la causa de tu infelicidad.
2. Asignar a tu pareja roles que crees que debe cumplir.
3. Tratar de que tu pareja llene el vacío que sientes en tu interior.
4. Hacer real en tu mente la idea de ser una víctima, lo que da realidad al mundo.
5. Asumir el problema del otro y hacerlo tuyo.
6. Dejar una relación antes de haberla honrado por completo, o antes de haberte ocupado de cualquier asunto inacabado; esto es algo de lo que más adelante podrías arrepentirte.

Si estás experimentando dificultades en una relación, puedes estar seguro de que hay algo importante que debes mirar, algo que debes llevar a su resolución y sanación. Es algo que tu Alma quiere aprender. Incluso si la otra persona no está dispuesta a ir a ese lugar contigo, puedes sanarlo en tu propia mente practicando el perdón, que según el *Curso* es tu única función aquí. También es la clave de la felicidad. Solo debes actuar si estás inspirado y te sientes guiado. No hace falta que hagas nada con el ego como maestro.

No hacer nada es descansar y crear un lugar dentro de ti donde la actividad del cuerpo cesa de exigir atención. A ese lugar llega el Espíritu Santo, y ahí mora.[9] *Pues desde este centro se te enseñará a utilizar el cuerpo impecablemente.*[10] En otras palabras, no necesitas hacer nada (con el cuerpo/ego) porque el poder está en tu mente. Lo que haces es volver a la mente, donde puedes hacer una elección diferente. Si, cuando eliges hacer algo, te inspira paz interior, puedes estar seguro de que estás pensando correctamente, con el Espíritu Santo como maestro, y puedes confiar en ello. Pero, una vez más, lo que siempre tienes que hacer es practicar el perdón, que deshace la culpa en tu mente que dice que mereces sufrir.

Lo único que podemos tener en consideración son los recuerdos del pasado y lo que está sucediendo en el presente. Si consideramos que el pasado, el presente y el futuro son *uno* solo, lo que pensemos en el presente influye en todas las dimensiones del tiempo y del espacio. Aunque el tiempo/espacio es una ilusión, parece existir en nuestra experiencia, así que, por qué no hacer las mejores elecciones posibles, lo que puede llevarnos a experimentar el sueño feliz del perdón mientras parecemos estar aquí, en un cuerpo. Este sueño feliz de perdón precede a nuestro despertar, y es una condición necesaria para la mente antes de que pueda volver a entrar en el Reino de los Cielos, que es un estado de perfecta unidad, amor y paz. Por lo tanto, hay poder en los pensamientos del pasado cuando los usamos para hacer la corrección en el presente, trayéndolos a la luz de la verdad.

La corrección *es* perdón. No sabemos corregirnos a nosotros mismos, pero, cuando perdonamos, el Espíritu Santo hace Su parte. Deja que Él se encargue de los resultados de tu perdón. Se trata de llevar nuestras ilusiones de separación a la verdad de que solo el amor es real; solo Dios existe. Por eso, el *Curso* dice: Dios Es. No hay nada más. No olvidemos las primeras líneas del *Curso*: *Nada real puede ser amenazado. Nada irreal existe. En esto reside la paz de Dios.*[11] En otras palabras, lo que es real es el Espíritu perfecto (Dios). Lo irreal es todo lo demás que parece ser su opuesto, y que puede mutar o cambiar, y son esas otras cosas las que no existen. Recitar estas líneas del *Curso* también es muy útil cuando te sientes atascado en el pasado, o en tus relaciones en general. Tener conciencia de que nuestra elección equivocada a favor del ego solo exige corrección, no castigo, es una forma suave de ayudar a que este se deshaga, capa por capa.

Cuando en tu vida de cada día te encuentres con lo que podríamos llamar extraños, reconoce el poder que tienes de dedicar esas interacciones a la inspiración, a la unidad y a la empatía. Estar empáticamente conectado con los demás significa comprender por lo que pueden estar pasando sin necesidad de juzgarlos ni de unirse a su dolor. Puedes trasladar este aprendizaje a tu pareja de amor especial. Este tipo de pensamiento también te mantiene en el presente. Los juicios pertenecen al pasado. El primer juicio que todos parecimos hacer colectivamente es que Dios es injusto y castigador y que, por tanto, sufriremos las consecuencias de nuestros actos. ¡Qué aterrador es pensar en un Dios así! Por lo tanto, podemos preguntarnos, ¿querría el Dios al que rezamos que sus Hijos tuvieran miedo y merecieran castigo? Por suerte, la respuesta es no. Cuando aceptemos el poder que se nos dio para crear como Dios crea (en el Cielo) conoceremos nuestra verdadera fuerza.

El *Curso* dice: *El poder de los Hijos de Dios está presente todo el tiempo porque fueron creados para ser creadores. La influencia que ejercen unos sobre otros es ilimitada, y tiene que usarse para su salvación conjunta.*[12] Como puedes ver, el mejor uso de nuestro poder es reconocer que no podemos despertar en Dios solos. Necesitamos a nuestros hermanos y hermanas tanto como ellos nos necesitan a nosotros para aprender lo que significa amar incondicionalmente, sin límites de ningún tipo. Amar a uno es amar a todos. ¡Qué retorcido se ha vuelto nuestro uso del poder! Para el mundo, el poder se basa en tener un trabajo prestigioso o en cuánto dinero hemos acumulado, y en quién gobierna el mundo. Se trata de una falsa sensación de poder que en realidad no existe. En las relaciones personales, el poder se ha utilizado para intimidar a los demás a fin de que hagan lo que creemos que deben hacer. Si no lo hacen, ya no les queremos. ¡Bienvenido al mundo de las relaciones especiales! Nuestras relaciones de amor especial no son más que máscaras sobre el odio especial. Hay personas a las que elegimos amar, pero, como este amor se basa en condiciones, debajo de él hay una relación basada en el miedo, la desconfianza y la competición. Esto es lo que dice el *Curso* de nuestras relaciones especiales:

Las relaciones especiales que se establecen en el mundo son destructivas, egoístas e infantilmente *egocéntricas. Mas si se le entregan al Espíritu Santo, pueden convertirse en lo más sagrado de la tierra: en los milagros que señalan el camino de retorno al*

Cielo. El mundo utiliza las relaciones especiales como el último recurso en favor de la exclusión y como una prueba de la realidad de la separación. El Espíritu Santo las transforma en perfectas lecciones de perdón y las utiliza como un medio para despertarnos del sueño. Cada una representa una oportunidad de sanar nuestras percepciones y de corregir nuestros errores. Cada una es una nueva oportunidad de perdonarnos a nosotros mismos, perdonando a otros. Y cada una viene a ser una invitación más al Espíritu Santo y al recuerdo de Dios.[13]

Como podemos ver en la declaración anterior, nos perdonamos a nosotros mismos perdonando a los demás, porque estamos verdaderamente unidos como una sola mente. Cuando elegimos no perdonar, la relación se vuelve destructiva en todos los sentidos de la palabra. La pregunta es: ¿qué es lo que realmente queremos? ¿Qué es lo más importante para nosotros? ¿Preferimos tener razón o ser felices? Reflexionar sobre estas preguntas aportará claridad y un sentido de propósito a tus relaciones que puede cambiar radicalmente tu experiencia de ellas.

SOBRE GARY Y YO

No pretendo pintar un cuadro perfecto de mi relación con Gary, como si todo fuera bien en todo momento. Eso no sería realista. Hay muchos aspectos maravillosos en nuestra relación, y estoy verdaderamente agradecida de tener a Gary en mi vida, así como de las oportunidades que tenemos de aprender y crecer juntos. También hay momentos en los que no estamos de acuerdo en algunas cosas. **Recuerda, estar en una relación no significa que siempre estaréis de acuerdo en todo. Se trata de entender que puedes estar en desacuerdo a veces, pero aceptando y respetando el poder de nuestra pareja de elegir el ego o el Espíritu Santo. No sirve de nada intentar quitarle a otro su poder de decisión. Puedes seguir tomando decisiones tal como seas guiado, mientras permites que tu pareja también tome las suyas. A veces vuestros caminos seguirán estando alineados y otras veces no.**

Cualquier relación puede funcionar aunque haya desacuerdos. Solo cuando los desacuerdos se convierten en violencia o abuso de algún tipo es cuando hay que prestar atención para que esas piedrecitas de conflicto no se conviertan en grandes rocas. Cuando Gary y yo estamos en desacuerdo, puede haber un pequeño enfado, pero, como los dos sabemos perdonar, no es duradero. Tampoco nos criticamos por cosas aparentemente insignificantes, como de qué lado ponemos el papel higiénico en el rollo. Ya te haces una idea. Hay un enorme margen de crecimiento tanto en los desacuerdos aparentemente pequeños como en los grandes. El *Curso* nos enseña que, en realidad, tanto las pequeñas molestias como la ira intensa son lo mismo porque ocultan la verdad. Dice:

Tal vez sea útil recordar que nadie puede enfadarse con un hecho. Son siempre las interpretaciones las que dan lugar a las emociones negativas, aunque estas parezcan estar justificadas por lo que aparentemente son los hechos o por la intensidad del enfado suscitado. Este puede tomar la forma de una ligera irritación, tal vez demasiado leve como para ser reconocida claramente. O puede también manifestarse en forma de una ira desbordada, acompañada de pensamientos de violencia, imaginarios o aparentemente perpetrados. Esto no importa. Estas reacciones son todas lo mismo. Ponen un velo sobre la verdad, y esto no puede ser nunca una cuestión de grados. O bien la verdad es evidente o bien no lo es. No puede ser reconocida solo a medias. El que no es consciente de la verdad no puede sino estar contemplando ilusiones. [14]

Volviendo a Gary y a mí, hacemos lo que podemos, como todo el mundo. No somos perfectos, pues de otro modo no parecería que estamos aquí. Cuando enseñamos el *Curso* al público, también nos damos cuenta de que estamos aprendiendo. Sabemos que en realidad no hay nadie más "ahí fuera". En nuestra experiencia, ciertamente puede parecer que hay gente ahí, pero hacemos lo mejor que podemos para practicar lo que dice el *Curso* y usar todo aquello que sentimos como una dificultad para perdonar. Incluso si solo una persona de la relación practica el perdón, aún puede funcionar. En ese caso puede parecer más difícil, pero no tiene por qué serlo. Mientras no vayas hacia una actitud de sacrificio malsano a tus expensas, es totalmente posible tener una relación amorosa y duradera sin que importe si el otro practica el *Curso* o no. En nuestro caso, ambos practicamos el *Curso*, así que es algo gratificante que tenemos en común. Si estás en una relación y estás estudiando el *Curso*, pero tu pareja no, todavía puede funcionar. La idea es que puedas estar en paz independientemente de las circunstancias.

Todo el mundo tiene preferencias, así que, si eres honesto contigo mismo sobre lo que funciona o no funciona para ti, puedes empezar el proceso de discusión o de introducir cambios haciéndolo sin culpa o juicio. Es normal tener preferencias. Ni siquiera Jesús estaba siempre de acuerdo con todo el mundo. Si todos estuviéramos de acuerdo todo el tiempo con lo que hacen los demás, la Filiación no progresaría. Es importante honrar tu camino siendo honesto con tu vida y con lo que realmente te inspira. Cuando estás en un estado de inspiración, todos los que te rodean se benefician. El problema es que la mayoría de nosotros tememos el presente, porque el ego lo utiliza para arrastrar el pasado sobre él.

El Espíritu Santo quiere desvanecer todo esto ahora. No es el presente lo que da miedo, sino el pasado y el futuro, mas estos no existen. El miedo no tiene cabida en el presente cuando cada instante se alza nítido y separado del pasado, sin que la sombra de este se extienda hasta el futuro. Cada instante es un nacimiento inmaculado y puro en el que el Hijo de Dios emerge del pasado al presente. Y el presente se extiende eternamente. Es tan bello, puro e inocente, que en él solo hay felicidad. En el presente no se recuerda la oscuridad, y lo único que existe es la inmortalidad y la dicha.[15]

El *Curso* nos enseña a utilizar el presente para reclamar nuestro verdadero poder, lo que transformaría todas nuestras relaciones, porque ya no nos sentiríamos injustamente tratados por los demás. Cuando reconocemos que estamos haciendo que las otras personas actúen para nosotros mediante nuestras interpretaciones de lo que vemos, podemos introducir cambios útiles en cómo respondemos a ellas. El mundo que vemos (incluidas todas las personas) representa las ideas y creencias que tenemos en nuestra mente. Vemos lo que queremos ver basándonos en nuestras experiencias pasadas. Cuando empezamos a aceptar esto, podemos tener más experiencias del Instante Santo, en las que pasamos de la interpretación del ego a la del Espíritu Santo. Cuantos más momentos tengamos del Instante Santo, más cesará la atracción del cuerpo. Nuestra actitud será más calmada y ligera, y seremos menos exigentes con los demás. Incluso el cuerpo dejará de atraernos como antes. Nos sentiremos atraídos por la llamada de la alegría, que es del Espíritu Santo.

Si actualmente estás en una relación dolorosa, es útil recordar que el dolor proviene de pensar y reaccionar con el ego, no de la persona que parece estar causándotelo. Se necesita experiencia para aceptar esto, y puede parecer que hacen falta muchos años antes de que uno pueda liberarse realmente de las garras del ego. Cuando comprendes que tu forma de pensar está contribuyendo a tu dolor, no tienes por qué sentirte mal por ello porque puedes cambiar de mentalidad. Además, el dolor proviene de la creencia en la culpa, y la culpa es una ilusión. Esta culpa tiene que ser perdonada. Si estás experimentando un problema con alguien, puede ser sanado *ahora,* no en el pasado ni en el futuro. La curación es ahora porque el presente es el único momento que tenemos. No vivimos en el pasado a menos que elijamos traerlo a nuestro presente. Tampoco vivimos en el futuro, aunque el ego nos haga creer que sí. La verdadera curación está siempre en el Instante Santo. Jesús nos dice que, especialmente cuando tengamos una dificultad con alguien, tengamos fe en nuestros hermanos durante los momentos difíciles. En lo que estás teniendo fe es en su realidad como Hijo de Dios. Cuando vemos a nuestros hermanos solo como cuerpos, en realidad nos estamos engañando a nosotros mismos. ¿Queremos seguir sufriendo y sintiendo el dolor de la culpa, o ejercer el poder del tomador de decisiones en nuestra mente para elegir de nuevo? Por supuesto, ten cuidado si hay abuso de por medio. El Espíritu Santo no está por la labor de sufrir. En esas circunstancias, cuídate y haz lo que consideres apropiado. Hay una parte en nosotros que todavía tiene el deseo secreto de que seamos tratados injustamente. Para el ego, ser tratado injustamente significa conservar su inocencia a costa de otro. El mundo entero basa sus relaciones en este pensamiento subyacente. Se ha convertido en algo tan normal que dependemos de que los demás se pongan de nuestra parte, que es la forma de unirse que tiene el ego. Su forma de unirse es ver cuántas personas podemos conseguir que estén de acuerdo con nosotros. Si no están de acuerdo, nos sentimos amenazados o nos desagradan. ¿Puede ser esto amor verdadero? No es de extrañar que la depresión abunde en el mundo. Los pensamientos que pensamos con el ego sirven a un propósito, que es mantener la separación. Nos aprisionamos o nos liberamos a cada momento según el sistema de pensamiento al que nos adherimos.

En mi propia vida he estado practicando la observación de mis reacciones rápidas a lo que hace la gente, incluso con Gary. Si me descubro reaccionando con una punzada de disgusto, eso es suficiente para que preste atención a la interpretación que puedo haber hecho de esa situación. Puesto que veo lo que quiero ver, entonces, si me enfado, eso significa que quiero ver la culpa fuera de mí en lugar de en mi propia mente. Esto no significa que no vaya a expresar las cosas con claridad si es necesario. Solo significa que, a partir de ese momento, cualquier pensamiento que tenga y cualquier cosa que haga puedo hacerla con paz en lugar de conflicto. Una vez que te descubres pensando con el ego (y lo sabrás por cómo te sientes), puedes detenerte y practicar pensar con el Espíritu Santo. Esto te ayudará a recuperar el control de tus pensamientos, aunque no siempre es fácil. Permítete un poco de compasión si te lleva tiempo.

Todos tenemos creencias inconscientes sobre nosotros mismos que están profundamente enterradas. Hasta que no cuestionemos estas creencias y descubramos sus raíces más profundas, influirán en lo que hacemos y en cómo actuamos. Con el tiempo, llega un punto en el que reconocemos que las creencias ya no tienen sentido, así que las dejamos ir; esto ocurre cuando nos tomamos tiempo para indagar más profundamente en su naturaleza. Todo el mundo lo hará cuando esté preparado. No es divertido mirar al miedo, pero es útil mirarlo dando la mano a Jesús o al Espíritu Santo. Él dice que cuando lo invitamos a mirar con nosotros, ese no es un pensamiento intranscendente. Él está a solo un pensamiento de distancia, porque representa la mente correcta: la corrección de nuestra elección equivocada a favor del ego. Puedes aprender a hacer esto en cualquier relación que te resulte difícil.

CÓMO USAR LA MEMORIA PARA UN PROPÓSITO DISTINTO

El *Curso* también habla de la memoria y de cómo utilizarla correctamente. Dice que la memoria es algo que se percibe relacionado con el pasado. En otras palabras, el ego utiliza la memoria para sus propios fines, que es mantenernos anclados en el pasado. Sin embargo, la memoria también es una habilidad que podemos aprender para recordar nuestra realidad *ahora*, en el momento presente. Esto significa que podemos usar la memoria para conectarnos con nuestra verdadera realidad en Dios, uniéndonos a Él en la verdadera oración y practicar la escucha del Espíritu Santo. Para utilizar la memoria con este fin, se requiere motivación para pasar de estar atrapados en un pensamiento o idea del pasado al momento presente, donde no hay ninguna historia. Identificarnos con las historias de la vida, ya sean nuestras o de otros, nos mantiene atrapados en el juicio. En cuanto hay una historia, hay un juicio. Esto no significa que tengamos que negar la historia, sino invertir nuestra fe en lo que es real. Es algo en lo que se puede confiar, porque la verdadera realidad no cambia. Cuando nos sentimos cómodos y no juzgamos en nuestro mundo interno, podemos observar el panorama externo sin juicio, culpa ni temor. Esto requiere una investigación honesta de nuestras creencias. Si hay una culpa profundamente enterrada en tu mente, puede que te lleve tiempo trabajar este proceso. Eso está bien. El hecho de que estés dando pasos para liberarte de las ataduras del sistema de pensamiento del ego es una hermosa señal de que te sientes digno de tal esfuerzo. ¡Bravo!

La sección del *Curso* a la que me refería antes se llama *El recuerdo del presente*.[16] Más concretamente, dice:

Las limitaciones que el mundo le impone a ese recordar son tan vastas como las que permites que el mundo te imponga a ti. No existe vínculo alguno entre la memoria y el pasado. Si quieres que haya vínculo, lo habrá. Mas es solo tu deseo lo que lo establece y solo tú quien lo limita a una parte del tiempo donde la culpabilidad aún parece persistir.[17]

*Cuando memorias de viejos rencores vengan a rondarte, recuerda que su causa ya desapareció. Por lo tanto, no puedes entender cuál es su propósito. No permitas que la causa que quieres atribuirles ahora sea la misma que hizo que fuesen lo que fueron o parecieron ser. Alégrate de que su causa haya desaparecido, pues de eso es de lo que se te perdona. Y contempla, en cambio, los nuevos efectos de una Causa que se acepta **ahora**, y cuyas consecuencias se encuentran **aquí**. Su hermosura te sorprenderá. Las nuevas ideas de antaño que traen consigo serán las felices consecuencias de una Causa tan ancestral que excede con mucho el lapso de memoria que tu percepción ve.*[18]

En las relaciones, nos sentimos atraídos por las heridas del pasado que sentimos que otros nos infligieron. A cierto nivel, queremos mantener el pasado en su lugar para no tener que examinar por qué elegimos revivirlo en el presente. Soy consciente de lo difícil que es dejar atrás lo que parece ser un acontecimiento pasado que sientes que te perjudicó de alguna manera. A veces, un suceso traumático de una "vida pasada" puede permanecer en la mente inconsciente y desencadenar una emoción que sale a la superficie. Y tú no entiendes de dónde viene esa emoción. Es necesario un profundo trabajo interior para descubrir las creencias que podemos tener sobre nosotros mismos y que nos mantienen anclados en heridas del pasado. Además, lo que pensamos que es el pasado en realidad está sucediendo ahora mismo, ya que pasado, presente y futuro son una sola cosa. Es solo la mente de la persona la que elige aferrarse a algo que ella define como del pasado.

El poder del recuerdo del presente es que, una vez que comprendes que todo tu poder es *ahora* (ya que el único tiempo es *ahora*), puedes cambiar lo que piensas sobre la causa en este momento. La causa de lo que consideramos que son nuestros antiguos odios, nacidos de la culpa, ha desaparecido. Si la causa ha desaparecido, una pregunta que debemos hacernos es: ¿por qué queremos seguir reviviéndola? Debe aportarnos algo que deseamos. La causa puede cambiarse para que no surjan efectos de una causa que no es real. La culpa, que es la causa de todo sufrimiento, es una creencia inventada. El perdón deshace la culpa.

He sido consejera espiritual desde 2009, y me doy cuenta de que, en algunas situaciones, para la persona es importante descubrir los sucesos dolorosos que pueden estar enterrados en su mente inconsciente. Esto puede ser útil porque al traer heridas del pasado a la superficie, pueden ser vistas y, a continuación, soltadas y perdonadas. No es necesario analizar en exceso la oscuridad, más bien se trata de entender para qué te sirve ahora aferrarte a ella. Una vez que descubres cuál es su propósito, puedes hacer otra elección sobre cómo seguir adelante, con una nueva interpretación si así lo deseas. El *Curso* dice: *¿Puedes acaso encontrar luz analizando la oscuridad, tal como hace el psicoterapeuta o reconociendo la oscuridad en ti mismo —tal como hace el teólogo— y buscando una luz distante que la disipe al mismo tiempo que enfatizas lo lejos que está? La curación no es un misterio. Nada puede cambiar a menos que se entienda, ya que la luz es entendimiento.*[19]

Esto quiere decir que la luz, que es verdad y comprensión, no está separada de nosotros y, por tanto, no hay distancia. Está en nuestra mente, aquí mismo, ahora mismo. La luz puede despuntar en nuestra mente en cualquier momento. La curación no tiene por qué llevar tiempo, aunque solemos creer que sí.

La siguiente cita del *Curso* es relevante en cuanto a cómo podemos utilizar el poder del presente para liberarnos de los efectos del tiempo: *El que te hayas descarriado tan completamente ha requerido tiempo, pero ser lo que eres no requiere tiempo en absoluto. Empieza a usar el tiempo de la misma manera en que lo hace el Espíritu Santo: como un instrumento de enseñanza para alcanzar la paz y la felicidad. Elige este preciso instante, ahora mismo, y piensa en él como si fuese todo el tiempo que existe. Ahí nada del pasado puede afectarte, y ahí es donde te encuentras completamente absuelto, completamente libre y sin condenación alguna. Desde este instante santo donde tu santidad nace de nuevo, seguirás adelante en el tiempo libre de todo temor y sin experimentar ninguna sensación de cambio con el paso del tiempo.[20]* ¡Esto es tan poderoso! Tómate un momento para asimilar esta idea. Deja que vaya entrando. **El verdadero presente es un flujo continuo de instantes sagrados. Siempre estás a salvo, apoyado y amado como si te elevaran y te llevaran en las alas de un ángel.**

Nunca olvidaré un sueño que tuve hace muchos años. Caminaba por la ladera de un acantilado en una zona muy montañosa. Mientras iba caminando, contemplando las vistas, un ser andrógino muy majestuoso se me acercó y me elevó, llevándome sobre sus hombros. Este ser representaba un arquetipo fuerte y guerrero; no bélico, sino de Espíritu muy fuerte y pacífico. Para mí, este ser parecía simbolizar que estaba completamente cuidada y que no tenía nada que temer; que siempre estaba siendo llevada. Entonces, voló conmigo sobre el borde del acantilado mientras empezábamos a descender a lo más profundo de lo que parecía un pozo de conocimiento. A mi alrededor había libros, como si fuera una especie de biblioteca. Me recordó a los Registros Akáshicos. Quizás me habían permitido vislumbrar ese reino.

Al acercarnos al fondo del pozo, me mostraron un gran globo terráqueo con un mapa. El mapa me indicaba todas las vidas que he tenido en determinadas zonas del mundo en las que mostré una gran fuerza. En ese momento, esto fue muy relevante para mí porque había estado pasando una época difícil. El hecho de que se me mostraran las vidas en las que había sido tan fuerte me recordó que siempre puedo recurrir a esa fuerza cuando sea necesario. Por último, empecé a elevarme y a subir a gran velocidad por el pozo/túnel. Oí una voz profunda y poderosa que me decía: "Edgar Cayce sabe de ti. Adiós por ahora". Nunca olvidaré este sueño inspirador y poderoso. En mi opinión, la voz era la Voz que habla por Dios, el Espíritu Santo. Era el tipo de voz que tiene una verdad y un poder innegables. Mientras escribo esto, la sensación de inspiración está volviendo a mí, y me siento muy agradecida.

Siempre que tengas momentos de inspiración en los que notes que algo más allá de ti te está hablando, date un baño de gratitud. A lo largo de nuestro camino, todos recibimos recordatorios de algo que está más allá de este mundo, y de que nuestra verdadera identidad está más allá de lo que los ojos del cuerpo pueden ver. Hay seres que están a nuestro alrededor todo el tiempo, aunque no seamos conscientes de ellos. La inspiración es una herramienta útil para utilizarla en cualquier relación conflictiva. Cuando haces todo lo posible por permanecer en tu centro, independientemente de lo que esté ocurriendo, y permites que la inspiración fluya a través de ti, te guía hacia tus próximos pasos. Puedes confiar en ello. La inspiración es lo opuesto al ego, y el *Curso* no endulza al ego. Dice que el ego no te ama.

Antes de convertirme en estudiante del *Curso*, solía pensar, como muchos otros líderes del pensamiento Nueva Era, que el ego es nuestro amigo. Solía decir: "¡Hazte amigo de tu ego!". Esta no es la perspectiva del *Curso*. El *Curso* dice que tenemos que deshacer el ego antes de poder aceptar nuestra verdadera realidad en Cristo, el Hijo único de Dios. Salvación significa "deshacer". Cuando deshacemos el falso yo, puede emerger el *verdadero* Yo; no como un cuerpo, sino como Espíritu perfecto que es uno con Dios. Entretanto, mientras mantengamos ilusiones con respecto al cuerpo, siempre nos sentiremos atraídos por las relaciones especiales. El *Curso* dice:

*No puedes amar solo a algunas partes de la realidad y al mismo tiempo entender el significado del amor. Si amases de manera distinta de cómo ama Dios, Quien no sabe lo que es el amor especial, ¿cómo ibas a poder entender lo que es el amor? Creer que las relaciones **especiales**, con un amor **especial**, pueden ofrecerte salvación es creer que la separación es la salvación. Pues la salvación radica en la perfecta igualdad de la Expiación. ¿Cómo puedes pensar que ciertos aspectos especiales de la Filiación pueden ofrecerte más que otros? El pasado te ha enseñado esto. Mas el instante santo te enseña que no es así.[21]*

Lo máximo que podemos hacer las personas aquí, en un mundo de tiempo y espacio, es practicar la idea de que podemos utilizar nuestras experiencias vitales para aumentar nuestra fe en Dios, Quien verdaderamente nos completa. El amor de Dios es total. Como estamos teniendo una experiencia humana, por supuesto que nos sentiremos atraídos y apegados a los cuerpos durante un tiempo, y nuestro amor será limitado hasta que llegue el momento en que empecemos a darnos cuenta de que los cuerpos no nos hacen felices y tampoco el amor limitado. De hecho, sucede totalmente lo contrario. Lo que realmente nos hace felices es no depender de nada externo para sentirnos seguros, plenos y completos. **La seguridad viene de dentro, de pensar como piensa Dios, lo que significa que compartimos Su certeza con respecto a lo que somos.** He experimentado el poder de esto a lo largo de los años, y a menudo me he dicho: "Solo quiero ser libre". Lo que quiero decir con esto es que quiero ser libre de los juegos y mentiras del ego. He tenido que intensificar mi propia práctica del perdón y seguiré haciéndolo hasta que la verdadera libertad se realice dentro de mí. ¿No merecemos todos un esfuerzo constante? El *Curso* dice que no creemos merecerlo. Esto puede usarse como un gran motivador para elegir de nuevo. Si deseas una reflexión más profunda sobre cómo hacerlo, por favor acompáñame en el capítulo siguiente.

PÁGINA PARA NOTAS PERSONALES

CAPÍTULO 3

AVENTURAS QUE ME HAN OCURRIDO VIAJANDO

El pasado ya pasó. No intentes conservarlo en la relación especial que te mantiene encadenado a él, y que quiere enseñarte que la salvación se encuentra en el pasado y que por eso necesitas volver a él para encontrarla. No hay fantasía que no encierre un sueño de represalias por lo ocurrido en el pasado. ¿Qué prefieres, exteriorizar ese sueño o abandonarlo?[1]

Si quieres tener una buena prueba de que estás practicando el verdadero perdón, ¡puedes estar seguro de que los viajes largos ofrecen muchas oportunidades! En algunas relaciones, las parejas hacen prácticamente todo juntas durante las veinticuatro horas del día, especialmente si la relación implica trabajar juntos compartiendo un negocio. Hablaré de cómo superar los retos que esto supone, pero también de cómo ver dichos retos como oportunidades de crecimiento.

No olvidemos que este libro es una guía para experimentar la verdadera intimidad con tu pareja, así como para vivir con amor y en paz *todas* tus relaciones. Como recordatorio, en este libro nos centramos en las relaciones románticas, pero aunque ahora no estés en una relación romántica, las herramientas generales y las ideas que aquí se exponen pueden ser de ayuda y aplicarse a cualquier relación.

Una de las claves para mantener un sentimiento de intimidad, amor y respeto por ti mismo y por tu pareja es la comunicación consciente. Utiliza cualquier dificultad que se te presente cualquier día para el propósito de amor y perdón del Espíritu Santo. Evita el propósito del ego de dar realidad en tu mente al pecado, la culpa y el miedo. Si practicas las ideas y usas las herramientas que se te dan en este libro, te ayudarán a deshacer el error en tu mente en lugar de fortalecerlo. Esto será una tremenda ayuda para mantener una sensación de intimidad en tus relaciones, porque serás más feliz y disfrutarás más de ellas.

Cada año, Gary y yo viajamos por todo el mundo presentando nuestros talleres y, cuando no estamos viajando, trabajamos juntos en casa. Lo hacemos prácticamente todo juntos y disfrutamos tanto del trabajo como del tiempo que compartimos. Una de las cosas que más nos gusta es conocer a otros estudiantes del *Curso* de todo el mundo y escuchar sus historias sobre cómo llegaron a este camino. Gary y yo también nos acordamos de divertirnos, tanto cuando estamos de viaje como en casa, y nos damos tiempo para hacer turismo y conocer las culturas de los lugares que visitamos. Esto nos da un respiro y nos recuerda que no debemos tomarnos la vida demasiado en serio. Es fácil sobrecargarse de trabajo y no dejar tiempo para el descanso, lo que también hace que todo sea real en la mente del ego. Así que hacemos lo posible por combinar nuestro trabajo con ratos de relajación. Al ego le gusta funcionar según el principio de "todo trabajo y nada de juego". Esta es su manera de sentirse digno y útil. Este tipo de mentalidad contribuye al estrés y a la desconexión de las relaciones. Es fácil identificarse tanto con lo que haces en esta vida y con tu carrera profesional que te olvidas de quién eres realmente.

Por cierto, ser espiritual no significa que tengas que renunciar a nada, tampoco a los placeres que la vida terrenal puede ofrecer. El *Curso* no habla del comportamiento, sino de un cambio de mentalidad. No nos pide que neguemos nuestras experiencias en este mundo como cuerpos. En otras palabras, puedes ser normal y vivir tu vida normal, pero ahora puedes hacerlo con el Espíritu Santo y experimentar el sueño feliz. Por ejemplo, cuando Gary y yo estábamos disfrutando de París durante uno de nuestros viajes, esto parecía sacar a relucir las partes más aventureras de nuestra personalidad, y había una sensación en el aire de que podíamos hacer cualquier cosa. Lo que quizá algunos no sepan de mí es que tengo un lado muy aventurero, e incluso atrevido. Este lado mío puede activarse con ciertas canciones que suenan en la radio, o cuando toco el tambor Djembe (Gary parece pensar que estoy poseída cuando lo hago, ¡ya que entro mucho en el ritmo!). También puede ocurrir si estoy en un ambiente algo "voluble", como en un salón escuchando música apasionada. Tomar una copa de vino tampoco viene mal para sacar este lado de mi naturaleza, aunque soy una bebedora moderada y solo bebo de vez en cuando: rara vez tomo más de una copa de vino. Actualmente apenas bebo. No siempre ha sido así. Tuve mi fase bebedora desde el final de la adolescencia hasta los veintitantos (una experiencia típica de la adolescencia), pues iba a muchas fiestas en el instituto y en la universidad. Viví esa temporada, pero agradezco que fuera una fase y que no durara mucho. Durante ese tiempo hubo momentos en los que caí en el juego de sentirme "víctima". Decía cosas como: "Nadie me entiende", mientras me ahogaba en mi ego.

EL SIGNIFICADO SUBYACENTE DE LOS CELOS

De vuelta en París, una noche Gary y yo conseguimos entradas para el espectáculo "Moulin Rouge", que es muy auténtico. Era un espectáculo sexy y lo disfrutamos mucho. La música y el baile eran maravillosos. Lo que más me entusiasmó fue la pasión de todo aquello, así como la actuación intrépidamente "cruda" de los artistas. La mayoría de las mujeres estaban en *topless* (era un espectáculo tipo Las Vegas) y de vez en cuando yo echaba un vistazo a Gary para ver su reacción, y lo cierto es que me divertía ver que estaba disfrutando, porque eso hacía aflorar en mí un sentimiento maravilloso y apasionado de estar plenamente en el presente. En ese momento estaba tomando la decisión de utilizar la situación para mantener viva la pasión. En mis primeros años me habría puesto muy celosa al ver a Gary mirando a otras mujeres. Me siento feliz de poder decir que he superado todo lo que tiene que ver con los celos. Gary y yo nos sentimos lo suficientemente seguros en nuestra relación como para permitirnos ser quienes somos sin necesidad de reclamar que somos el "dueño" del otro. Somos personas "normales", como todo el mundo, pero sabemos perdonar, lo que disminuye el tiempo que pueda durar el conflicto. Traigo a colación esta historia porque a Gary y a mí nos gusta recordar que hay que divertirse y mantener la ligereza de las cosas. No tenemos que tomarnos el sueño tan en serio. Acuérdate de reír y de pasarlo bien.

Muchos de nosotros utilizamos una situación en la que vemos a nuestra pareja mirando a otra persona como una amenaza para nuestra existencia. ¿Y si pudiéramos utilizar estas situaciones con un propósito diferente? Tal vez, en lugar de reaccionar con celos cuando nuestra pareja mira fijamente a otro hombre o a otra mujer, podríamos recordar que no es algo personal y que no tenemos por qué hacerlo real. Quedarse boquiabierto o babear por alguien es diferente de simplemente echar un vistazo y admirar la belleza, lo cual es completamente normal. Además, ¿qué podemos esperar de las relaciones especiales? Ese es su propósito, hacer que el cuerpo sea tentador, sagrado y real. Mientras podamos reírnos de esto y recordar la verdad, no se hace ningún daño. Cuando reaccionamos a una persona o situación con nuestro ego, esto da realidad a todo su juego en la vida, lo que nos lleva al disgusto y al resentimiento. No es que nunca nos vayamos a enfadar o disgustar, pero hay otra forma de ver el disgusto desde un lugar de causa y no de efecto.

Sin embargo, hay algo que decir sobre ser educado cuando se está con la pareja, por lo que una mirada respetuosa es muy diferente a una mirada lujuriosa, larga y persistente. Todo esto se reduce a ser conscientes de que no hay nada que otra persona tenga de lo que nosotros carezcamos, solo nuestra forma de pensar hace que parezca así. En mis días más inseguros, me ponía celosa si alguno de mis novios miraba a otras mujeres. Me ponía de mal humor para el resto del día o por mucho más tiempo. Me doy cuenta de que estaba celosa porque no tenía mucha autoestima. Interpretaba que los ojos vagabundos de mi novio significaban que yo no era lo suficientemente buena, cuando en realidad no era algo personal. Cuando ahora recuerdo esos momentos, me doy cuenta de que estaba aprendiendo a amarme a mí misma.

Esas situaciones me dieron la oportunidad de aprender que nada ni nadie fuera de mí tiene el poder de hacerme sentir pequeña o menos que nadie. Es una elección. Si te sientes celoso, recuérdate que has elegido mirar a la persona o a la experiencia con el ego, cuyo objetivo es la separación y las diferencias. **La comparación es una herramienta del ego.** Recuérdate que pensar y creer que no eres suficiente es un ataque a ti mismo y, en última instancia, a Dios. Si eres como Dios te creó, lo cual es amor íntegro, inocente y perfecto, es imposible que seas otra cosa. Los celos no son más que un recordatorio de que aún existe cierta culpa inconsciente en la mente que ha de ser perdonada, y tú puedes hacerlo. Experimentarte sin culpa es experimentarte sin estar separado de nada ni de nadie, comprendiendo que cuando no hay nada que defender, estás a salvo. Cuando sientas la tentación de proyectar celos en tu pareja, puedes recordar estas palabras del *Curso*: *[...] los que proyectan se preocupan tanto por su seguridad personal. Temen que sus proyecciones van a retornar a ellos y a hacerles daño. Puesto que creen haberlas desalojado de sus mentes, creen también que esas proyecciones están tratando de volverse a adentrar en ellas. Pero como las proyecciones no han abandonado sus mentes, se ven obligados a mantenerse continuamente ocupados a fin de no reconocer esto.*[2] Trataré este tema con más detalle en un capítulo posterior, cuando hablemos de la lealtad y la infidelidad.

PRINCIPIOS "MÁGICOS"

Volviendo a París, una de las noches más románticas que pasamos allí incluyó una excursión a lo más alto de la Torre Eiffel. Lo romántico estuvo en la cima, no en la subida. Al principio dudé porque no me gustan las alturas y me provocan ataques de pánico. Entendí que necesitaba practicar el perdón para que aquello funcionara; esto, junto con un poco de magia (un vaso de cerveza tomado sin culpa), fue lo que finalmente funcionó. Nota: El *Curso* utiliza la palabra "magia" para referirse a cualquier momento en el que utilizamos agentes externos, como las medicinas, para intentar curarnos. En este caso, la *cerveza* fue mágica. Para ser sincera, si hubiera tenido una pastilla para la ansiedad, me la habría tomado.

Mi proceso mental desde el principio de nuestro viaje de ascenso a la Torre Eiffel fue más o menos así: *No soy un cuerpo. Soy libre. Pues aún soy tal como Dios me creó.*[3] Continué recordándome que no soy culpable, así que no puedo sufrir. No hay separación, solo la creencia en la separación. Me dije: "Me perdono por creer en la separación. No hay pecado, culpa ni miedo en la realidad, y se lo entrego al Espíritu Santo para que lo corrija".

Cuando salimos del ascensor, estaba mejor porque no me culpé por sentir el miedo inicial, ni lo hice más real negándome a mí misma lo que podía ayudarme temporalmente en esa situación. De eso se trata. Practicas el perdón y al mismo tiempo haces lo que te resulta útil. No se trata de sufrir ni de permitirse sufrir. Así que una afirmación como *La mente que está libre de culpa no puede sufrir*[4] puede ser un recordatorio muy útil de que eres inocente. A veces es necesaria una secuencia de pensamientos de la mente correcta, porque ayuda a crear un impulso en la mente que puede llevar a la inspiración conforme recuerdas la verdad, pensamiento a pensamiento.

En momentos de miedo, también puedes recordar que Jesús o el Espíritu Santo es un pensamiento en tu Mente y, por lo tanto, nunca te ha abandonado. Cuando sientas dolor o estés sufriendo de alguna manera, recuerda que son tus pensamientos los que te hacen sentir dolor, y pregúntate si te están trayendo dolor o alegría. Si es dolor, elige de nuevo qué deseas que sea tu realidad, cuerpo o Espíritu, y luego permítete recordar la verdad. En mi situación en la Torre Eiffel, me lo estaba tomando pensamiento a pensamiento, utilizando pensamientos correctos de perdón para ayudarme a experimentar un lugar dentro de mí en el que me sintiera más capaz y relajada.

Así que estábamos en la cima de la hermosa Torre Eiffel. Gary y yo pasamos unos veinte minutos allí arriba, contemplando las vistas de la ciudad en todas las direcciones. Fue un momento tan bonito de unión para nosotros, y tan romántico. Aunque la altura me daba un poco de miedo, me dije a mí misma que el miedo (que es una ilusión) no es más que otra emoción. Ni que decir tiene que nuestra noche en París resultó increíble, no solo porque estaba con el hombre que amaba, sino porque tuve la oportunidad de practicar el perdón. Sé que, cuando surgen estas situaciones, me hacen más fuerte si las aprovecho, utilizándolas para un fin superior y aprendiendo mis lecciones. Además, recuerda que está perfectamente bien usar cualquier forma de "magia" para ayudarte a sanar sin miedo. Lo importante es el propósito al que sirve.

Durante nuestros viajes también hemos experimentado fenómenos meteorológicos intensos. Una vez estábamos visitando la isla de Oahu y se avecinaba una gran tormenta tropical. Gary y yo estábamos pasando un rato con los delfines en el hotel Kahala, cerca de la playa de Waikiki. Los delfines también parecían sentir que se acercaba la tormenta. Estaban muy juguetones con nosotros, pero su comportamiento también indicaba que eran conscientes de ello. Gary y yo pensamos que era mejor volver a nuestra residencia en Kailua antes de que la lluvia fuera demasiado intensa. Siempre me han gustado las fuerzas de la naturaleza y no me importa estar en medio de un aguacero, a menos que me aconsejen que me quede dentro. Esa noche probablemente deberíamos haber permanecido dentro, pero decidimos quedarnos a cenar en un restaurante de camino a casa después de estar con los delfines. Nunca había visto tantos truenos y relámpagos. Tuvimos una vista increíble de la tormenta desde nuestra mesa, mientras los truenos y relámpagos rodeaban el restaurante. Los gallos, que suelen vagar libremente, deambulaban por allí preguntándose qué hacer. Fue salvaje.

Suelo decir que si no trabajara en lo que hago ahora, sería meteoróloga. Siempre me han fascinado los fenómenos meteorológicos. Gary y yo compartimos este interés, lo cual es genial. Puedo estar en medio de una tormenta de nieve y parecerme emocionante. Creo que tiene que ver con la idea de que aquí, en el mundo, no controlamos las situaciones, solo cómo las vemos. La idea de que no estamos sujetos a las leyes del mundo me recuerda que hay un poder "superior" detrás de las cosas. Operamos bajo las leyes de Dios, que son leyes de la cordura.

Cualquiera que me conozca sabe que soy una persona positiva, algo que me ha ayudado enormemente en mi vida. Siempre, sin excepción, hay una manera positiva de mirar una situación o una persona si eliges verla de esa manera. Se trata de una elección. Ser positivo no deshace el ego, pero es un paso en la dirección correcta.

Si estás en una relación con alguien en la que pasáis las veinticuatro horas juntos (tanto si viajáis juntos como si estáis en casa), algo importante que debes recordar es tomarte tiempo para ti mismo, poder tener un tiempo privado para hacer lo que te apetezca. Como consejera espiritual, he trabajado las relaciones de muchas personas. He descubierto que una de las cosas que contribuye a los conflictos es que la gente no se da suficiente tiempo para tener su espacio personal. Puede que esto no sea cierto o necesario para todo el mundo, pero para algunos es muy útil. Aunque queramos a nuestras parejas y disfrutemos pasando tiempo con ellas, hay una parte de nosotros que tiene un programa de estudios independiente. Siempre habrá cosas que te apetezca hacer y que a tu pareja no le interesen. No pasa nada. Es muy raro estar de acuerdo siempre en todo. Puede que una noche tu pareja quiera salir por la ciudad pero a ti no te apetezca. O puede que quiera ver una película y a ti no te interese ese tema en concreto. Puede que uno de los dos quiera salir con alguien con quien el otro no sienta mucha conexión. En este caso, no se trata de juzgar a tu pareja, sino de expresar tus preferencias. Esto es lo que quiero decir con seguir tu guía y honrarte a ti mismo tomando decisiones alineadas con la guía del Espíritu Santo.

Vivir en el mundo no consiste en ser perfecto, y no podemos complacer siempre a todo el mundo, lo que incluye a nuestras parejas. Tampoco es algo que tengamos que hacer. Si todos tuviéramos un comportamiento perfecto aquí, no tendríamos necesidad de estar aquí. Es muy fácil caer en un exceso de responsabilidad y creernos responsables de cómo se sienten los demás; pensamos que, de alguna manera, podemos controlar un resultado o que *deberíamos* controlarlo. Nadie, en ninguna circunstancia, es responsable de los sentimientos de otro, ni de cómo esa persona elige pensar sobre algo. Esta idea no es cruel. Lo que es cruel es intentar quitarle a alguien el poder de elegir por sí mismo tomando decisiones en su nombre, e incluso esperando que esa persona sea de una determinada manera. Si no puedes respetar la decisión de alguien de hacer una mala elección, o de elegir con el ego, y tratas de quitarle esa opción, estás enseñándole que no tiene una mente a la que volver y en la que elegir la corrección.

Repitiendo un punto importante, la mayoría de la gente tiene buenas intenciones y quiere ayudar. Pero el *Curso* dice: *No confíes en tus buenas intenciones, pues tener buenas intenciones no es suficiente.*[5] En otras palabras, piensa en la motivación que está detrás de tu razón para querer ayudar. ¿Está motivada por el ego? ¿Hay algo que crees que te falta e intentas obtenerlo de esa persona? Incluso si no puedes confiar en tus buenas intenciones, *[...] confía implícitamente en tu buena voluntad, independientemente de lo que pueda presentarse. Concéntrate solo en ella, y no dejes que el hecho de que esté rodeada de sombras te perturbe.*[6] En otras palabras, aquí no somos perfectos, así que puedes permitir que el Espíritu Santo haga Su trabajo mientras tú trabajas en aceptarte a ti mismo tal como Dios te creó.

VERDADERA UNIÓN

Experimentar la intimidad con tu pareja tiene menos que ver con los cuerpos, y más con reconocer que tenéis intereses compartidos. En otras palabras, no eres diferente de él o ella en nada que pueda tentarte a sentirte separado, único o especial. Tenéis intereses compartidos porque ambos compartís la misma mente que elige entre el Espíritu Santo y el ego a través del tomador de decisiones. Los cuerpos no pueden unirse de verdad porque el cuerpo, por sí mismo, no hace nada. La verdadera unión tiene lugar en la mente, cuando en un instante te desprendes de todo juicio y piensas en esa persona como realmente es, perfecto Espíritu. Cuando practicas el pensar en tu pareja con este tipo de visión espiritual, te lleva a una experiencia de sentirte cerca y conectado a ella de una manera espiritualmente satisfactoria y sustentadora.

No hay duda de que, cuando los cuerpos se unen, parece como si realmente se estuvieran uniendo. En última instancia, lo que importa es lo que hay en la mente y si tienes pensamientos que os elevan a ambos a una vibración más alta de amor. Por favor, ten en cuenta que no estoy diciendo que no puedas divertirte y jugar aquí en la ilusión, y hacer cosas que añadan emoción a tu relación. Lo que quiero decir es que, cuando partes de la premisa de conectar espiritualmente en tu mente, donde tiene lugar la verdadera unión, cualquier cosa que hagas a nivel físico es como añadir la guinda a un pastel que ya es delicioso. Con el tiempo, puede que te des cuenta de que ya no estás tan apegado a los placeres del cuerpo, o al menos puede que se vuelvan menos importantes para ti. No hay nada correcto o equivocado a la hora de elegir cómo estar con tu pareja si ambos estáis de acuerdo.

Lo que realmente queremos es sentirnos conectados con Dios, y sustituimos a Dios por todo tipo de cosas. Estas son las relaciones "especiales" que tenemos con las drogas, el sexo o los lugares, por nombrar algunas. Según cuentan las historias de quienes han experimentado la revelación, nada en el mundo puede compararse con la experiencia de unidad con Dios. Las sensaciones físicas palidecen en comparación con la Revelación. Lo que realmente queremos experimentar es nuestra conexión con Dios, y es esa conexión la que creemos haber perdido. Esto explica el comportamiento promiscuo. En este caso, hay una necesidad constante de sentirse digno, amado, completo y aceptado, cuando en realidad ya eres todo eso y no necesitas demostrarlo. Cuando la culpa se asoma desde la mente inconsciente, te hace creer lo contrario. El beneficio de practicar el perdón es que deshace la culpa que impulsa al ego. Cuanto más practicas, más se deshace el ego y menos sufres.

A medida que la mente se vuelve más pacífica, es posible que también experimentes un cambio repentino de intereses en el tipo de cosas que haces, o en lo que comes o ves en televisión. Cuanto más practico el perdón, más noto un cambio en mi estado mental general, que es más pacífico. Estar en paz puede conllevar todo tipo de beneficios que reflejan tu decisión mental de estar bien. Los efectos varían de una persona a otra. Personalmente, he notado que mis patrones alimentarios han cambiado un poco para reflejar una dieta más sana "basada en plantas", aunque no soy completamente vegetariana. Me siguen gustando las películas y los programas emocionantes, pero ya no me interesa tanto el género de terror. La cuestión es que estos cambios naturales se producen como resultado de cambiar de opinión *con respecto* al mundo, en lugar de intentar cambiar el mundo. Esto es normal. Practica la aceptación de que tu pareja puede estar pasando por estos cambios, aunque a veces te parezca que la estás perdiendo. Lo que ocurre es que ya no es la misma persona de antes, y esto se siente como una pérdida. Puede que tú también estés experimentando estos cambios. Respetar el crecimiento y los intereses cambiantes del otro os ayudará a crecer juntos hacia la relación santa.

MI RELACIÓN CON GARY

Gary y yo tenemos muchos intereses similares además del *Curso*, pero reconocemos que no siempre compartimos el mismo entusiasmo por ciertos temas. Eso es perfectamente normal y está bien. No conozco a nadie que tenga una relación en la que ambas personas estén de acuerdo siempre en todo o que tengan las mismas aficiones. Una relación santa no tiene que ver con el comportamiento ni con tener que estar de acuerdo con la otra persona en todo momento. Tiene que ver con tu actitud y con lo que piensas de la otra persona. ¿Te identificas con el ego de los demás o con el Espíritu Santo? ¿Qué eliges ver en ellos? Esto es lo que importa.

En mi relación con Gary, *elijo* estar con él porque disfruto de nuestro camino juntos. Esto es diferente de elegir a un compañero para el propósito del ego. Si surge algo que necesita perdón, lo practico tal como lo enseño a los demás. Gary también lo hace. No siempre tuve tanta confianza en mis relaciones. Con la práctica y la experiencia, he mejorado mucho en el perdón y en aceptarme a mí misma como digna de amor y de ser amada. Incluso con Gary, al principio de nuestra relación no siempre se me daba bien comunicarle las cosas que creía que teníamos que abordar. Nunca me he sentido cómoda en la confrontación. Asimismo, él apenas me confrontaba. Como ya he dicho, somos personas normales, como todo el mundo, y las cosas no son siempre perfectas.

El perdón nos ha ayudado mucho a superar cualquier obstáculo para la paz. Siempre hemos tenido un vínculo maravilloso y una conexión que se remonta a muchas vidas, aunque sean ilusorias. Disfrutamos del trabajo que hacemos juntos y nos reímos mucho. En mi caso, los momentos más significativos son las cosas aparentemente pequeñas que hace por mí, y también cuando se toma un momento para ver cómo estoy. Yo también lo hago con él. Incluso si es un buen día, puedo preguntarle: "¿Cómo te encuentras hoy?" o "¿Qué tienes en mente?". Es bueno estar en contacto con tu pareja y pasar tiempo de calidad juntos. Una de nuestras actividades favoritas es salir a un parque cerca de casa, donde estamos inmersos en la naturaleza. Hacemos un pequeño picnic, descansamos, escuchamos a los pájaros y observamos a las ardillas y otros animales salvajes que pueden estar por allí. Esto rejuvenece nuestro espíritu y nos levanta el ánimo, naturalmente. Luna, nuestra preciosa gata, también es una gran alegría para nosotros. Nos recuerda nuestra inocencia, y también es muy divertida, sabia y una gran sanadora.

Cuando miro atrás, a las primeras partes de mi vida, no puedo creer que esa persona fuera yo. Es como si hubiera vivido muchas encarnaciones dentro de esta. Así es como experimento la vida a día de hoy. Puede que mires atrás y no te sientas identificado con cómo eras antes porque has crecido, cambiado y evolucionado. Gary y yo nos sentimos así con respecto a nuestra infancia y al principio de nuestra etapa adulta. Decimos: "¿Quién era esa persona?". Podría haber sido otra persona en otra vida. Los dos éramos muy tímidos y no nos gustaba hablar delante de la gente. No parecía probable que acabáramos siendo personas públicas, compartiendo el *Curso* con el mundo ante grandes audiencias. Este es el trabajo del Espíritu Santo. El guion está escrito y nosotros nos limitamos a hacer lo que nos ha tocado.

En la primera parte de mi relación con Gary, él hacía muchos cursos, más de treinta viajes al año. Algunas veces le acompañaba y me sentaba tranquilamente detrás a escuchar. No me importaba demasiado que se fijaran en mí. Disfrutaba de mi privacidad. Al mismo tiempo, durante el tiempo de preguntas y respuestas, me sentía capaz de responder a las preguntas del público y lo hacía mentalmente. Pensaba: "Yo también podría estar ahí arriba enseñando el *Curso*". El proceso de asumir un papel más público se desarrolló muy gradualmente, a un ritmo que yo podía seguir. A menudo Gary me animaba a hablar más. Le gusta bromear diciendo que empecé cantando de vez en cuando y luego pasé a hablar durante unos minutos. Esos minutos se convirtieron en 10-15 minutos, que se convirtieron en hablar durante parte de la mañana, y ahora... tenemos el mismo tiempo. Disfrutamos enseñando juntos y fluimos sin esfuerzo por nuestra parte. Eso también es el Espíritu Santo extendiéndose a través de nosotros. Siempre puedes saber si el Espíritu Santo está tomando el control por la facilidad con la que fluyen las cosas. Esto puede suceder en tus relaciones en general. Cuando las cosas están en su despliegue natural, sin que sea duro y pesado, significa que estás siguiendo al maestro correcto en tu mente. Las relaciones no siempre serán fáciles. No fueron diseñadas para serlo. Tenemos que trabajarlas.

Practicar el *Curso* puede llevar a la maestría, pero nadie se convierte en maestro sin mucha práctica y paciencia. Con el tiempo, incluso la necesidad de paciencia desaparece. La impaciencia implica incertidumbre sobre el futuro y siempre tiene su origen en el miedo a la muerte. Por eso es posible que tengamos prisa o que intentemos acabar las cosas a tiempo. No sentiríamos la ansiedad que nos hace apresurarnos si no existiera un miedo inconsciente a la muerte. La culpa en la mente llega muy profundo y, por eso, necesitamos deshacer el ego. No podemos ver la culpa profundamente enterrada en la mente que dirige el mundo. No tienes que entrar en contacto con la fuente original de la culpa (la separación de Dios). Cuando practicas con las cosas que tienes delante de la nariz día tras día, el Espíritu Santo sana la culpa más profunda enterrada en la mente inconsciente.

Nunca se insistirá lo suficiente en que, para experimentar la paz de Dios, tenemos que desearla más que cualquier otra cosa. El ego se apresura a reaccionar ante todo lo que amenaza su existencia. Jesús no reaccionaba. Sabía que alimentar el ego era reforzar la culpa y la separación. Es difícil no reaccionar cuando sientes que alguien te está maltratando. En un caso así, puedes evaluar la situación y, si estás en peligro, buscar ayuda. Siempre podrás practicar el perdón más adelante. Si se trata de un caso más general de desacuerdo, pero tu vida no corre peligro, puedes empezar a perdonar más rápidamente y devolver tu mente a un estado de paz. Siempre me ha fascinado lo conectados que todos estamos en el nivel de la mente. He tenido algunas experiencias psíquicas interesantes en relación a la unión de las mentes. Un ejemplo de esto ocurrió hace muchos años, cuando Gary estaba fuera de la ciudad. Yo me quedé en casa porque acababa de inscribirme en un curso de hipnosis. Un día, salí para ir a clase. Durante la clase, el instructor comenzó a guiarnos en un ejercicio de hipnosis. En pleno proceso, sentí una sensación sorprendente que llevó mi mente a un estado de plena conciencia. Mi cuerpo se estremeció y sentí que mi corazón se aceleraba. En ese momento me asusté bastante. No sabía qué estaba pasando. Cuando abrí los ojos, la instructora me miraba como diciendo: "¿Qué demonios te pasa?". Le indiqué que tenía que mantener los ojos abiertos el resto de la sesión. Más tarde, ese mismo día, me enteré de que Gary se había caído por unas escaleras mecánicas aproximadamente cuando yo tuve aquella intensa sensación durante la sesión de hipnosis. Afortunadamente, Gary no sufrió lesiones graves, pero sí algunos cortes y magulladuras a causa de la caída. Lo llevaron al hospital y le dieron el alta muy rápido. Me di cuenta de que, puesto que las mentes están unidas, y que Gary y yo también estábamos muy conectados psíquicamente, conecté con la energía de la caída y con lo que Gary podía haber estado sintiendo en aquel momento. Esto reforzó mi convicción de que no estamos separados el uno del otro. Cuando nuestras mentes están relajadas, ya sea meditando o por otros medios, estamos más abiertos y receptivos al pensamiento y a la energía. Aunque la energía es una ilusión, podemos sentirla en el sueño. Los pensamientos del ego también son ilusiones, pero eso no significa que no los tengamos.

No pude evitar pensar que, dado que nuestras mentes son tan poderosas, ¿qué pasaría si dirigiéramos nuestros pensamientos con más propósito e intención, eligiendo continuamente el sistema de pensamiento del Espíritu Santo? Imagínate el poder que eso tendría, y cuánto podría cambiar nuestra experiencia de una persona o un acontecimiento, y de la vida en general. La calidad de nuestras vidas y relaciones mejoraría. Después de la experiencia de conectar con Gary, sentí aún más respeto por el poder de la mente.

Otra forma de mejorar nuestras relaciones es reírnos más a menudo de las tonterías del ego. El ego actúa de maneras tan diversas que merecen nuestra risa, no nuestras lágrimas. Así que, para terminar este capítulo, te contaré un chiste: Había una vez un tipo llamado Bill que quería un caballo. Bill leyó que en Craigslist había un caballo cristiano y fue a verlo. Cuando llegó al rancho, el dueño del caballo le dijo: "Es fácil de montar. Solo di 'Alabado sea Dios' para ponerlo en marcha y 'amén' para pararlo". Bill se monta en el caballo y dice: "Alabado sea Dios". El caballo empieza a caminar. Y repite: "Alabado sea Dios, alabado sea Dios, alabado sea Dios" y el caballo empieza a correr. A continuación, Bill ve un precipicio por delante y grita: "¡AMÉN!". El caballo se detiene y Bill dice: "¡Uf! ¡Alabado sea Dios!".

PÁGINA PARA NOTAS PERSONALES

CAPÍTULO 4

LAS HERRAMIENTAS

El milagro sustituye a un aprendizaje que podría haber durado miles de años.[1]

¿Cuántas veces has oído que ser feliz no viene de nada externo a ti? Viene de dentro. Bien, en el núcleo de tu ser *eres* feliz, y solo tienes que despertar a este hecho. Aunque la felicidad viene de dentro, lo que no se explica muy a menudo es cómo permanecer en ese centro amoroso donde reside la alegría. La clave de la felicidad es el perdón, lo que en parte significa que reconoces que en realidad no estás aquí. Todavía estás en casa en Dios, aunque soñando que estás aquí. El *Curso* afirma que *Una mente sin entrenar no puede lograr nada.*[2] Otra forma de decirlo podría ser "una mente que no perdona no puede lograr nada". Sin perdón no hay felicidad. Es esencial entrenar nuestra mente para estar, como dice el *Curso*, en un *estado mental milagroso.*[3] Esto significa que nos proponemos aplicar el perdón a todo lo que surja a lo largo del día que perturbe nuestra paz, sin importar lo grande o pequeño que sea el problema. Por ejemplo, es tan importante perdonar un golpe en el dedo del pie como ser atropellado por un coche en medio del tráfico. Puede sonar insensible comparar estas dos cosas como si fueran iguales, pero todo es lo mismo porque ambas experiencias son ilusorias; es decir, una proyección procedente de la mente. Cualquier experiencia que no sea de Dios no puede ser real. Esto es el no dualismo puro. Mucha gente entiende concep-

91

tos metafísicos y es capaz de citar muchas fuentes, lo que puede parecer muy impresionante, pero, cuando esos conceptos no se aplican a la vida diaria, no significan gran cosa. Este capítulo se centrará en algunas herramientas y ejercicios que puedes aplicar en tu vida diaria. Dado que Gary y yo hemos elegido que *Un curso de milagros* sea nuestro camino, la mayoría de los ejercicios procederán de este sistema de pensamiento. Puesto que el *Curso* es un sistema de pensamiento puramente no dualista, si quieres que funcione para ti, no puedes hacer concesiones en ningún sentido. Jesús demostró en su vida el no dualismo puro. *El no dualismo puro reconoce la autoridad de Dios tan completamente que renuncia a todo apego psicológico a cualquier cosa que no sea Dios.*[4] Todos experimentaremos este estado cuando llegue nuestro momento según el tiempo Divino, y es una meta valiosa.

EL MILAGRO DEL PERDÓN

También me gustaría repasar lo que significa un milagro según el *Curso*. Un milagro es un cambio de percepción. Es pasar de la ilusión de separación a aceptar la Expiación para uno mismo: es decir, comprender que en realidad la separación de Dios no se ha producido. Estar en un estado de "preparación para el milagro" significa que eres consciente en todo momento de cómo te percibes a ti mismo y a los demás. Cuando surge algo que perturba tu paz, puedes detectarlo más rápidamente y practicar el perdón. El objetivo es perdonar automáticamente en lugar de juzgar automáticamente. Esto no significa que tengas que vigilar cada pensamiento y acción a lo largo del día. Significa mantenerse vigilante *solo* a favor de Dios.

La razón por la que el perdón puede ser tan difícil es que la mayoría de nosotros todavía perdonamos a través de la lente de la separación, lo que conlleva que el perdón sea algo que se hace entre cuerpos. Esto sigue dando realidad al mundo y a los cuerpos. Esto es lo que el *Curso* llama *perdón para destruir.*[5] El perdón se hace a nivel de la mente y no tiene nada que ver con el cuerpo.

Esto puede ahorrarte mucho tiempo. El perdón es sinónimo de alegría. Sigue siendo una ilusión, pero nos aleja del error en lugar de conducirnos hacia él. La alegría es un estado de ánimo. Cuando no estás alegre, no eres tú mismo. Nadie puede decidir por ti si eres feliz o estás triste. La felicidad es una decisión que tomas tú. Tú eliges. Por eso no existen las víctimas. Solo somos víctimas si elegimos percibirnos así. Aunque ciertamente en algunas situaciones puede parecer que hay una víctima y un victimario, la clave está en recordar que solo podemos victimizarnos si elegimos con la parte ego de la mente.

Practicar el tipo de perdón que enseña el *Curso*, que reconoce la inocencia en todos, nos conduce a la verdadera paz, a un estado mental pacífico. Una idea que puede serte útil mientras practicas la versión del perdón del *Curso* es que tus pensamientos no han abandonado tu mente. Así que el mundo, que también es un pensamiento, no ha dejado la gran mente. No hay separación entre causa y efecto. Si el mundo está en tu mente, puedes cambiar de mentalidad con respecto a él. Puedes percibirlo con la percepción verdadera en lugar de con el ego.

Cuando solo aceptas la inocencia en el otro y no pides nada a cambio, estás en el perdón para la salvación, que es el verdadero perdón. Es hora de bajarnos de la cruz, porque cada vez que nos atacamos a nosotros mismos o a otro, sea cual sea la forma que adopte el ataque, nos estamos clavando a nosotros mismos en la cruz; en esto no hay excepciones. No importa quién sea el acusador o el acusado, esto sigue siendo verdad. Siempre somos la causa de nuestro propio dolor. El dolor no es algo que tengas. Es algo que *crees* tener. En otras palabras, el dolor es un proceso mental, no físico. Cuando no perdonas o no estás en un estado de alegría, tienes dolor mental. Ese dolor mental puede conducir a la experiencia del dolor físico, porque la mente necesita proyectar ese pensamiento de dolor hacia el exterior para no tener que asumir la responsabilidad de haberlo causado. El dolor y la alegría son estados mutuamente excluyentes, y solo uno de ellos es real. Lo que nos produce dolor es pensar con el ego. Debemos ser amables y pacientes con nosotros mismos cuando experimentamos cualquier tipo de dolor, y buscar apoyo y ayuda siempre que sea necesario.

MÉTODOS DE CURACIÓN

Existen varias herramientas y ejercicios que puedon ayudarnos a sanar. Las parejas pueden practicar juntas algunos de ellos y hay otros que cada cual puede hacer por su cuenta. El objetivo de los siguientes ejercicios es fomentar el pensamiento de la mente correcta que te devuelva a la causa real del malestar o el dolor, que siempre provienen de una decisión tomada en tu propia mente. El perdón y la meditación son herramientas, así que empezaré por repasar los pasos del perdón y luego pasaré a las meditaciones específicas que te ayudarán en tu práctica. El perdón, según el sistema de pensamiento puramente no dualista del *Curso*, requiere cierta comprensión metafísica adicional, pues de lo contrario parecerá que tu ira hacia alguien está justificada. Nuestra sociedad a menudo condena a las personas, colocándolas más allá del perdón, donde no hay segundas oportunidades. Cuando entiendas que el mundo entero es una proyección de la creencia de la mente en la separación, que es una defensa contra la verdad de nuestra unidad, y cuando entiendas que la separación es en sí misma una ilusión, la siguiente definición del perdón tendrá más sentido. El perdón es el reconocimiento de que lo que pensabas que alguien te había hecho, en realidad no ha ocurrido porque es tu proyección. En realidad la separación de Dios no ha ocurrido porque es un *sueño* de separación y, por eso, ambos sois inocentes. A medida que aprendas a ver la inocencia de la otra persona, así es como te verás a ti mismo.

Parte del perdón también consiste en reconocer que eres responsable de la razón por la que estás molesto, sin importar cuál parezca ser la causa. En la mayoría de las relaciones pensamos que nuestra pareja es la causa de nuestro enfado. Puede que haya dicho o hecho algo que provoque una reacción inmediata de enfado. Esa reacción es producto de lo que ya tenías en tu mente. Tu pareja solo ha actuado como un detonador para sacarlo a la superficie. Cuando hay culpa inconsciente en la mente, cualquier cosa puede ser una provocación. Dicho esto, no eres responsable del comportamiento de los demás. Sin duda, hay consecuencias en el nivel de la forma (el mundo), y eres responsable de cómo eliges percibirlo, lo que puede cambiar tu experiencia hacia la paz o hacer que sigas sintiéndote víctima de las circunstancias.

Cuando el *Curso* dice que no existe tal cosa como una víctima, por favor ten en cuenta que eso no significa que no tomes medidas si es necesario, y te cuides o denuncies un abuso. Solo significa que todo lo que hagas, lo hagas con el Espíritu Santo. Puedes soltar la idea de que el mundo o la gente tienen poder sobre ti, y así mantener tu paz mental. Esto puede llevar tiempo y habitualmente lo lleva. Sin embargo, a la larga te estarás haciendo un favor, ya que te estás ayudando a liberarte de la carga de culpa que llevas dentro.

PASOS DEL PERDÓN

1. Identifica la causa (de tu malestar)
2. Luego, déjala ir
3. Para que pueda ser reemplazada[6]

Esto significa que reconoces que la causa de tu malestar no tiene que ver con algo externo a ti. Si la causa está fuera de ti, sigues siendo una víctima. Si reconoces que lo que te molesta es la elección de tu mente a favor de la interpretación del ego, puedes recordar que eres una mente que puede elegir a qué maestro escuchar. Una vez identificada la causa, puedes soltar tu interpretación del problema (que procede de la necesidad de proyectar del ego) y empezar a escuchar al Espíritu Santo, que representa la respuesta al problema. A continuación, suelta cualquier otro juicio que pueda surgir y, si surgen, repite los pasos anteriores. También puedes soltar el resultado de tu perdón, disminuyendo tu necesidad de definir lo que debería pasar después de haber perdonado. Si te descubres haciendo esto, no has perdonado de verdad. Este proceso suele requerir tiempo, práctica y paciencia, especialmente con cosas que parecen muy traumáticas, así que, por favor, concédete tiempo para sanar.

En la mayoría de los casos el perdón es un proceso que ocurre con el tiempo, y a veces puede llevar años. Si te das cuenta de que es así, puedes intentar volver a la mente e identificar los juicios o creencias que te impiden soltar completamente esa situación. Si esto te resulta difícil, también puedes perdonarte por ello. **La clave está en que tu inocencia permanece intacta independientemente de la etapa en la que te halles en el proceso de perdón.** Dado que la meditación es otra herramienta poderosa que se puede utilizar para pasar del conflicto a la paz, a continuación ofrezco tres ejemplos reales de meditaciones que las parejas pueden hacer. Las siguientes meditaciones se pueden encontrar en el CD *Meditation for Couples* [Meditación para parejas] que Gary y yo produjimos juntos, un CD de meditación guiada que incluye música compuesta por mí. El primer ejemplo es una meditación para la intimidad; el segundo es una meditación para perdonarse a uno mismo, y el tercero para resolver conflictos de pareja. Cada ejercicio comienza con la misma introducción a fin de prepararse para la meditación propiamente dicha. Nota: El contenido de estas meditaciones puede aplicarse a la vida cotidiana, tanto si tienes una relación de pareja como si no.

MEDITACIÓN PARA LA INTIMIDAD

Sentaos en una posición cómoda, en un lugar donde no os vayan a molestar durante la meditación. Apagad el móvil para evitar distracciones innecesarias. Estableced una intención antes de empezar, de modo que cada persona exprese su intención en voz alta. Ahora que has declarado tu intención, concéntrate en la respiración, inspirando lenta y profundamente por la nariz, llevando el aire hacia el diafragma y sintiendo cómo se expande hasta que los pulmones estén completamente llenos. Luego exhala lentamente por la boca hasta que los pulmones se vacíen por completo. Repítelo tres veces.

Visualiza o imagina qué es lo que te atrajo de tu pareja al principio de vuestra relación. Hay una razón por la que te sentiste atraído inicialmente por tu pareja, y es necesario volver a ese punto de atracción para recordar la primera causa de vuestra relación en la que se suspendió todo juicio, y estabas "viendo" a tu pareja de verdad. Revive ese momento en tu mente. (Pausa). Siente profundamente esa atracción moviéndose a través de cada parte de ti y expandiéndose desde tu interior. Siente la emoción, el amor y el aprecio por tu pareja, profundizando en la gratitud por la oportunidad de compartirte de esta manera, tan abierta y honesta con esa persona. Cuanto más te concentres en los aspectos positivos de tu pareja, más los experimentarás en vuestra relación. Ahora imagina una hermosa bola de luz blanca que viene hacia ti. A medida que se acerca, se expande hasta que estás completamente unido a la luz. Esta luz se siente cálida y agradable, llena de vida, con una pureza y una plenitud que están más allá de este mundo de tiempo y espacio. A medida que te unes a la luz y te haces uno con ella, imagina que se extiende a tu pareja hasta que ambos estáis inmersos en ella, juntos como UNO, sintiéndoos hermosos, íntimos y entusiasmados por estar en presencia del otro con tanta belleza, fuerza, claridad y amor. Inspirando la luz de tu pareja, siente la profunda conexión que ambos compartís, tanto física como emocionalmente. Permítete notar y sentir cualquier sensación corporal que pueda surgir. Todas las sensaciones que experimentes te llevarán a profundizar más en la experiencia de unidad con tu pareja. Confía en el flujo de la experiencia y báñate en la maravillosa sensación de unidad y unión que está presente *ahora*. Proyectad positivamente este sentimiento en vuestra vida terrenal compartida, sabiendo que todo lo que hacéis uno con el otro es para el mayor bien de todos. Veos y sentíos disfrutando de la cercanía compartida, tanto física como emocional, al tiempo que sabéis que la unión mayor en la mente es lo que facilita la belleza de las experiencias que ambos compartís en el plano terrenal. Tomaos un tiempo para sentir la unión ahora, sin resistencia ni juicios que se impongan sobre el valioso tiempo que pasáis juntos. (Pausa). Agradece mentalmente a tu pareja por compartir este rato contigo, sabiendo que cada vez que pasáis este precioso tiempo juntos, expandís vuestra relación a mayores alturas, a una intimidad más profunda y a una mayor conciencia de vuestra conexión mutua y con la Divinidad que sois. En el amor y la luz, el Espíritu Santo guía el camino, aquí y ahora, en todas las dimensiones del tiempo y el espacio y, finalmente, más allá, donde todo es uno.

MEDITACIÓN PARA PERDONARSE A UNO MISMO

Nota: Por favor, repite la preparación del ejercicio 1. Piensa en algo que te inspire un sentimiento de alegría, paz y amor. Puede ser una situación que hayas vivido, una persona que te importe, un vínculo con un animal, una música edificante o cualquier cosa que te ayude a sentir la esencia del amor puro. (Pausa). Siente la inocencia que subyace a estos sentimientos de alegría, amor y paz. Permite que tu corazón despierte, abriéndose libremente y sin esfuerzo, tal como una flor florece totalmente. Desde este lugar de amor centrado en el corazón, invita al Espíritu a guiarte a ti y a tu pareja a uniros para sanar en el espíritu del perdón. Continúa respirando lenta y profundamente, confiando en que el Espíritu está contigo y, a través de la Visión de Cristo, contempla solo tu inocencia. En el mismo Espíritu de la Visión de Cristo, contempla la inocencia de tu pareja y siente su esencia amorosa.

Ahora, piensa en una situación en la que esté implicada tu pareja y que parece causarte dolor mental y emocional. (Pausa). Identifica en tu mente cualquier juicio que puedas tener contra ti mismo o tu pareja en esta situación, recordando que los pensamientos, sentimientos y comportamientos que estás experimentando no te definen a ti ni a tu pareja. Por favor, haz esto ahora. (Pausa). Continúa respirando, sintiendo que cada respiración te permite ahondar más en el conocimiento de que tú y tu pareja sois completamente inocentes, libres para amar y perfectamente capaces de expresar la Divinidad. Cualquier sensación que sientas te permite profundizar en el proceso de reunirte con tu Ser a través de la voluntad de Dios, que compartís por igual. Continúa respirando profundo.

Con compasión y corazón, y uniéndote mentalmente ahora con tu pareja, perdónate los juicios que tenías contra ti o tu pareja, sabiendo que tal como veas al otro, así te verás a ti mismo. Repite por dentro: *Soy Espíritu inmortal. Este cuerpo es solo una imagen. No tiene nada que ver con lo que soy.*[7] Mientras piensas en tu pareja, di mentalmente: *Eres Espíritu, pleno e inocente, todo está perdonado y liberado.*[8] Siente la esencia de las siguientes palabras hundirse profundamente en tu mente inconsciente: Te doy gracias, Dios, por haberme creado exactamente igual a ti. En verdad, soy como Dios me creó. Su Hijo no puede sufrir. Y yo soy Su Hijo. Reconozco que cualquier malestar que siento está causado por mis propios pensamientos, que luego se proyectan hacia fuera. Si pienso que mi pareja es culpable, y es *mi* proyección, entonces la culpa y el miedo imaginados están en *mí*. Como en realidad la separación de Dios no ocurrió, perdono a ambos por lo que no ocurrió realmente. Ahora solo hay inocencia y me uno al Espíritu Santo en paz.

Continúa respirando profundamente, sintiéndote más ligero, muy relajado y en paz. Da las gracias mentalmente a tu compañero por participar en este viaje de sanación con el Espíritu. Agradécete por ser amable contigo mismo y por practicar el perdón al servicio de tu crecimiento y bienestar. Tu pareja es un regalo para ti, como tú lo eres para ella. Cada minuto y cada segundo te dan la oportunidad de amar. Bendice estas oportunidades para reconocer tu inocencia, y da gracias a Dios porque solo el *amor* es real.

MEDITACIÓN PARA RESOLVER CONFLICTOS

Nota: Repite la preparación del ejercicio 1.

Invita al Espíritu Santo a participar contigo en la gestión de los detalles de este conflicto particular con tu pareja. Todo lo que se necesita es un poco de buena voluntad por tu parte para hacer el trabajo que lleva a experimentar la curación de todos y cada uno de los conflictos que puedas estar experimentando actualmente. En silencio, tómate un momento para reconocer el acontecimiento, la persona o la situación concreta que desencadenó los sentimientos no resueltos en tu interior. Identifica las emociones que has asociado a esta situación, como dolor, rabia o miedo. (Pausa). Respirando lenta y profundamente, siente la presencia del Espíritu Santo a tu lado mientras te orientas hacia la aceptación de la situación y de tu pareja, comprendiendo que la vida está llena de las oportunidades de aprendizaje necesarias para sanar cualquier asunto no resuelto en tu interior. No importa lo que pienses, digas o hagas, sigues siendo un perfecto Hijo de Dios, Santo a Sus Ojos y siempre inocente de cualquier cargo que puedas haber presentado en tu contra. Tu pareja es el mismo perfecto Hijo de Dios. A medida que sanas los sentimientos heridos dentro de ti, eres libre de ser quien realmente eres.

Responsabilízate al cien por cien de los sentimientos que hayas elegido sentir en esta situación, sabiendo que las personas (incluida tu pareja) no son su causa. Nota la libertad que surge cuando asumes la responsabilidad de tus reacciones emocionales. Sigue respirando profundamente. Visualiza o imagina a tu pareja acercándose a ti. Siente la esencia amorosa de tu pareja, que es uno contigo. Ponte la mano sobre el corazón y perdónate cualquier juicio que hayas tenido sobre ti mismo y sobre tu pareja, reconociendo que ambos sois seres inocentes y amorosos que solo merecéis experimentar amor. Tómate un momento y hazlo ahora, en silencio. Puede que te sientas inspirado a emprender algún tipo de acción amorosa con respecto a esta situación. Escucha tu guía y lo que te dice sobre cualquier solución creativa que empiece a aflorar en tu conciencia, sabiendo que en definitiva solo hay un aparente problema y una solución.

El pensamiento de separación se hizo real en tu mente, y la solución está en aceptar la Expiación para ti mismo por haber elegido separarte de tu Fuente. En los días venideros, puede que experimentes ideas sobre qué hacer en el nivel de la forma con respecto a lo que percibes que es el problema. Actúa solo cuando te sientas inspirado a hacerlo, prestando atención a esa voz interior aquietada y sabia, la Voz del Espíritu Santo, que también es *tu* voz en lo más elevado de ti mismo. Escucha con atención lo que pueda estar comunicándote. Ahora sigue respirando lenta y profundamente. Siente gratitud y aprecio hacia ti mismo y hacia tu pareja por participar en esta experiencia tan sanadora y amorosa. Agradece la oportunidad de aprender de todas las dificultades de tu relación, reconociendo el gran potencial de crecimiento y comprensión mutua. Da las gracias mentalmente a tu pareja por participar en esta experiencia de sanación tan profunda. Ofrécete agradecimiento y aprecio a ti mismo por nutrir el hermoso Espíritu que eres, y da gracias a tu Fuente por mantenerte en amorosa unidad con todo lo que es.

LECCIÓN 121 DEL LIBRO DE EJERCICIOS: EL PERDÓN ES LA LLAVE DE LA FELICIDAD

Esta lección es muy importante para aprender a perdonar, porque primero describe cómo es la mente que no perdona. No pinta un cuadro bonito del ego, pues arroja luz sobre la crueldad de la culpa que lo alimenta. Más adelante, la lección te propone este hermoso ejercicio para unirte verdaderamente a otro, sabiendo que tenéis los mismos intereses; este es el significado del verdadero perdón. Aquí está el ejercicio:

Comienza las sesiones de práctica más largas pensando en alguien que te cae mal, alguien que parece irritarte y con quien lamentarías encontrarte; alguien a quien detestas vehementemente o que simplemente tratas de ignorar. La forma en que tu hostilidad se manifiesta es irrelevante. Probablemente ya sabes de quién se trata. Ese mismo vale.

Ahora cierra los ojos y, visualizándolo en tu mente, contémplalo por un rato. Trata de percibir algún atisbo de luz en alguna parte de él, algún pequeño destello que nunca antes habías notado. Trata de encontrar alguna chispa de luminosidad brillando a través de la desagradable imagen que te has formado de él. Continúa contemplando esa imagen hasta que veas luz en alguna parte de ella, y trata entonces de que esa luz se expanda hasta envolver a dicha persona y transforme esa imagen en algo bueno y hermoso.

Observa esta nueva percepción por un rato, y luego trae a la mente la imagen de alguien a quien consideras un amigo. Trata de transferirle la luz que aprendiste a ver alrededor de quien antes fuera tu "enemigo". Percíbelo ahora como algo más que un amigo, pues en esa luz tu santidad te muestra a tu salvador, salvado y salvando, sano e íntegro.

Permite entonces que te ofrezca la luz que ves en él, y deja que tu "enemigo" y tu amigo se unan para bendecirte con lo que tú les diste. Ahora eres uno con ellos, tal como ellos son uno contigo. Ahora te has perdonado a ti mismo. No te olvides a lo largo del día del papel que desempeña el perdón en brindar felicidad a toda mente que no perdona, incluida la tuya. Cada vez que el roloj dé la hora, di para tus adentros:

El perdón es la llave de la felicidad. Despertaré del sueño de que soy mortal, falible y lleno de pecado, y sabré que soy el perfecto Hijo de Dios.[9]

Cuando se practica esta lección con sinceridad, es difícil ver a la persona a la que estás perdonando de la misma manera que antes. **Un punto clave que hay que recordar es que, si alguien está proyectando su culpa inconsciente en ti, significa que esa persona está en un estado de miedo y está pidiendo amor, ayuda. Por ejemplo, puedes intentar imaginarte a esa persona y a ti mismo como niños inocentes, ambos en un estado de miedo y necesitados de un maestro (el Espíritu Santo) que os ayude a percibir la situación de forma diferente, como una petición de amor. Ambos estáis en el mismo barco, porque, si tu reacción no es de amor total e incondicional, tienes tanto miedo como la otra persona.**

SER UN OBSERVADOR NEUTRAL

Cuando estés en el fragor de una discusión o te sientas muy enfadado, practica un cambio de posición, pasando de estar afectado por el problema a ser un observador neutral, lo que también te permite aceptar que la causa de tu enfado proviene de tu propia mente. Es una proyección. Nadie puede decidir cómo te sientes por ti. Tú tienes el control total de cómo interpretas un suceso. Observa tus reacciones con Jesús o con el Espíritu Santo *por encima del campo de batalla*.[10] Hacer este ejercicio de observarte con Jesús te permitirá tener más compasión por ti mismo y por tu pareja. Los dos queréis lo mismo, aunque no lo parezca. Los dos queréis la paz de Dios. Además, en realidad, los dos *sois* la paz de Dios. Si ves a tu pareja de esta manera, estás recordando la verdad a tu mente. Eso es lo que falta. Lo que crees que quieres de tu pareja no es lo que parece. El ego quiere venganza, tener razón y tomar de tu pareja algo que crees que te falta. El Espíritu Santo te mostrará que ambos tenéis razón (quizá no en la forma, pero sí en el contenido) porque ambos sois el Hijo de Dios, y habéis perdido vuestro camino temporalmente. Aunque creas estar en el nivel del mundo, lo que de verdad importa es... ¿qué es lo mejor para todos?

¿Preferirías tener razón o ser feliz? Trataremos esta cuestión con mayor profundidad en un capítulo posterior. Por ahora, piensa en este ejercicio como una forma de dejar de identificarte como un cuerpo en el mundo que necesita algo del exterior para realizarse, y siente el poder interno que viene de identificarte con tu verdadero Ser tal como Dios te creó. Este Ser no necesita nada ni a nadie para completarse. Reconoce que ya está completo y realizado, porque ha recibido los verdaderos regalos de Dios: paz, alegría, amor incondicional y vida eterna. **Tu pareja es tan santa como tú y, si la ves como menos digna que eso, es que también te has definido a ti mismo como indigno.**

Las herramientas que hemos descrito son maneras de cambiar lo que piensas de ti mismo y de tu forma de responder a las situaciones, circunstancias y sucesos relacionados con tu pareja. **Recuerda que el contenido de las ideas de este libro puede aplicarse a cualquier relación conflictiva que tengas, ya sea con tu pareja, un familiar, un amigo o un compañero de trabajo. Puedes modificarlas para que sean relevantes para cualquier persona o cosa, siempre manteniendo el significado central de las ideas.** Cuando empieces por reconocer que eres santo, verás la santidad en los demás. Esta conciencia cambiará el propósito de tus relaciones para reflejar lo que significa estar verdaderamente unido a otro en paz.

Y hablando de paz, escribí un artículo para *Miracle Network* sobre el tema de la paz. Lo incluyo en este capítulo como otra herramienta a la que recurrir cuando sientas que necesitas reforzar lo que significa activar la paz de Dios dentro de ti. Puedes recurrir a él en cualquier momento, lugar o circunstancia en los que sientas que has perdido el rumbo. Espero que te resulte muy útil en todas tus relaciones, ya que lo que realmente queremos en nuestras relaciones con los demás es paz, con independencia de lo que parezca en la superficie. Tener relaciones pacíficas es el resultado de hacer la transición a las relaciones santas. Sin duda hay diferencias entre cómo el mundo define la paz y la paz verdadera, tal como explico a continuación. También describiré cómo practiqué el mantener la paz en mi propia vida en circunstancias difíciles.

TRANSITAR DE LA PAZ DEL MUNDO A LA PAZ DE DIOS

Durante los muchos años que llevo practicando *Un curso de milagros* he notado "puntos de poder" significativos —como yo los llamo— en los que tenemos la oportunidad de reconocer cuándo estamos desequilibrados para poder volver a alinearnos con las verdades superiores. Estos "puntos de poder" implican elegir el milagro, y también pueden implicar tomar conciencia del momento en el que estamos experimentando una falsa sensación de paz, aunque sea así como la define el mundo, para poder cambiar a un tipo de paz que no tiene nada que ver con las circunstancias externas. En otras palabras, el mundo o la gente no deciden cómo nos sentimos: felices o tristes, en paz o en conflicto. Esto es algo que nosotros elegimos.

Elegir la paz es fácil cuando ya no damos valor a creer que estamos siendo tratados injustamente ni a identificarnos con el sistema de pensamiento del ego de pecado, culpa y miedo. Más bien elegimos identificarnos con el sistema de pensamiento de inocencia del Espíritu Santo, que nos devuelve a un lugar de amor incondicional, lo único que es real. Esta elección es el milagro. La paz llega cuando comprendemos entre qué estamos eligiendo, cuando observamos en qué estamos metidos y recordamos que solo un sistema de pensamiento refleja la realidad: el sistema de pensamiento del Espíritu Santo. A continuación, necesitamos tener la motivación para cambiar a esa mentalidad que refleja la idea de que queremos la paz de Dios por encima de todo.

El *Curso* dice: *La mente que en verdad desea la paz debe unirse a otras mentes, pues así es como se alcanza la paz. Y cuando el deseo de paz es genuino, los medios para encontrarla se le conceden en una forma tal que cada mente que honradamente la busca pueda entender.*[11] Si la Ley del Uno dice que no hay nada fuera de nosotros, esto incluye a todas las personas. Por tanto, cuando decidimos unirnos a otras mentes, en realidad estamos recordando nuestra unidad y totalidad en el amor de Dios. Lo cierto es que nadie está separado de nosotros. Si intentamos tener paz para nosotros solos, el resultado será la paz del mundo, que es una solución falsa y temporal. No durará. Lo que verdaderamente nos da la *experiencia* de la paz es enseñarla viviéndola. Así es como la haces tuya. Todos estamos enseñando todo el tiempo, pero cuando elegimos enseñar paz, esta motivación la despierta en nuestra mente.

Otro beneficio de esto es que aprendemos lo que enseñamos. Cuando estoy con gente, siempre me pregunto: "¿Qué quiero enseñar?". Si quiero experimentar paz y amor, debo enseñarlos para aprender que son míos. Un ejemplo de cómo practico la enseñanza de la paz es cuando alguien parece proyectar su culpa inconsciente sobre mí. En lugar de reaccionar con miedo o pensar que estoy siendo tratada injustamente, respondo con amor y sin juzgar. Esto puede tomar la forma de no responder o, si digo algo, será para fomentar la idea de que no estamos separados uno de otro.

A menudo comparto esta historia que resulta relevante para la enseñanza de la paz: hace algún tiempo recibí un correo electrónico de alguien que me acusaba de haberme casado con mi marido, Gary Renard, por su dinero. Lo primero que pensé fue: "¿Qué dinero?". Me produjo diversión, pero no me sentí insultada. Le pedí al Espíritu Santo que me ayudara con la respuesta más cariñosa, independientemente de la forma que pudiera tomar. La guía que se me dio fue que le enviara un email de vuelta diciéndole que no me había hecho ningún daño. Se lo dije muy en serio. Le envié un breve correo electrónico que decía: "Hola y gracias por compartir esto conmigo. No me has engañado. No me has hecho ningún daño. No te considero menos que Dios. Eres siempre un hermano. Tal vez nos encontremos algún día". Paré ahí. Nunca recibí respuesta de esa persona.

Cuando no reaccionas con ira a la proyección de alguien y no te lo tomas como algo personal, no puede tener ningún efecto sobre ti. Esto significa que estás enseñando paz y aprendiéndola para ti mismo. También significa que esa proyección no tiene adónde ir, porque permanece en la mente del perceptor. *Las ideas no abandonan su fuente.*[12] Responder a alguien de este modo supone decir a la otra persona que es inocente y que su ofrecimiento no ha tenido efecto ni consecuencias. Si no hay efecto, no hay causa y, en última instancia, no hay separación. Cuando tu mente esté entrenada de esta manera, lo cual requiere mucha práctica, te inclinarás automáticamente por la interpretación del Espíritu Santo en lugar de la del ego. Tu paz no se verá perturbada porque tu punto de partida es la paz (desde el principio). Esto no difiere de la idea del *Curso* que dice: *Perdonar a través del Espíritu Santo consiste simplemente en mirar más allá del error desde un principio, haciendo que, de esta manera, nunca sea real para ti. No dejes que ninguna creencia que afirme que el error es real se infiltre en tu mente o creerás también que para poder ser perdonado tienes que deshacer lo que tú mismo has hecho. Lo que no tiene efectos no existe, y para el Espíritu Santo los efectos del error son inexistentes. Mediante la cancelación progresiva y sistemática de los efectos de todos los errores, en todas partes y con respecto a todo, el Espíritu Santo enseña que el ego no existe y lo demuestra.*[13]

La afirmación anterior puede aplicarse a cualquier persona y cosa conforme aprendemos a transferir esta comprensión para incluir a todas las personas y situaciones. Cuando pensamos así, la paz debe retornar a nuestra mente. De hecho, la paz no nos ha abandonado nunca, somos nosotros los que elegimos abandonarla. El hecho de elegir en contra de la paz no significa que no esté ahí. ¿A qué maestro elegimos ser fieles? Cuando nuestra paz se vea perturbada, esta es la gran pregunta que podemos hacernos. En mi experiencia de elegir la paz, he llegado a la conclusión de que siempre hay un beneficio, aunque en el momento no lo parezca. Por ejemplo, si no te defiendes o contraatacas cuando percibes una amenaza, a veces puede parecer que estás cediendo tu poder o perdiendo algo. Lo que estás perdiendo es el ego, y estás ganando confianza en el Espíritu Santo. En mis experiencias, he aprendido que el ego no ofrece nada más que dolor y conflicto y, por lo tanto, sus ofrendas no tienen valor. El Espíritu Santo es verdaderamente valioso porque solo conoce la verdad sobre ti, y desecha cualquier argumentación que puedas presentar en contra de ti mismo. Esto no significa que yo vaya a quedarme ahí, dejando que alguien me pisotee o abuse de mí de la manera que sea. Solo significa que no respondería con un ataque en mi mente, incluso si eso requiere que me retire temporalmente de la situación. El perdón se hace en el nivel de la mente y, por lo tanto, no requiere que estés físicamente presente con alguien mientras perdonas. **La mente que perdona recuerda la paz.**

A menudo me he dado cuenta de que, cuando no estoy en paz, si miro atentamente por qué, siempre hay un juicio bajo la superficie. El juicio puede ser que estoy valorando algo externo más que lo que la Voluntad de Dios quiere para mí. Esto puede tomar la forma de apegos corporales o de invertir mi fe en mis propios intereses tal como los percibo. Cuando perdí la voz durante varios meses, muchas veces sentí la tentación de caer en la trampa de identificarme con el ego/cuerpo, en lugar de darme cuenta de que podía desprenderme de la interpretación del ego (lo cual no es una pérdida real). La ganancia consistía en permitir que el Espíritu Santo reinterpretara cómo utilizar mi cuerpo para Sus fines. Este es un ejemplo de cómo renunciar a nuestro propio juicio. Juzgar por nuestra cuenta es la causa de toda pérdida de paz. Aprendí muchas lecciones poderosas durante ese periodo de pruebas. Una de las más importantes fue que no me daba cuenta de lo apegada que estaba al cuerpo hasta que algo fue mal. Esto me ayudó, porque me inspiró a ir hacia dentro y reconocer lo que es realmente valioso: la paz de Dios. Esto requiere trabajo. Es el proceso de *deshacimiento* del que habla el *Curso*, que dice: *La salvación es un deshacer. Si eliges ver el cuerpo, ves un mundo de separación, de cosas inconexas y de sucesos que no tienen ningún sentido. Alguien aparece y luego desaparece al morir; otro es condenado al sufrimiento y a la pérdida. Y nadie es exactamente como era un instante antes ni será el mismo un instante después. ¿Qué confianza se puede tener ahí donde se percibe tanto cambio? ¿Y qué valía puede tener quien no es más que polvo? La salvación es el proceso que deshace todo esto. Pues la constancia es lo que ven aquellos cuyos ojos la salvación ha liberado de tener que contemplar el costo que supone conservar la culpa, ya que en lugar de ello eligieron abandonarla.*[14]

En mi experiencia con diversos problemas corporales, tomé la decisión de que no dejaría que mi cuerpo tomara las decisiones por mí. Cada vez que el cuerpo decidía por mí, perdía la paz. Así que cambié de opinión y decidí que bajo ninguna circunstancia dejaría que el cuerpo tomara el mando de cómo me sentía. Esto me trajo mucha paz porque me demostró que podía estar en paz independientemente de las circunstancias. Los símbolos no pueden tener el poder de afectar a tu paz a menos que tú les des ese poder. Además de practicar el perdón, que cultiva la paz, no negué las cosas del mundo que podían ayudarme a sentirme más cómoda, o las cosas que contribuían a que tuviera una experiencia alegre. Definitivamente, el *Curso* no dice que debamos negar nuestra experiencia en el mundo. Sin embargo, sí dice que la paz de Dios *no permite que nada que no proceda de Dios te afecte. Este es el uso correcto de la negación.*[15]

En resumen, cada día es una oportunidad para recordar nuestra identidad *real*. Practicar el perdón en nuestra vida cotidiana es lo que conduce a la verdadera paz, porque deshace la culpa en la mente que se cree separada de Dios. He mencionado antes que el juicio es la causa de toda pérdida de paz. El primer juicio fue la creencia del Hijo de que el hogar de Dios era ahora un lugar temible. Olvidamos la paz cuando la culpa por este juicio se apoderó de nosotros. Sin embargo, haber olvidado *la paz de Dios que supera todo razonar*[16] no significa que haya desaparecido de nuestras mentes. Significa que volveremos inevitablemente a nuestro estado natural de paz, porque en realidad nunca nos abandonó, como nosotros nunca abandonamos a Dios (Fin de mi artículo).

Nuestras relaciones pueden ser utilizadas para el propósito de la paz si realmente lo deseamos. Hemos sido entrenados para percibir las relaciones como medios de conseguir algo. ¿Qué pasaría si pudieras estar con tu pareja sin necesitar que te llene? Si entrases en la relación sintiéndote ya pleno, no tendrías necesidad de nada. Estarías con esa persona simplemente porque disfrutas compartiendo tu vida con ella. Cuanto más se deshaga el ego, menos necesidad habrá de proyectar tu guion inconsciente sobre tu pareja, lo que significa una relación más pacífica y llena de amor. Muchas personas no se sienten cómodas estando consigo mismas porque, cuando están en silencio, sus pensamientos se les hacen más evidentes y tienen que mirarlos. Tampoco hay nadie en quien proyectar sus pensamientos. Si están llenas de juicios y quejas, lo más probable es que les resulte incómodo estar en un espacio tranquilo consigo mismas durante un largo período de tiempo. A mucha gente le gusta tener ruido a su alrededor todo el tiempo, o estar en una cafetería haciendo su trabajo rodeados de gente. Existe una necesidad subyacente de conexión con los demás. Para algunos se trata de un sentimiento genuino de disfrutar del ajetreo que les rodea; para otros puede ser una forma de evitar estar consigo mismos, ya que eso hace que afloren más pensamientos. Si este es el caso, no hay por qué sentirse culpable, pero fíjate si estar contigo mismo te provoca una sensación de soledad. La idea es recordar que, aunque parezca que estás físicamente solo, esa es una experiencia falsa. El espíritu te rodea todo el tiempo, pero está fuera de tu conciencia. Por eso tomarse tiempo para conectar con Dios a través de la Verdadera Oración puede ayudar mucho a mitigar la sensación de soledad.

La relación que tienes contigo mismo es muy importante, porque si estás en paz contigo, no echarás de menos nada. Si no te valoras, eso puede aflorar en la sensación de que algo está fuera de lugar. *Siempre que pongas en duda tu valía di: Dios mismo está incompleto sin mí. Recuerda esto cuando el ego te hable y no le oirás.*[17] Esto significa que la voz del ego será sustituida por el amor de Dios, y sabrás lo que vales.

PÁGINA PARA NOTAS PERSONALES

CAPÍTULO 5

PERCEPCIÓN ES INTERPRETACIÓN

Debes mirar desde la percepción de tu propia santidad a la santidad de los demás.[1]

A finales de los años setenta y comienzos de los ochenta hubo una serie en la televisión titulada "Apartamento para tres". El protagonista era John Ritter, un chef joven que vivía con dos mujeres representadas por Joyce DeWitt y Suzanne Somers. En aquel tiempo la gente era mucho más conservadora con respecto a la idea de que un hombre viviera con dos mujeres. El personaje de John Ritter (Jack) tenía que aparentar ser *gay*, de modo que el propietario les permitiera vivir a los tres juntos. Como puedes imaginar, ¡esto producía escenas muy divertidas! Jack amaba a las mujeres, y también era un hombre muy bueno. Lo divertido del programa es que siempre se producían malosentendidos entre los personajes, porque lo que los ojos de sus cuerpos veían y sus oídos oían se basaba en sus percepciones e interpretaciones. Si realmente hubieran investigado lo que estaba ocurriendo en lugar de basarse solo en sus percepciones y en lo que les decían sus cinco sentidos, no habría habido esos malosentendidos. Como se trataba de una comedia, manejaba estas interpretaciones erróneas con mucha ligereza y humor, especialmente el que un hombre viva con dos mujeres. Hacia el final de cada episodio, el malentendido se solucionaba cuando los personajes se daban cuenta de que su juicio estaba equivocado.

111

Las interpretaciones imprecisas ocurren a diario, y no siempre son tan divertidas como en aquel programa. El *Curso* expresa la idea de que vemos lo que queremos ver. Siempre volvemos por defecto a la interpretación del ego hasta que nos damos cuenta de que no todo es como parece a primera vista. Las personas hacen y dicen cosas por una variedad de razones que no podemos entender hasta que consideramos el contexto más amplio. Buscar el significado que está detrás de lo que la gente dice y hace es una manera útil de evitar los malosentendidos que pueden llevar al conflicto.

CÓMO SABER SI ESTÁS ESCUCHANDO AL ESPÍRITU SANTO O AL EGO

A modo de recordatorio, puedes pensar en el ego como el pensamiento de separación. En este sentido, la palabra "separación" es sinónimo de ilusión. Sin embargo, hay un uso correcto de la separación, que es separar lo falso de lo verdadero; el ego del Espíritu Santo. Resulta de gran ayuda poder discernir qué voz estás escuchando, especialmente en situaciones difíciles y cuando sientes la tentación de juzgar a alguien basándote en una primera impresión. Una de las preguntas más comunes en nuestros talleres es: "¿Cómo sé si estoy escuchando al ego o al Espíritu Santo?". Saber responder a esta pregunta te ayuda a cambiar tu manera de comunicar con la gente en general, incluyendo a tu pareja. Voy a responder a esta pregunta ahora mismo, pero, por favor, recuerda que es posible que no siempre seas capaz de distinguir qué voz estás escuchando porque el ego es muy listo.

Para empezar, suelo usar las siguientes ideas del *Curso* para ayudarme a determinar qué voz estoy escuchando en cualquier momento dado. Jesús dice: *Existe una prueba —tan infalible como Dios— con la que puedes reconocer si lo que has aprendido es verdad. Si en realidad no tienes miedo de nada, y si todos aquellos con los que estás o aquellos que simplemente piensen en ti comparten tu perfecta paz, entonces puedes estar seguro de que has aprendido la lección de Dios y no la tuya.*[2]

Aquí hay otras maneras adicionales de ayudarte a discernir la diferencia entre ambos:

La información recibida inspirará paz en ti.

Tendrás la sensación de que el mensaje no viene de ti.

Puede surgir una idea en tu mente, y tendrás la sensación de que no has hecho ningún esfuerzo por pensarla.

No habrá duda, solo certeza.

El mensaje será de naturaleza amorosa y estará libre de juicio. Examina la calidad del mensaje.

Tendrás una sensación de alegría, calma y claridad.

El miedo estará ausente.

Nota: Uno de los pasajes del *Curso*, que puede ayudarte a saber si la que está hablando es la voz del Espíritu Santo, contiene las preguntas siguientes: *¿Cómo te sientes? ¿Estás en paz? ¿Tienes certeza con respecto a tu camino? ¿Estás seguro de que el Cielo se puede alcanzar?*[3] Si puedes responder positivamente y con certeza a estas preguntas, puedes estar seguro de que estás pensando con el Espíritu Santo. Si no puedes, entonces puedes perdonarte amablemente y establecer tu intención de encontrar claridad, confiando en que serás guiado.

Ahora, para poder distinguir si estás escuchando la voz del ego, simplemente invierte las declaraciones anteriores, de modo que se lean así:

La información recibida **no** inspirará paz en ti. Estará motivada por el miedo.

Te dará la sensación de que el mensaje viene de ti (del ego).

Sentirás que la idea llega a tu mente de manera forzada, involucrando un gran esfuerzo.

No habrá certeza, solo duda.

El mensaje será de naturaleza temerosa y estará lleno de juicio.

Notarás una sensación de frustración, ansiedad y confusión.

El miedo estará presente.

Permite que esta guía te ayude a decidir por ti mismo qué profesor estás eligiendo en un momento dado. Para conseguir la guía que deseas, basta con pedirla. A continuación, espera y escucha. Cuando estés tan seguro como sea posible de que la guía viene del Espíritu Santo, el paso siguiente es confiar en lo que has recibido y dejarlo ir, que es la parte más difícil. Si empiezas a cuestionarlo, date cuenta de ello. El ego siempre intentará interferir, especialmente si sabe que estás escuchando al Espíritu Santo. Generalmente la voz del ego habla primero y suena con más fuerza. Te tentará a dudar de lo que oyes. Puedes hacer este ejercicio cuando estés en conflicto con tu pareja o con cualquier otra persona que te resulte difícil.

Todos estamos aprendiendo a confiar en nuestros recursos internos. Esto es lo que aprendemos cuando tratamos de meditar. Aprendemos que podemos confiar en entrar dentro y que estaremos seguros en nuestra mente. Recuerda, el ego está aterrorizado de volver a la mente, donde cree que será hallado culpable y castigado por Dios Mismo. Jesús nos dice: *¿Qué pasaría si miraras en tu interior y no vieras ningún pecado?*[4] En otras palabras, verdaderamente estamos libres de pecado y somos exactamente lo mismo que Dios. Esto es una blasfemia para el ego, porque quiere que creamos que somos criaturas pecaminosas, pues esa es su manera de mantener su existencia y de dar realidad al cuerpo. Para el ego, regresar a la mente y darnos cuenta de que somos inocentes es la muerte. Este es nuestro temor. **Recuerda..., el pecado es imposible**.

¿Cómo puede ser útil esta información y cómo puedes aplicarla a tus relaciones? Para empezar, cuando eres consciente de estar en conexión con el Espíritu Santo a lo largo de los días, eso puede ahorrarte incontables discusiones con tu pareja o con cualquier otra persona. ¿Por qué? La respuesta es que estás aprendiendo a pensar y actuar desde una actitud de amor en lugar de miedo. El primer paso consiste en detenerte antes de actuar o responder. El ego reacciona, y le gusta hacerlo abruptamente, pero si estás en tu "mente correcta" habrá una pausa, y lo primero que te preguntarás es de qué lugar interno viene tu respuesta. Esto requiere práctica. Estás ejercitando el músculo de la mente. Si tu pareja (o cualquier otra persona) te pide algo y tú respondes rápidamente oponiéndote, el que está hablando es el ego. Tal vez la otra persona piense que lo que te pide será su salvación, pero si tú respondes con rapidez oponiéndote, estás diciendo que tu salvación procede de no responder a su petición. De modo que párate a pensar antes de reaccionar.

Como recordatorio, dos preguntas que me gusta plantearme cuando no estoy segura de qué hacer o cómo responder en una situación son: ¿Cuál es el pensamiento más amoroso que puedo tener ahora mismo? O, ¿qué es lo más amoroso que puedo hacer ahora mismo? (Si la situación pide actuar). Cuando te hagas estas preguntas, házatelas con el Espíritu Santo. Plantéartelas inspirará una respuesta, y muy probablemente será una respuesta amorosa. Recuerda que la percepción es una interpretación de una persona, cosa o suceso. Cuando tengas un problema con alguien, rememora este pasaje del *Curso* que explica cómo usamos la percepción:

Primero miramos en nuestro interior y decidimos qué clase de mundo queremos ver; luego proyectamos ese mundo afuera y hacemos que sea real para nosotros tal como lo vemos. Hacemos que sea real mediante las interpretaciones que hacemos de lo que estamos viendo. Si nos valemos de la percepción para justificar nuestros propios errores —nuestra ira, nuestros impulsos agresivos, nuestra falta de amor en cualquier forma que se manifieste— veremos un mundo lleno de maldad, destruc-

ción, malicia, envidia y desesperación. Tenemos que aprender a perdonar todo esto, no porque al hacerlo seamos "buenos" o "caritativos", sino porque lo que vemos no es real. Hemos distorsionado el mundo con nuestras absurdas defensas y, por lo tanto, estamos viendo lo que no está ahí. A medida que aprendamos a reconocer nuestros errores de percepción, aprenderemos también a pasarlos por alto, es decir, a "perdonarlos". Al mismo tiempo nos perdonaremos al mirar más allá de los conceptos distorsionados que tenemos de nosotros mismos, y ver el Ser que Dios creó en nosotros, como nosotros.[5]

Este pasaje es muy importante porque explica lo que ocurre cuando usamos la percepción para el propósito del ego. Continúa explicando que el perdón es la corrección de nuestros errores perceptuales. Si te encuentras en el frenesí de una discusión porque ya te has juzgado y atacado a ti mismo, eso solo significa que olvidaste sintonizar con el Espíritu Santo antes de esa interacción. Cuando esto ocurra, en cuanto tomes conciencia de ello, detente. A continuación, di lo más amablemente que puedas a tu pareja que necesitas alejarte un minuto para despejar la mente. No tienes que contar exactamente a tu pareja lo que estás pensando. Basta con que encuentres un lugar donde puedas estar solo por unos minutos, o el tiempo que necesites para volver a centrarte y recordar tu objetivo. ¿Qué quieres que salga de esta situación? Si quieres obtener algo de la otra persona, o de la situación a expensas del otro, vuelve a plantearte la pregunta hasta que la respuesta esté orientada hacia el mayor bien para todos los implicados. Invita al Espíritu Santo a estar contigo. Eso te ayudará a calmarte. A continuación, desde ese estado más centrado y aterrizado, estarás preparado para volver a conectar con tu pareja, y muy probablemente lograrás mucho más. Esto es responsabilizarte de tu parte de la interacción. En lugar de entrar en la culpa, que es lo que suele hacer la mayoría de la gente, esto te ayuda a pasar de estar en el efecto a estar en la causa. Y la causa está en tu mente, el lugar donde se puede hallar la única respuesta.

Otra poderosa sección del *Curso* que es relevante para el tema de mantener la conciencia a lo largo de los días es *Reglas para to-*

mar decisiones.[6] Es tan importante que la he comentado de manera destacada en mis otros tres libros. Te la recomiendo si quieres estudiar más detenidamente cómo pasar el día en paz. Como ya la he comentado en los otros libros, no la repetiré aquí. Si quieres, toma nota para acordarte de repasarla.

El *Curso* dice que no tenemos que buscar el amor, porque eso es lo que somos. Sí tenemos que retirar los obstáculos a la conciencia de la presencia del amor, o las barreras que hemos construido contra él. De modo que un ejercicio útil sería buscar cualquier obstáculo que te mantenga separado de la presencia del amor. Busca los pensamientos y juicios que nadan en tu mente y bloquean tus pensamientos *reales*, los pensamientos puros que piensas con Dios. Pensar con Dios simplemente significa que compartes Su certeza con respecto a lo que eres. Esto es lo que significa *mantenerte vigilante solo a favor de Dios*. Cuando te ves tal como Dios te creó, los demás aparecen ante ti con esa misma belleza. A esto se refiere el *Curso* cuando lees ciertos pasajes que dicen cosas como (parafraseando) "El mundo con toda su belleza brillará intensamente ante tus ojos" o "Solo verás belleza delante de ti". No se refiere a la belleza física, sino al contenido de amor en tu mente que extiende belleza hacia otros, sabiendo que ellos forman parte de la certeza del amor de Dios.

Volviendo a las relaciones, tu pareja nunca es la causa de tu disgusto. Y la razón por la que no es la causa de tu disgusto es que se trata de tu proyección/tu sueño. Tú eres el escritor, el autor y el director de tu sueño. Cuando sueñas en la cama por la noche y después despiertas, ¿culpas a las figuras del sueño por haber estado soñando? Eso sería necio, porque sabes que tú has soñado el sueño y no hay razón para culpar a las personas o los sucesos de un sueño tuyo que sabes que no es real. El *Curso* dice: *Estás soñando continuamente. Lo único que es diferente entre los sueños que tienes cuando duermes y los que tienes cuando estás despierto es la forma que adoptan, y eso es todo. Su contenido es el mismo. Constituyen tu protesta contra la realidad, y tu idea fija y demente de que la puedes cambiar.*[7] Esto se refiere tanto a nuestros sueños de vigilia (los que tenemos cuando parecemos estar despiertos) como a los sueños nocturnos (cuando parecemos estar dormidos). Todos nuestros sueños son una proyección de nuestro *sueño secreto*[8] de pecado, culpa y miedo en la mente. El sueño secreto viene primero, y después se proyecta hacia fuera y se convierte en el sueño del mundo. Por eso el mundo nos parece real. Lo único que vemos es el mundo proyectado, sin saber que viene de la mente. Sin embargo, en la mente sigues teniendo el poder de elegir *cómo* y *con quién* vas a ver el sueño. Tu interpretación de él lo hará real o irreal en función de a qué profesor le seas leal en tu mente.

Mientras parezca que somos una entidad separada, bien a este o al otro lado del velo, todavía estamos soñando. Y, en último término, todavía estamos revisando mentalmente todas las cosas. Asimismo, si nuestros sueños de vigilia no son reales, no son distintos de los que tenemos en la cama por la noche mientras dormimos. Estos dos estados oníricos también comparten el mismo contenido. Podemos tratarlos igual. En otras palabras, ahí fuera, en el sueño, no hay nadie a quien culpar, de modo que lo único que hacemos cuando culpamos a otros es culparnos a nosotros mismos. Como breve recordatorio, solo hay un ego (soñador) que piensa que está aquí, y tú eres él, porque eres el soñador de tu sueño. Así es como entrenamos la mente para que aprenda que solo hay uno de nosotros; todos somos una mente soñando un sueño de separación. Solo hubo un pensamiento ilusorio de separación. En realidad, la separación de Dios ni siquiera ha ocurrido. Solo hay un *sueño* de separación. Esto es lo que significa aceptar la Expiación para uno mismo.

Imagina que tomas toda esta información y la aplicas a tu vida de cada día y a tus relaciones. Esto es verdadero poder, es la libertad de elegir lo que piensas, cómo te sientes y con quién estás pensando, con el ego o con el Espíritu Santo. Ya no eres una víctima porque, una vez más, eres el soñador de tu sueño. El *Curso* dice: *Nadie puede despertar de un sueño que el mundo esté soñando por él.*[9] Esto significa que si fueras parte del sueño de otro, no podrías despertar del sueño al creer que no es un producto tuyo. Serías la víctima del sueño de otro, y aparentemente no podrías salir de él. Por suerte, esto no es verdad. Ciertamente somos los soñadores de nuestros propios sueños, lo que significa que tenemos el poder de cambiar de mentalidad con respecto a lo que soñamos.

Cuando empecé en este camino y puse estas ideas en práctica, lo cual ocurrió en 2005, experimenté resultados inmediatamente, aunque no sabía cuánto trabajo me quedaba por delante. A veces había cosas que tenían que ser perdonadas a lo largo del tiempo, lo cual suele ser el caso. La cuestión es que el perdón funciona cuando se practica y aplica en la vida cotidiana a cualquier cosa que surja y altere tu paz. En mi caso, lo que me ayudó fue la práctica de no establecer una jerarquía entre los problemas y las dificultades. Todavía no aplico este principio a la perfección, pero la práctica se ha ido haciendo más fácil con el tiempo. Repito (porque la repetición es necesaria), solo hay un problema aparente, y es que creemos que nos hemos separado de Dios. Solo hay una solución para todos los problemas: aceptar la Expiación para uno mismo, reconociendo que la separación de Dios nunca ocurrió. *En Dios estás en tu hogar, soñando con el exilio, pero siendo perfectamente capaz de despertar a la realidad.*[10]

EL PROPÓSITO DEL ESPÍRITU SANTO PARA LAS RELACIONES FRENTE A LA ESTRATEGIA DEL EGO

Para comprender con más profundidad cómo experimentar tu relación de pareja de manera aún más íntima, volvamos al propósito de las relaciones. ¿Para qué son? Esto puede responderse a dos niveles: el nivel metafísico/espiritual y el nivel del mundo/cuerpo/ego. El propósito de las relaciones a nivel espiritual tiene más que ver con la idea de que uno está aprendiendo a crecer en el amor mutuo y también está aprendiendo sus lecciones de perdón; aprende a recordar su inocencia, en lugar de perderse en el ego. El Espíritu Santo quiere que uses tu relación para crecer espiritualmente, lo que implica perdonar, y esto incluye cualquier dificultad que acompañe a este proceso. Repito: **nuestras vidas aquí son las aulas que hemos elegido para aprender nuestras lecciones de perdón.**

Por otra parte, el propósito del ego para las relaciones es usar a las personas de tu vida para proyectar sobre ellas tu culpa inconsciente, de modo que puedas culparlas de ser la causa de tu disgusto y mantener así tu inocencia. El proceso de disociación consiste en tomar algo que te resulta inaceptable o molesto dentro de ti y proyectarlo afuera, de modo que el pecado, la culpa y el miedo imaginarios ya no están en ti sino en otra persona, en algo externo a ti. Esto comenzó con la creencia de que nos habíamos separado de Dios, lo que hizo que nos sintiéramos culpables y después temiéramos el castigo Divino. De modo que las relaciones especiales que tenemos en el mundo son una proyección de esta "pequeña idea loca" de la que hemos hablado antes. Este es el propósito del ego para las relaciones.

Cuando empiezas a ver con claridad la distinción entre estos dos propósitos, puedes empezar a sanar tus relaciones. Si estás en una relación de pareja con alguien, tómate un momento para pensar en qué te atrajo originalmente hacia esa persona. Este ejercicio se aborda en nuestro *CD Meditación para parejas* en la *Meditación para la intimidad*, que has leído en el último capítulo. Generalmente, cuando dos personas se encuentran y se enamoran, al principio todo es muy emocionante. Hay un par de razones para ello: en primer lugar, los miembros de la pareja no han estado juntos el tiempo suficiente para proyectar su culpa inconsciente en la otra persona. Cuando las personas están juntas el tiempo suficiente, lo que ocurre es que el material sin resolver empieza a salir a la superficie, siendo activado generalmente por la otra persona. No es que ese material irresuelto no estuviera ahí antes, sí que estaba. Pero ahora, debido a la dinámica de la proyección, la alteración se ve como algo que está fuera de uno mismo en lugar de dentro, que es donde está en todo momento. El ego quiere que creas que la culpa es de la otra persona. Ella es la causa de tu disgusto. De este modo tú consigues ser la víctima inocente, manteniendo así la imagen de un yo separado. Al comienzo de una relación, toda esta dinámica todavía no ha tenido lugar, pues el despliegue de la culpa lleva algún tiempo.

En segundo lugar, es cierto que al comienzo de una relación las personas eligen ser la mejor versión de sí mismas. Te sientes verdaderamente atraído hacia esas cualidades del otro, que te muestra su luz porque al principio eso es lo que quieres ver, y eso también es lo que la otra persona quiere que veas. Así, estas cualidades amorosas y maravillosas duran hasta que surge algo que provoca una reacción del ego, y su crueldad empieza a desplegarse.

Esto saca a la luz un punto interesante. Siempre ves lo que quieres ver y experimentas lo que quieres experimentar. En esto no hay excepciones. Podrías decir: "Por supuesto que no quiero tener una discusión con mi pareja. Eso sería una estupidez". Bien, nadie elige discutir conscientemente. En realidad, estamos siendo impulsados por la culpa que tenemos en la mente inconsciente. De modo que el ego (inconscientemente) quiere que tengas una discusión y que estés molesto, porque, una vez más, esa es su manera de hacer real el cuerpo y de hacer que las ideas de pecado, culpa y miedo sean reales en la mente. Esto es un truco del ego, que quiere hacerte olvidar que tienes una mente a la que retornar, donde puedes hacer una elección distinta en cuanto a cómo pensar sobre las cosas. Al ego le gusta mantener este juego en marcha para poder seguir siendo la víctima desvalida. "No es culpa mía", dice. "¡Es culpa tuya! Tú me hiciste esto". Recordemos que los asuntos no resueltos ya estaban ahí antes de que conocieras a tu pareja. Si esto es cierto, y ciertamente lo es, la única razón por la que juzgamos o condenamos al otro es que primero hemos dado realidad a esos juicios en nuestra mente, y después los hemos proyectado afuera. El mundo y los cuerpos son un efecto, no son ellos los que toman las decisiones.

Cuando se aprenden estas lecciones, se sufre menos o no se sufre en absoluto. No puedo hacer suficiente énfasis en la importancia de practicar el verdadero perdón, que deshace la culpa en la mente que conduce a un comportamiento destructivo. Lo que hay en la mente es lo más importante, y lo que alimenta el comportamiento destructivo es la culpa en la mente, así que, cuando la cuidas nutriéndola con pensamientos de perdón, el cuerpo/el nivel de la forma cuida de sí mismo.

Como probablemente puedes imaginar, la sensación de libertad que viene de vivir en la causa en lugar de en el efecto no tiene precio. Ya no tienes que desempeñar el papel de víctima y tampoco quieres hacerlo.

Cuando no eres una víctima, eres libre.

Cuando el mundo ya no tiene poder para quitarte la paz, eres libre.

Cuando reconoces que el poder está en tu mente y no en el mundo, eres libre.

Cuando ya nadie puede herirte con sus palabras ni con sus acciones, eres libre.

Cuando por fin perdonas al mundo entero, *despiertas*.

Recuerdo otro pasaje del *Curso* que es relevante con relación a cómo pensar en los demás: *Muéstrale que él no puede hacerte daño y que no le guardas rencor, pues, de lo contrario, te estarás guardando rencor a ti mismo. Ese es el significado de: "Ofrécele también la otra mejilla"*.[11] En otras palabras, estás afirmando tu integridad y enseñándosela a los demás para que aprendan que ellos también tienen la capacidad de elegirla. No hay duda de que el cuerpo puede ser herido, maltratado, torturado e incluso asesinado (en la ilusión), pero nada ni nadie puede afectar a la paz de Dios en tu mente, a menos que tú le des el poder de hacerlo. Como tema relacionado, en un capítulo posterior comentaremos la idea de que la abundancia es algo que atañe a la mente.

Las ideas que presento aquí te proponen tomar todas las herramientas que tienes y aplicarlas a cualquier situación, grande o pequeña, que perturbe tu paz. Así aprenderás a generalizarlo todo, sin establecer una jerarquía entre los problemas y hacer que unos parezcan más importantes que otros. No obstante, cuando el ego te tiente a agrandar un problema, practica el perdón y sé amable contigo mismo. Sé amable contigo mismo y con los demás. Yo siempre defiendo la bondad. El mundo no necesita tu bondad, pero *tú* sí. Para estar en paz contigo mismo y con tus relaciones empieza por cultivar una mente pacífica, y el mundo la seguirá. **La ley de dar y recibir puede tomar la forma de *ser* el amor y la paz que quieres ver en el mundo viéndolos en los demás, y es así**

como tú mismo los recibirás. Como resultado de practicar el perdón, unas veces las personas de tu vida cambiarán para adaptarse a tus preferencias, y otras veces no. La cuestión es que te estás volviendo más pacífico y estás cambiando tu forma de pensar con respecto al mundo, en lugar de intentar cambiar un mundo que en realidad no existe. Esto no significa que debas ser un felpudo y no actuar ni responder a las cosas. Significa que vives tu vida normal, haciendo las cosas normales que harías normalmente: tienes tus relaciones, vas a tu trabajo, etc., pero ahora las haces con otro maestro en tu mente, el Espíritu Santo. El ego ya no dictará lo que has de hacer ni tendrá dominio sobre ti. Ahora sabes la verdad... y la verdad te hará libre.

Ser consciente de las percepciones que tienes de ti mismo también forma parte importante de la curación de una relación basada en la separación. Por ejemplo, si te sientes solo cuando tu pareja no está físicamente contigo, hay una interpretación subyacente a esa percepción que dice: "Estoy separado de Dios y, por tanto, estoy solo". La soledad proviene de la creencia de que, para estar completo, necesitas que alguien esté físicamente presente. La raíz de la soledad es que tu mente tomadora de decisiones ha elegido la interpretación del ego. En este ejemplo, si eliges al Espíritu Santo, confías en que Él está siempre contigo, independientemente de las circunstancias. Tu pareja, que es una contigo en Dios, también está contigo. Por lo tanto, nunca puedes estar solo. Pongo este ejemplo porque muchas personas se sienten solas sin su pareja. Una razón puede ser que uno de los dos tenga que viajar por trabajo durante un tiempo. Otra puede ser que te hayas divorciado y no haya sido de mutuo acuerdo, o que te hayas enterado de que tu pareja tenía una aventura. Tal vez tu pareja haya fallecido y sientes que te has quedado atrás. Sea cual sea la razón, la cuestión es que el ego lo interpreta todo a través del prisma de la separación, que es la causa de todos los agravios a los que nos aferramos. Cuando comprendes cómo funciona el ego, eso te da una ventaja, ya que puedes cambiar de mentalidad para empezar a pensar de otra manera.

Comprendo lo difícil que puede ser tener la sensación de estar separado de tu pareja, independientemente del motivo. Cuando esto ocurre, una idea útil es vigilar el deambular de tu mente. Si dejas que la mente se desboque, normalmente se inclinará por la versión ego de la historia. Si te centras en la idea de que eres íntegra y estás completa, te ayudará a reforzar la fortaleza de Dios dentro de ti. En la práctica, también es de ayuda centrarte en algo que te produzca alegría. Puede ser escribir, escuchar música, tocar un instrumento, pasear por la naturaleza, jugar con un animal o cualquier otra cosa que te ayude a mantener un estado alegre. En mi caso, mi estado de ánimo cambia por completo cuando paso tiempo en la naturaleza y con animales; me recuerda la unidad. Cantar y bailar también me levantan el ánimo y me inspiran. Está bien darse el "permiso" de entrar en un estado de inspiración y escuchar al Espíritu Santo. A veces lo necesitamos.

Las experiencias que vivimos están influidas por las interpretaciones que hacemos de ellas. Si me siento sola, es porque he interpretado que estar físicamente sola significa que estoy literalmente sola y, por tanto, siento soledad. Esto refuerza la idea de que soy impotente. En lugar de ello, puedo practicar el perdón. El *Curso* dice: *El perdón es lo que sana la percepción de separación.*[12] En el ejemplo anterior, podrías cambiar de opinión para pensar de la siguiente manera: "Este es mi sueño y mi pareja es una figura en mi sueño, como todas las demás personas. Amo a mi pareja, pero sé que no estamos separados, porque ambos estamos en casa en Dios como uno, aunque esto esté fuera de mi conciencia. Nadie está soñando este sueño *por* mí. De este modo es como sé que puedo usar mi mente para despertar del sueño".

La sabiduría del *Curso* no deja de inspirarme. Tiene respuestas para todo hasta que ya no tenemos necesidad de seguir preguntando. Cuando eso ocurre, llegas al Conocimiento. El pasaje siguiente del *Curso* habla de esto, y puede resultarte útil para comprender tus relaciones y la necesidad de cuestionarlo todo:

Todas tus dificultades proceden del hecho de que no te reconoces a ti mismo ni reconoces a tu hermano ni reconoces a Dios. Reconocer significa "conocer de nuevo", implicando que antes ya gozabas de Conocimiento. Puedes ver de muchas maneras debido a que la percepción entraña interpretación, y eso quiere decir que no es íntegra ni consistente. El milagro, al ser una manera de percibir, no es conocimiento. Es la respuesta correcta a una pregunta, mas, cuando sabes, no preguntas. El primer paso en el proceso de deshacer lo ilusorio es cuestionar su realidad. El milagro —la respuesta correcta— lo corrige. Dado que las percepciones cambian, su dependencia del tiempo es obvia. La forma en que percibes en cualquier momento dado determina tu comportamiento, y las acciones solo pueden tener lugar en el tiempo. El Conocimiento es intemporal porque la certeza es algo incuestionable. Cuando sabes, dejas de hacer preguntas.

La mente que cuestiona se percibe a sí misma en el tiempo y, por lo tanto, busca respuestas para el futuro. Y la mente no receptiva cree que el futuro va a ser igual que el presente. Eso da lugar a un estado de aparente estabilidad que es normalmente un intento de contrarrestar el miedo subyacente de que el futuro va a ser peor que el presente. Este miedo coarta enteramente la tendencia a cuestionar.

La verdadera visión es la percepción natural de la visión espiritual, pero es todavía una corrección en vez de un hecho. La visión espiritual es simbólica, por lo tanto, no es un instrumento de conocimiento. Es, no obstante, un medio de percepción correcta, lo cual la sitúa dentro del propio ámbito del milagro. Una "visión de Dios" sería un milagro más que una revelación. El hecho en sí de que la percepción esté involucrada demuestra que la experiencia no pertenece a la esfera del Conocimiento. De ahí que las visiones, por muy santas que sean, son efímeras.[13]

La mayoría de las relaciones especiales implican hacerse muchas preguntas, porque no estamos seguros de nosotros mismos ni de los demás. Aunque es normal hacer preguntas sobre diversas cosas, cuando empezamos a interrogar a nuestra pareja es señal de que el ego ha vuelto a dominar nuestra mente. Un enfoque sano de esto sería practicar una comunicación clara y sin juicios para poder conocer los hechos antes de actuar. Cuando el ego habla primero, hacemos todo tipo de juicios que nos llevan a desviarnos hacia el miedo y la incertidumbre. Comprender por qué y cómo percibimos las cosas (como se dice en la cita anterior) puede ayudarnos a hacer un cambio importante del conflicto a la paz. Un punto clave aquí es que, cuando cuestionamos nuestras ilusiones (pensar con el ego), comienza el proceso de deshacerlas. Nuestra forma de percibir también determina nuestra forma de actuar. Por eso es tan importante observar nuestros pensamientos con el Espíritu Santo. Esto te ayudará a tomar conciencia de la conexión entre tus pensamientos y cómo te sientes. **Es importante investigarte honestamente para comprender qué creencias podrías tener en tu mente que te impiden compartir la certeza de Dios sobre lo que eres.**

Es hora de contar otro chiste para no ponernos demasiado serios. La esposa pregunta:

—¿Quieres cenar?

Y el marido responde:

—No lo sé. ¿Qué opciones tengo?

—Sí o no —dice la esposa.

Como escribo en mis otros libros, el humor es absolutamente necesario porque nos recuerda que no debemos tomarnos a nosotros mismos y nuestras historias demasiado en serio. No obstante, es importante prestar atención cuando algo parece estar desequilibrado o domina tu vida de manera malsana. Aunque el *Curso* dice que no eres la víctima del mundo que ves, en algunos casos, si has experimentado cosas que te mantienen anclado en el pasado, sigue siendo útil examinar los traumas de tu vida. Si permites que afloren las emociones y las gestionas adecuadamente, eso no significa que seas una víctima. Lo que te mantiene en la mentalidad de víctima es atribuir la causa de tu malestar o trauma a algo externo a ti. Esto no significa que no te ocupes de ello o que no hagas todo lo posible por comunicarte con las personas implicadas en el trauma, si es necesario. Sin embargo, culpar no resuelve el dilema más profundo de la culpa asociada con el trauma. La culpa se cura con el perdón.

Volviendo al humor, es sin duda una de las formas más importantes de recordarse a uno mismo que hay otra forma de ver las cosas. Cuando te estás riendo, en ese preciso momento no hay nada que pueda entrometerse en tu risa. A menudo me he reído a propósito en momentos de mucho estrés, porque me recordaba que estaba soñando y que los acontecimientos del sueño (incluido mi cuerpo) no eran reales. Cuando te ríes de verdad, no puedes sentir miedo. Puedes practicar la risa con tu pareja, recordándoos mutuamente que, si las cosas se ponen demasiado serias, tenéis que aligerarlas. Esto no significa reírte a expensas del otro ni reíros uno del otro. Juntos podéis recordar la idea del *Curso* que dice: *Una diminuta y alocada idea, de la que el Hijo de Dios olvidó reírse, se adentró en la eternidad, donde todo es uno. A causa de su olvido, ese pensamiento se convirtió en una idea seria, capaz de lograr algo, así como de producir efectos "reales".* Juntos podemos hacer desaparecer ambas cosas riéndonos de ellas, y darnos cuenta de que el tiempo no puede afectar a la eternidad.[14]

Nuestra percepción nos dice que el tiempo es real y lineal. El *Curso* dice que el mundo se acabó hace mucho tiempo, lo que significa que el tiempo y todo lo que contenía se terminó. Si tu pareja no es estudiante del *Curso*, no pasa nada. El *Curso* es para estudiarlo uno mismo y no es necesario tener un compañero con quien hacerlo. Entiendo a aquellos de vosotros que decís que preferís tener una relación con alguien que acepte el *Curso* en su vida. Es normal sentirse así. Sin embargo, puede que algunas de las lecciones de perdón más importantes las aprendas porque tu pareja no hace el *Curso*. Este camino no es para todos. Si haces lo posible por vivirlo cada día, tu relación puede mejorar porque tu percepción irá cambiando. Es posible que la otra persona no cambie su comportamiento como te gustaría, pero, si vas cambiando de tu percepción a la Visión del Espíritu Santo, que es la visión espiritual, descubrirás que puedes aceptarla tal como es y estar en paz.

En algunos casos, como en la infidelidad, puede parecer mucho más difícil perdonar, ya que la mente establece *grados de dificultad en los milagros*.[15] Esto significa que la mente decidió colectivamente que la infidelidad es un problema más difícil de superar que otros. Aunque suele experimentarse como algo doloroso, a menudo implica un profundo malentendido entre los miembros de la pareja, por el que ambos mantienen una percepción basada en la carencia. Han hecho interpretaciones que quizá no tengan nada que ver con la raíz del problema. Una vez visto esto y restablecida la comunicación, la relación puede continuar si ambas partes están de acuerdo. Como esta es una situación que mucha gente experimenta, la trato en el capítulo siguiente.

PÁGINA PARA NOTAS PERSONALES

CAPÍTULO 6

INFIDELIDAD

La lección que la tentación siempre quiere enseñar, en cualquier forma en que se presente e independientemente de donde ocurra, es esta: quiere persuadir al santo Hijo de Dios de que él es un cuerpo, nacido dentro de lo que no puede sino morir, incapaz de librarse de su fragilidad y condenado a lo que el cuerpo le ordene sentir.[1]

La experiencia de la relación santa comienza con el tipo de relación que tienes contigo mismo, que viene determinada por cómo te percibes. ¿Identificas tu realidad con el cuerpo o con el Espíritu? ¿Eres bueno y amoroso contigo mismo y te perdonas? ¿Eres consciente de tus pensamientos, sentimientos y emociones, así como de qué te irrita y cuándo? Una mente no cuestionada no puede lograr gran cosa, pero una mente entrenada sí. Este capítulo es un intento de ayudarte a mantenerte en un estado de empoderamiento e inspiración cuando te enfrentes a una situación desafiante; aquí usaremos como ejemplo la infidelidad. Por supuesto, lo que llamamos desafíos en realidad son oportunidades de crecer. No se trata de menospreciar los sentimientos y emociones que puedas estar experimentando, sino de entrenar la mente para que cuestione más directamente los pensamientos que nadan en ella y hacen olas.

Cuando uno piensa en ser fiel o leal en una relación, lo que suele significar es ser una persona honesta, digna de confianza y coherente; alguien fiable y dedicado a mantener determinado acuerdo con la otra persona. Desde una perspectiva espiritual el significado de la lealtad tiene más que ver con el amor incondicional, como muchos de nosotros hemos experimentado con nuestros compañeros animales. Lo que ocurre en algunos casos es que confundimos la lealtad con el aprisionamiento, la exigencia mutua y el intento de controlar todo lo que hace nuestra pareja. Cuando nuestra pareja no está a la altura de nuestras expectativas, podemos sentir que ya no la queremos. Esto no es verdadero amor, solo una máscara; el amor "especial" del que ya hemos hablado.

El amor verdadero no es de este mundo y no puede ser reproducido, aunque el reflejo del amor verdadero puede desplegarse aquí de maneras hermosas. El verdadero perdón es el reflejo del amor real en este mundo. **Solo podemos ofrecer amor a otro en la medida en que nos amamos a nosotros mismos.** Si estás en una relación con alguien que no es muy cariñoso, que es desleal, o incluso a veces odioso o despiadado, solo puede ser porque no se ama a sí mismo y está pidiendo amor. Si *tú* pareces ser el cruel o el odioso, tu comportamiento está diciendo eso mismo. Aunque esto no sea agradable, quizá pueda ayudar a entender por qué una persona se comporta así.

La fe implica confianza. Es comprender que la verdad de tu realidad en Dios no ha cambiado, independientemente de las circunstancias de tu vida o de lo que creas. La fe se apoya en el sentimiento subyacente de que, pase lo que pase, siempre eres amado y estás siendo cuidado. Tu pareja no está separada de ti, por lo que es igualmente amada por Dios. Cualquier reto al que te enfrentes es una oportunidad para perdonar, aprender y crecer. Otra actitud similar es que tu seguridad descansa en que no necesitas pruebas de que solo Dios es verdad. Entonces, la pregunta es: ¿dónde estás poniendo tu fe? ¿Pones tu fe en una identidad/cuerpo, que es vulnerable a los ataques, o en Dios, que es invulnerable, perfecto y eterno?

Al principio de nuestro camino espiritual, es común que la mayoría tengamos fe en que el cuerpo es nuestra identidad. A medida que avanzamos, empezamos a sospechar que el cuerpo no es todo lo que somos. En las relaciones, muchos ponemos nuestra fe en que nuestra pareja se comporte de cierta manera. Podemos incluso poner límites a su comportamiento, como si supiéramos o comprendiéramos lo que percibimos. Piensa en el último capítulo: *Percepción es interpretación*. Esperamos que los demás se comporten de acuerdo con las normas que hemos establecido y con los objetivos bienintencionados que nos marcamos al principio. Esta actitud está basada en una perspectiva limitada. Por otra parte, en un mundo de relaciones especiales, este es el comportamiento normal. No obstante, aunque ambas personas estén de acuerdo en poner ciertas normas, y al inicio estén completamente comprometidas una con la otra, ¿por qué suele haber tanta incoherencia en el comportamiento? Para empezar, mientras creamos que somos un cuerpo (un yo separado y especial), caeremos en la tentación, que puede adoptar muchas formas. Las reglas cambian. En otras palabras, siempre cometeremos errores. Eso es lo que hacen los cuerpos: toman la dirección de la mente que elige al ego, hasta que cambiamos a otra mentalidad que refleje al Espíritu Santo.

Nota: A modo de recordatorio, el *Curso* dice que a veces es necesario poner un límite al comportamiento si es perjudicial para uno mismo o para los demás. En el punto anterior me he referido a la necesidad del ego de controlar o poseer a otro, sin permitir que esa persona elija por sí misma.

La definición que da el *Curso* de la tentación (como se ve en la cita al principio de este capítulo) indica que la mayoría de nosotros vivimos la vida en función de lo que nuestro cuerpo siente y nos dice que hagamos, lo cual proviene del sistema de pensamiento del ego. La existencia misma del ego depende de que la mente crea esto. El propósito del ego es hacernos olvidar que tenemos una mente a la que podemos volver, una mente que puede elegir una opción inspirada en el amor y no motivada por el miedo. Recuerda, la tentación es una forma de miedo.

En segundo lugar, cuando hacemos algo que va en contra de nuestros acuerdos es porque los hemos olvidado momentáneamente. De hecho, una parte de nosotros siente que nuestra salvación reside en esa acción. Si no conseguimos o no tenemos ese algo "especial", no seremos felices y saldremos perdiendo. En realidad, en esa coyuntura lo que hacemos es crear una ilusión de felicidad, porque la felicidad real no tiene nada que ver con el mundo ni con satisfacer las necesidades del cuerpo. La felicidad es un estado mental, una elección. Antes de hacer algo, es sabio preguntarse si está motivado por el ego o inspirado por el Espíritu Santo. Volviendo a insistir en este punto, no se trata de fingir que, cuando alguien hace algo aparentemente escandaloso, haces como que no te importa o no quieres abordarlo. Se trata más bien de comprender la dinámica más profunda de lo que está sucediendo, de modo que puedas tomar la mejor decisión en esas circunstancias.

Si algo te molesta, es una bandera roja que te recuerda que siempre puedes volver al perdón. Todo lo que nos disgusta es para perdonar. No tienes que perdonar las cosas "buenas" que pasan, ni buscar oportunidades de perdonar cuando no te altera nada. Recibo muchas preguntas sobre esto. El perdón solo es necesario cuando has perdido la paz. Si las cosas van bien en tu vida y en tus relaciones, celébralo y disfrútalo y, lo que es más importante, siente gratitud. La gratitud es un estado mental muy poderoso que te eleva cuando te sientes mal. La gratitud consiste en conectar con el amor y reconocer tu verdadera abundancia tal como Dios te creó. También puedes dar gracias cuando tu vida fluya sin resistencia, y cuando surjan símbolos que reflejen tu estado mental de perdón. Esto es el sueño feliz.

El *Curso* habla de las *Características de los Maestros de Dios*,[2] que son las características que encarnas cuando te conviertes en un maestro de Dios avanzado. A la luz de nuestra exposición sobre la infidelidad, consideremos cómo describe Jesús la honestidad, una de las características del maestro de Dios avanzado: *La honestidad no se limita únicamente a lo que dices. El verdadero significado del término es congruencia: nada de lo que dices está en contradicción con lo que piensas o haces; ningún pensamiento se opone a otro; ningún acto contradice tu palabra ni ninguna palabra está en desacuerdo con otra. Así son los verdaderamente honestos. No están en conflicto consigo mismos a ningún nivel. Por lo tanto, les es imposible estar en conflicto con nadie o con nada.*[3]

Mientras nuestras mentes estén "divididas", es decir, mientras no estemos totalmente entregados al Espíritu Santo, habrá incoherencias en nuestros pensamientos y comportamientos. Por eso nadie es perfecto aquí. No tienes que ser perfecto, pero puedes aprender el perdón perfecto. Como la mayoría de nosotros nos identificamos con el sistema de pensamiento del ego, estamos entrenados, colectivamente, para juzgar el comportamiento humano como si entendiéramos por qué la gente hace lo que hace. La mayoría de nosotros crecimos así, con la suposición de que lo que nos muestran los ojos de nuestro cuerpo representa la verdad absoluta. Olvidamos que hay otro contexto en el que ver nuestras experiencias: el contexto espiritual. Desde una perspectiva espiritual, siempre hay algo que aprender de una experiencia. Entonces nuestros retos más difíciles se convierten en valiosas oportunidades de perdón. **Cuando se presenta una situación difícil y descubres que tu pareja está haciendo algo que consideras inaceptable y que te falta al respeto, puede ser muy útil no centrarte tanto en el comportamiento de tu compañero, sino en aclarar cuál es su motivación interna para realizar ese acto.** Cuál es su *significado* subyacente. Es necesaria una comunicación más constante y amorosa. Esto puede ayudaros a ambos a tener una comprensión más profunda y a volver a alinear vuestros pensamientos con la mente superior.

Lo que haces viene de lo que piensas, pero no puedes ser consciente de lo que haces a menos que te cuestiones lo que estás pensando; ¿qué pensamientos hay en tu mente? En primer lugar, intentad cada uno comprender lo que está pasando en la mente del otro y enteraos de todos los hechos antes de actuar. A veces podemos hacer suposiciones sobre nuestra pareja sin haber tenido ninguna comunicación con ella. Si tu pareja no está dispuesta a hablar contigo de lo ocurrido, entonces tu trabajo consiste en hacer todo lo posible por mantenerte en tu mente correcta, practicando el perdón y escuchando la guía interna sobre si te sientes inspirado a actuar o no, siempre con la intención de que sea para el mayor bien de todos los implicados. Esto no significa dejar de actuar. Actuar puede inspirar movimiento y progreso hacia un objetivo concreto para ambos. Una acción inspirada puede permitir que tu pareja tenga la opción de elegir lo que es realmente importante de la relación, incluso si esa acción le provoca enfado u otros sentimientos incómodos. A veces, que le pongan a uno en esa situación es lo que hace que las relaciones especiales puedan convertirse en santas. A menudo hace falta que algo "sacuda" la relación para que una o ambas personas vean lo que es realmente valioso. No tiene por qué ser así, pero a menudo se experimenta una sacudida antes de progresar.

OTRA PERSPECTIVA DIFERENTE SOBRE LA INFIDELIDAD

Uno de los problemas más comunes en las relaciones es el acto de infidelidad. De hecho, este es un problema tan recurrente que inspira la pregunta siguiente: ¿Qué pensamos que necesitamos y que todavía no tenemos? Jesús nos dice que se nos ha dado todo, pero la mayoría de nosotros miramos afuera para conseguir las cosas que creemos necesitar, olvidándonos de que lo que buscamos ya lo tenemos dentro. Así, ¿qué estamos buscando cuando creemos que no tenemos? La respuesta es el amor de Dios.

Como la infidelidad es un tema sensible para la mayoría de las parejas que han pasado por esta experiencia, has de saber que este capítulo está dedicado a exponer otra manera de verla. Y esta otra manera de verla es desde un lugar de empoderamiento. Esto significa que podemos mantenernos *por encima del campo de batalla*,[4] en esencia pasando del victimismo a recuperar nuestro poder. En general, esto no ocurre de manera inmediata. Es necesario superar una serie de etapas. Cada persona tiene que trabajar algunos sentimientos muy difíciles y conviene permitirse este proceso. Al final, con una mente abierta, a la que se llega perdonando la furia inicial, te darás cuenta de que puedes usar esta situación como una oportunidad. Reconocerás que hay otra manera de mirarla y que hay algo que aprender de ella, lo que abordaré más adelante. Cuando miramos con el Espíritu Santo, se nos recuerda la verdadera causa del disgusto: nuestra interpretación cuando tenemos como maestro al ego en lugar de al Espíritu Santo. Si alguna vez te has sentido dolido por una situación así, por favor concédete tiempo para detenerte y escuchar otra interpretación que puede mitigar los sentimientos de dolor.

Miremos primero este asunto a nivel del inconsciente. Si realmente miramos lo que está ocurriendo a nivel inconsciente cuando alguien "engaña" a otro, y lo examinamos con el sistema de pensamiento del *Curso*, lo primero que hemos de recordar es que no se trata de algo personal. Tal vez la infidelidad tenga más que ver con cómo percibe la situación —desde su ego— la persona que engaña. Casi siempre guarda relación con sentir una carencia dentro de uno mismo, que es un efecto de la culpa. Cuando alguien se siente carente, una de las maneras que tiene el ego de sentirse lleno, pleno y completo es estar con otro cuerpo, un sustituto de llenarse del amor de Dios. Necesitar otro cuerpo para llenar el vacío que uno siente dentro solo calma esa carencia temporalmente, porque la premisa inicial —la idea de que uno no está completo— es una ilusión. Así, el acto de infidelidad se convierte en una petición de amor. Puedes estar seguro de que la culpa está justo debajo de la superficie, aunque sea inconsciente.

En la mayoría de los casos, la persona engañada se siente automáticamente disgustada porque se ha traicionado su confianza, y la tremenda sensación de herida y dolor emocional que acompaña a esta experiencia activa su propia culpa inconsciente, que la situación ha despertado. La culpa puede enmascararse de muchas maneras, incluso como amor. Decimos que amamos a alguien, y sin embargo a menudo este amor está basado en condiciones, lo que significa que entra dentro de la categoría del amor "especial" que caracteriza a la mayoría de las relaciones aquí en el mundo. Si estás en una situación en la que tu pareja te ha sido infiel, honra tus sentimientos iniciales y permítete vivir tu proceso. Recuerda que la práctica consiste en no quedarte atrapado, en no ser prisionero de esos sentimientos. No obstante, en la mayoría de los casos, parte de la sanación consiste en que tu pareja reconozca sus acciones y se responsabilice de ellas para que la relación pueda continuar de manera saludable.

Cuando tu pareja hace algo que te hiere, eso no significa que tengas que ser un felpudo y negarte a abordarlo. Entiendo que estas situaciones pueden alterar nuestra vida, e incluso acabar con la relación. Sin embargo, no tiene por qué ser así, y por eso escribo este capítulo. Lo que puedes hacer, una vez que has trabajado los sentimientos que hayan surgido, es intentar entender qué tiene que enseñarte esa experiencia, en lugar de caer en la tentación de culpar, juzgar y amenazar. Todo esto son formas de ataque, y el ego quiere que respondas exactamente así. Esto no excusa la conducta de tu pareja, pero te libera de la carga de ser una víctima. Sin duda, tu pareja también tendrá sus propios pensamientos con los que lidiar, aunque aparentemente no sea así. Por otra parte, tal vez el comportamiento de tu pareja te esté enseñando a ocupar tu lugar y a recordar quién eres: en realidad eres un ser espiritual empoderado, aunque te hayas permitido perder tu poder temporalmente. Esto también es verdad para tu pareja. Él o ella también se ha permitido perder su poder y caer en la tentación del ego, pues de otro modo no habría sentido la necesidad de ser infiel.

En el nivel de la mente, todos somos igualmente culpables o inocentes, pero no podemos ser ambas cosas. Desde una perspectiva espiritual, si considero a alguien culpable y merecedor de castigo, se refuerza que esta idea también es verdad para mí. Comunica a tu pareja lo que tengas que tratar de la mejor manera posible, confiando en que el Espíritu Santo gestiona todo el plan de tu vida. En otras palabras, el ego siempre intentará planear para su seguridad. Cuando confías en el Espíritu Santo, puedes dejar que Él se encargue del gran plan.

Pensamos que lo que nos hará felices es deshacernos de todos los sentimientos negativos a través de la proyección, cuando lo único que eso consigue es conservarlos. Recuerda que cualquier cosa que pienses sobre otro vuelve a ti de manera inmediata. Asimismo, hay muchas parejas que se separan o se divorcian antes de intentar examinar honestamente la situación. Al final del capítulo examinaremos más de cerca algunas de las ideas sobre cómo saber si es el momento de quedarte o de irte de una relación. Recuerda, se trata de una elección personal que puedes hacer con el Espíritu Santo.

EJEMPLOS DE CÓMO MANTENERSE EMPODERADO

Digamos que una pareja se ha tomado el tiempo de hablar de la infidelidad y ambos lo hacen desde una actitud verdaderamente sincera. En este caso, la pareja puede decidir que su relación, como un todo, tiene mucho potencial. Están dispuestos a entenderse más profundamente. Podrían decidir resolverlo y seguir juntos. Otro escenario es que uno o ambos decidan que ya han aprendido todo lo posible de la relación, y están listos para pasar a otra cosa. O tal vez la función a la que la relación servía inicialmente ya no es relevante para uno de ellos o para ambos. Si la decisión no es compartida, a menudo la transición se experimenta como dolorosa. Por favor, permítete la dignidad y el respeto de elaborar tu proceso. No hace falta añadir que esta es una gran oportunidad de perdonar, y es posible que esto requiera algún tiempo.

Si hay niños de por medio, todo puede ser aún más difícil, pero sigue siendo una poderosa lección de perdón. En estas condiciones conviene mantener una comunicación abierta, honesta y clara con los niños. Ellos captan la energía, y les irá mucho mejor si se les permite compartir cómo se sienten. Inclúyelos cuando sientas que es el momento apropiado, siempre que sean suficientemente mayores para integrar lo que se les dice. No hace falta exponer los detalles si el niño es demasiado pequeño para entender ciertas ideas. El amor y el apoyo incondicional que les des les beneficiará mucho más que las palabras concretas que digas.

En momentos de grandes dificultades, prefiero recordar que estoy proyectando este sueño y, por lo tanto, puedo elegir verlo con la mente correcta, eligiendo en mi mente el amor del Espíritu Santo. A continuación confío en que seré guiada si tengo que hacer algo. La confianza en el otro no se recupera de una vez, pero acompaña al perdón. Llegar a tener la actitud mental de perdonar automáticamente requiere mucha práctica. Por eso es importante practicar con las cosas aparentemente "pequeñas" de la vida. La práctica entrena tu mente en el hábito de perdonar, de modo que cuando afrontes cosas más grandes o más duras para ti, seas capaz de perdonarlas más rápido. Cuando afrontas una dificultad es un buen momento para reflexionar sobre qué es lo más importante para ti, ¿la paz del mundo o la paz de Dios? Si quieres repasar cómo hacer la transición de la paz del mundo a la paz de Dios, consulta el artículo que escribí en el Capítulo 4.

El comportamiento inconsistente en las relaciones puede irritarnos porque tendemos a asignarnos roles unos a otros, pensando que de algún modo sabemos y entendemos la naturaleza de la mente y cómo funciona. Veamos lo que dice Jesús sobre el enfado:

Cuando te invade la ira, ¿no es acaso porque alguien no llevó a cabo la función que tú le habías asignado? ¿Y no se convierte esto en la "razón" que justifica tu ataque? Los sueños que crees que te gustan son aquellos en los que las funciones que asignaste se cumplieron y las necesidades que te adscribiste fueron satisfechas.[5]

¿Para qué es tu hermano? No lo sabes porque tu función aún no te resulta clara. No le asignes un papel que tú crees que te haría feliz a ti. Y no trates de herirle cuando él no cumpla el papel que le asignaste en el sueño que tienes de lo que debería ser tu vida.[6]

Es posible que no seamos responsables del comportamiento de otro, pero somos responsables de cómo elegimos responder en nuestra mente. ¿Aumentamos la negatividad o elegimos una respuesta amorosa? A veces un acto de infidelidad produce consecuencias con las que uno tiene que lidiar. Y puede ser valioso experimentar las consecuencias de nuestras acciones. Tal vez nos ayude a abrirnos a una nueva perspectiva. En algunos casos, incluso podríamos cambiar de conducta para reflejar nuestro crecimiento espiritual.

El *Curso* no habla de conductas específicas porque está dirigido a cambiar nuestras percepciones, pero estudiarlo durante muchos años me ha dado una perspectiva sorprendente sobre la infidelidad. Es esta: tal vez la infidelidad nos irrite tanto porque, inconscientemente, nos recuerda que creemos (como el único Hijo de Dios) haber engañado a Dios al separarnos de Él. En consecuencia, estamos teniendo una aventura amorosa con el ego, y estamos poniendo toda nuestra fe y confianza en él en lugar de en Dios, cuyo amor es constante. La culpa inconsciente subyacente produce dolor porque sentimos que no podemos confiar en que seremos fieles a Dios, y por eso proyectamos nuestros miedos e inseguridades unos en otros. Seguidamente, nuestra culpa se despliega de múltiples maneras, y una de ellas, por desgracia, es la infidelidad a nuestras parejas. Si no podemos ser fieles a Dios, que nos lo ha dado todo, y confiar en Él, intentaremos buscar esas personas o cosas "especiales" del mundo en las que creemos que reside nuestra salvación.

Todo esto no implica que debas tolerar comportamientos que te resulten dolorosos ni que te permitas estar en una situación abusiva. Por otra parte, es importante que te des cuenta de cómo preservas tu propio espacio mientras pasas por un problema. Mis profesores de Psicología Espiritual en la Universidad de Santa Mónica solían decir "tu manera de relacionarte con el problema es el problema". Siempre me gustó esta afirmación. Un problema no existe a menos que altere tu paz. Si vas a la causa raíz de cualquier problema, verás que es la creencia en la culpa. La culpa dice que nos hemos separado de Dios y no nos creemos merecedores de ser Su Hijo. La culpa derivada de esta creencia se despliega de diversas formas a través de la dinámica de la proyección, haciendo que parezca que hay una jerarquía de ilusiones o problemas. Así es como el ego conserva su inocencia a expensas de otros.

No se puede insistir demasiado en que lo doloroso es el sistema de pensamiento del ego, que da realidad a todo el despliegue del espacio y del tiempo. Elegimos vivir nuestra vida en función de graduaciones, pensando que algunas cosas son más serias o dolorosas que otras, cuando en realidad todo es lo mismo porque todo es igualmente irreal en la medida en que no viene de Dios. Cualquier cosa que pueda cambiar o ser cambiada no es eterna, y por lo tanto no es real. Lo que *es* real es Dios, y Dios es perfecto amor. Cualquiera que sea la dificultad que afrontemos, conviene recordar el significado del no dualismo: *[...] establece una clara distinción entre lo real y lo irreal, entre el conocimiento y la percepción. El conocimiento es la verdad y está regido por una sola ley: la Ley del Amor o Dios. La verdad es inalterable, eterna e in-*

equívoca. Es posible no reconocerla, pero es imposible cambiarla. Esto es así con respecto a todo lo que Dios creó, y solo lo que Él creó es real. La verdad está más allá del aprendizaje porque está más allá del tiempo y de todo proceso. No tiene opuestos, ni principio ni fin. Simplemente es.[7]

SER CONSCIENTE DE TUS PENSAMIENTOS

Hasta que tomemos conciencia de que Dios es amor, y de que compartimos Su Voluntad, sentiremos dolor. Volviendo al ejemplo de la infidelidad, cuando uno descubre que la otra persona le está engañando, por debajo de los sentimientos de dolor, hay pensamientos como: ¿Mi pareja no me encuentra atractivo? ¿Por qué ha ocurrido esto? ¿Qué está mal en mí? ¿He hecho algo mal? ¿Merezco ser amado? Surgen a la superficie muchas de estas dudas, tal como el ego tenía programado. Cuando hayas tenido la oportunidad de procesar la situación, un ejercicio amoroso que puedes practicar (junto al perdón) es empezar a cuestionar tus pensamientos y reacciones. Tal vez quieras plantearte las preguntas siguientes: "¿Qué propósito tiene esto? ¿Por qué me ha irritado? ¿Qué pensamientos estoy eligiendo tener en mi mente con respecto a mí mismo que me producen tanta incomodidad y dolor? ¿Me estoy honrando a mí mismo? ¿En qué sentido puedo haber sido infiel en mi vida? ¿Estoy dispuesto a ver las cosas de otra manera?". Estas preguntas pueden ser útiles porque te recuerdan que se trata de tu sueño, y ahí fuera no hay nadie más; en realidad no. Nadie más está soñando el sueño por ti. Si este es el caso, ¿qué es lo que tu alma quiere aprender?

Tal vez sientas la tentación de reaccionar rápidamente diciendo: "¡Ya no puedo confiar en mi pareja!". En tal caso, cuando estés preparado, un ejemplo de un pensamiento para reemplazar al anterior sería: "*En lo que confío es en mi realidad, en mi identidad como Hijo de Dios y en mi potencial para ver esta situación con paz. Pongo al Espíritu Santo a cargo de todos mis pensamientos y acciones*". Esto no significa negar tus sentimientos, ni pretender que todo está bien cuando sientes que no es así. Ciertamente, es importante mirar a tus pensamientos y observarlos, y también comunicarte con tu pareja, e incluso animarle a mirar dentro de sí misma. Practica lo mejor que puedas sin juzgarte. Esto significa que puedes examinar tus pensamientos con el Espíritu Santo, quien te enseñará a percibir todas las cosas con la verdadera Visión. Incluso haciendo esto, tu guía interna puede indicarte que ha llegado el momento de acabar la relación. La clave está en que lo que decidas con el Espíritu Santo lo decidirás sin culpa.

A veces, dependiendo de la situación y de las personas implicadas, la infidelidad causa el divorcio o la separación durante algún tiempo. Tal vez sea una llamada a despertar para que ambos sean más conscientes de lo que ocurre en su interior. Lo que presento aquí es otra manera de mirar la situación desde una actitud de empoderamiento. Probablemente la mayoría de nosotros nos sentiremos víctimas, al menos al comienzo. Sería muy amoroso practicar el perdón, y a continuación hacer lo que tu guía superior te indique. Podría ser seguir juntos, o separar vuestros caminos, pero, por favor, piensa en lo siguiente: esta situación podría ser el catalizador para despertar a un estado mental más espiritual, a una pareja espiritual, y podría inspirarte a cuestionarte la historia de tu vida de una manera más profunda en la que todavía no habías reparado. Desde este punto de vista más amplio, la situación se convierte en una bendición de la que ambos podéis beneficiaros.

CÓMO SABER SI DEBERÍAS QUEDARTE EN UNA RELACIÓN O IRTE

¿Cómo saber si deberías quedarte en una relación? En último término, esta es una decisión que tomáis entre el Espíritu Santo y tú. Nadie puede decidir por ti. No obstante, hay algunas directrices que pueden ayudarte a decidir qué es lo mejor para el mayor bien de todos los implicados. Tomemos una vez más el ejemplo de la infidelidad, aunque esto puede aplicarse a cualquier problema que tengas. Si estás verdaderamente enamorado de tu pareja, será más difícil romper la relación aunque se haya producido un "engaño". Lo que ocurre es que, a un nivel superior, tienes algo importante que experimentar con esa persona: es decir, hay lecciones que tu alma quiere aprender. Probablemente no será sabio abandonar la relación mientras sientas que está surgiendo material sin resolver. Si no lo resuelves ahora, es posible que lo lamentes más adelante. Si abordas los problemas, a menudo reaparecerán en futuras relaciones, hasta que hayas aprendido tus lecciones.

Por otra parte, considera si estás empezando a incorporar los problemas de tu pareja y a hacerlos tuyos. Esto no ayuda a nadie. Es posible que se trate de una lección que tengas que aprender con tu pareja para poder concentrarte en tus propias lecciones de perdón, en lugar de en las de otra persona. Al considerar si quieres permanecer en esa relación, otra cosa que has de examinar es cuál es tu papel en ella. ¿Cuál es el propósito de tu relación con esa persona? Si te elevas lo suficiente hacia un contexto espiritual, ¿puedes identificar un propósito espiritual por el que sientas que es importante permanecer juntos, al menos por ahora? ¿Sueles divertirte con tu pareja y te gusta mucho estar con ella? Si la respuesta es sí, es posible que desees permanecer en esa relación hasta que sientas que se ha producido una resolución. Así, si finalmente os separáis, no tendrás que arrastrar contigo materiales no resueltos.

También es muy importante honrar tus elecciones. Si sientes que lo que tú y tu pareja compartís es algo sobre lo que no puedes seguir construyendo, y no es esencial para tu vida, puedes irte grácilmente, sabiendo que has honrado plenamente ese vínculo. **Hagas lo que hagas, puedes hacerlo sin culpa, de modo que procura no culparte ni culpar al otro.** Sé que esto no siempre es fácil, pero con la práctica y la determinación de ver las cosas con el Espíritu Santo, a medida que avanzas se vuelve más fácil.

Cuando ocurre algo muy molesto en la relación, un error común que la gente suele cometer es abandonarla antes de tener la oportunidad de entender lo que esa situación quería enseñarles. No estoy hablando de abusos severos. En tal caso, es perfectamente apropiado retirarte, especialmente si la relación te hace daño o te pone en peligro. Si sientes que esa situación no es causa suficiente para abandonar la relación, pregúntate a qué propósito puede estar sirviendo. Hay más de lo que se contempla a primera vista. Cuando sientas que realmente has entendido la lección, podrás crecer en esa relación en paz.

Los siguientes pasajes del *Curso* pueden ser muy útiles para devolver tu mente a la percepción del Espíritu Santo en situaciones difíciles:

Respondes a lo que percibes, y tal como percibas así te comportarás. La Regla de Oro te pide que te comportes con los demás como tú quisieras que ellos se comportasen contigo. Esto significa que tanto la percepción que tienes de ti como la que tienes de ellos debe ser fidedigna. La Regla de Oro es la norma del comportamiento apropiado. Tú no puedes comportarte de manera apropiada a menos que percibas correctamente. Dado que tú y tu prójimo sois miembros de una misma familia en la que gozáis de igual rango, tal como te percibas a ti mismo y tal como le percibas a él, así te comportarás contigo y con él. Debes mirar desde la percepción de tu propia santidad a la santidad de los demás.[8]

¿Te has detenido a pensar seriamente en las muchas oportunidades que has tenido de regocijarte y en cuántas has dejado pasar? El poder de un Hijo de Dios es ilimitado, pero él puede restringir la expresión de su poder tanto como quiera. Tu mente y la mía pueden unirse para desvanecer con su luz a tu ego, liberando la Fuerza de Dios para que reverbere en todo lo que hagas o pienses. No te conformes con menos y niégate a aceptar como tu objetivo nada que no sea eso. Vigila tu mente con sumo cuidado contra cualquier creencia que se interponga en el logro de tu objetivo, y recházala. Juzga por tus sentimientos cuán bien has hecho esto, pues ese es el único uso acertado del juicio. Los juicios, al igual que cualquier otra defensa, se pueden utilizar para atacar o para proteger, para herir o para sanar. Al ego se le debe llevar a juicio y allí declararlo inexistente. Sin tu lealtad, protección y amor, el ego no puede existir. Deja que sea juzgado imparcialmente y no podrás por menos que retirarle tu lealtad, tu protección y tu amor.[9]

Jesús está diciendo claramente que tenemos el poder de deshacer nuestra creencia en el ego, aunque sea por un momento, porque la mente que elige al ego también es capaz de elegir al Espíritu Santo. También indica la importancia de usar lo que sientes para identificar cualquier creencia falsa con respecto a ti mismo, y destaca tu poder de elegir. El *Curso* no habla mucho de los sentimientos, pero, cuando lo hace, es en el contexto de usarlos para permitirte ver a qué maestro estás siguiendo en tu mente. Por eso lo que sentimos puede ser tan útil. Como solo hay dos emociones, amor y miedo, cualquier sentimiento negativo viene del miedo. Hay muchos sentimientos que entran en la categoría del miedo, pero el amor no tiene grados. El amor es puro y siempre es igual a sí mismo, con independencia de nuestros numerosos intentos de imponerle nuestras ideas.

Me doy cuenta de que la mayoría de nosotros no estamos en un nivel tan avanzado como Jesús en su última vida. Por eso tenemos que ser pacientes y comprensivos con nosotros mismos, aunque el ego quiera gritar a nuestra pareja e insultarle. Si ocurre esto, sigue siendo útil e importante recordar la ley de la mente: cualquier cosa que pienses o digas de la otra persona vuelve directamente a ti. La mente inconsciente lo sabe todo, lo que significa que sabe que solo hay uno de nosotros. En realidad, no hay ocho mil millones de personas "ahí fuera". Cuando se reconoce y se acepta esta idea, puede transformar poderosamente tu vida. Entiendes que, si intentas herir a otra persona, en realidad te estás hiriendo a ti mismo. Entonces, la pregunta es: "¿Por qué quiero condenarme a mí mismo?".

No es fácil aceptar que el ego quiere que te aferres al dolor. En apariencia, no es algo que la mayoría de nosotros elegiríamos. Pero la parte inconsciente de nuestra mente es la que mueve los hilos. Aunque no siempre puedas ver lo que hay en tu mente inconsciente, puedes hacer un progreso tremendo perdonando lo que tienes justo delante de ti, haciendo referencia a las personas y situaciones que te provocan o te resultan irritantes. Si te sientes en paz y no tienes nada que perdonar, no vayas buscándolo. Es importante recordar que en realidad el perdón es la idea de que no ha pasado nada que haya alterado tu realidad en Dios. El perdón no ve "pecado" y no lo hace real para después tratar de perdonarlo. Más bien, reconoce que el "pecado" no es real en ti ni en la otra persona, de modo que ambas os liberáis al mismo tiempo. El pecado no es sino la creencia en la separación. Date cuenta de lo diferente que es esta definición con respecto a la de la Biblia. La Biblia no fue escrita por personas cercanas a Jesús y, por lo tanto, contiene distorsiones. Los pasajes bíblicos que hablan de un Dios amoroso son precisos, pero no los que hablan de un Dios que castiga, juzga y condena a Su Hijo.

Para cerrar, todos estamos experimentándonos aquí, en un mundo de tiempo y espacio, con el fin de usar el tiempo para el propósito del Espíritu Santo. Estamos aquí para extender amor, viendo que nuestros intereses no están separados de los de los demás, y para practicar el perdón, que nos despierta del sueño de la separación. Deja que el mundo sea lo que es, pero no tienes que hacer de él tu realidad. Puedes caminar por el mundo sin ser del mundo. De esta manera serás verdaderamente útil, una inspiración para todos los que recorran contigo el camino que nos lleva de vuelta al hogar en Dios.

PÁGINA PARA NOTAS PERSONALES

CAPÍTULO 7

LA ABUNDANCIA ES UN ESTADO MENTAL

Desde tu grandeza tan solo puedes bendecir porque tu grandeza es tu abundancia.[1]

Recuerdo los días en que solo me sentía abundante si tenía mucho dinero. No pensaba que la abundancia fuera un estado mental. Aunque la verdadera abundancia tiene más que ver con compartir la percepción del Espíritu Santo, puede aparecer en el mundo como símbolos que reflejen tu estado mental abundante. Mientras tenemos la experiencia de estar en un cuerpo, es inevitable la tentación de percibir la abundancia como una acumulación de bienes materiales. Llegados a cierto punto, nos damos cuenta de que, por mucho que tengamos, siempre queremos más. Esto se debe a que estamos usando ilusiones para sentirnos completos, pero, como las ilusiones no son reales, el sentimiento de plenitud no es duradero. Me di cuenta de esto cuando salía a comprar ropa y otras cosas materiales que no necesitaba. Al principio me daba la sensación de estar llena. Un par de días después surgía la sensación de carencia, de modo que buscaba más cosas que comprar. Era un ciclo interminable hasta que cambié de punto de vista con respecto a su propósito. Me di cuenta de lo que el ego estaba haciendo, y empecé a unirme a Dios en la verdadera oración con más frecuencia. Esto me dio una sensación mucho mayor de satisfacción duradera, porque unirse con Dios nos recuerda la naturaleza eterna de la vida, en lugar de reforzar la gratificación temporal del ego.

Esto no significa que no puedas disfrutar de salir de compras o que no tengas cosas bonitas. Solo se convierte en un problema si notas que te parece que nunca tienes suficiente. Esta sensación es el resultado de la culpa por elegir el mundo que nosotros hemos fabricado (basado en la carencia) en lugar del amor de Dios, que es eterno. El *Curso* sugiere que puesto que fuimos creados en el amor, y el amor es lo único que hay, la verdadera abundancia consiste en reconocer nuestra naturaleza como Cristo, el Hijo de Dios. En el Cielo no hay elecciones que hacer, puesto que nuestra realidad como parte de Dios ya es algo dado. En el nivel del mundo, donde creemos estar, necesitamos elegir a Cristo como nuestra identidad en lugar de al ego. Entonces, *la abundancia de Cristo es el resultado natural de haber decidido seguirle.*[2] Aquí la clave es elegir. Nosotros elegimos a qué maestro queremos seguir en nuestra mente. Cualquier símbolo de abundancia que se presente en nuestro guion está ahí para reflejar nuestro estado mental abundante. En y por sí mismos los símbolos no son nada. Lo que importa es tu estado mental, lo bondadoso y amoroso que seas, y estar al servicio de los demás.

¿Quién es Cristo? *Tú* eres Cristo. Jesús lo sabía. Él no quiso decir que él solo era el único Hijo de Dios. Él sabía que todos nosotros, como *una mente,* somos el Hijo de Dios. Es imposible que el Hijo de Dios esté en un estado de carencia porque no fuimos creados en la carencia. Fuimos creados en el amor y, por tanto, eso es lo que somos. Es tan común sentir carencia que a veces no nos damos cuenta de que estamos sintiéndola. Está presente en nuestras relaciones a través de la dinámica de la proyección. El ego usa nuestras relaciones especiales como sustitutos del amor de Dios. Cuando no obtenemos algo que queremos de nuestra pareja, o esta no cumple el rol que le hemos asignado, podemos enfadarnos. El problema no es nuestra pareja. El problema es la creencia de que nuestra pareja es responsable de nuestro estado de felicidad. La parte que solemos olvidar es que nosotros mismos lo queremos así. Para el ego, si somos víctimas desamparadas, eso significa que conservamos la inocencia, mientras que nuestra pareja es culpable y Dios le castigará. Recordemos que esto es inconsciente para nosotros. Traerlo a la superficie puede ayudarnos a retornar a un estado mental milagroso en el que la elección a favor del Espíritu Santo se vuelva obvia y deseable. Estar en estado de carencia se ha vuelto automático para nosotros, y es tan "normal" que algo parece estar fuera de lugar cuando todo va bien. Incluso es posible que digamos: "¡No me puedo creer que haya conseguido esa promoción!". O "¡No puedo creer lo bien que está yendo mi relación!". Bajo la superficie, es posible que nos sintamos incómodos cuando nos pasan cosas buenas porque inconscientemente sentimos que no las merecemos, pero, sobre todo, porque creemos que las vamos a perder. De modo que minusvaloramos nuestros éxitos, incluso en las relaciones, y cuando alguien nos elogia, necesitamos excusarnos en lugar de darle las gracias y dejarlo ahí. Esto es la culpa desplegándose.

Cuando estás en la relación santa no sientes la necesidad de ponerla al servicio del cuerpo en ningún sentido. Esto no significa que no lo intentemos. Tampoco significa que no practiquemos el sexo o que no tengamos contacto físico, que son las cosas normales que hacen los cuerpos. Solo significa que no necesitamos estas cosas para sentirnos completos. Puedes simplemente unirte a tu pareja desde vuestra mutua conciencia de abundancia. He oído a numerosos estudiantes del *Curso* decir que han perdido el interés en muchas cosas porque el mundo es una ilusión. Las cosas que antes hacían ya no tienen sentido. ¿Te suena familiar? Gary y yo sentimos que cuando sabes que el mundo es una ilusión, ¡eso puede hacer que las cosas sean aún más interesantes! Si el ego ya no te tiene atrapado porque recuerdas que estás soñando, puedes divertirte más porque no te tomas las cosas tan en serio. Esto no significa que no sientas compasión, ni que no te importe lo que ocurre en el mundo o a otra gente. Significa que, pase lo que pase, conservas el estado de paz. Cuando has alcanzado este nivel de conciencia, tu relación especial puede cambiar a una relación santa. Ya no necesitas proyectar tu culpa inconsciente en el otro porque ves que eso te hace daño a ti. En cuanto te das cuenta, ves que no tiene sentido y lo dejas ir.

Como puedes ver, la abundancia es un estado mental, y no tiene nada que ver con el mundo. ¿Cómo podría la abundancia venir de un mundo basado en la carencia, y que además no está ahí? Por eso, no tiene nada que ver con lo material. El mundo material no es lo que te hace feliz, aunque alcances el éxito según sus criterios. Puedes tener un gran trabajo en el que ganas mucho dinero, una familia maravillosa, o disfrutar un estado de perfecta salud. No hay nada malo en tener éxito en el mundo, pero favorecerás tu progreso espiritual si no te lo tomas demasiado en serio. En la verdadera abundancia, siempre tendrás lo que necesites cuando lo necesites, con independencia de las circunstancias. Esto requiere tener fe en que se te ha dado todo porque fuiste creado como el todo. Me gusta decir: "El Espíritu Santo me cubre las espaldas".

Cuando estás en relación con alguien, ¿estás con esa persona porque la necesitas o porque disfrutas de estar con ella? Si tienes algún sentimiento dentro de ti que dice que estás con esa persona porque te completa, eso entra en la categoría de "necesitar". Es una idea linda, pero en verdad no necesitas que nadie te complete. Cuando te sientes completo dentro de ti mismo, eres un ejemplo viviente de abundancia. Jesús entendió que venía de lo que es total, y que lo que es total está lleno de luz. Él recordó su identidad como parte de Dios. Enseñó que todos somos lo mismo y que Dios nos ama igualitariamente. Por lo tanto, todos somos igualmente plenos en Él. No puedo pensar en una definición mejor de vivir en la abundancia que la de poner nuestra fe en esta idea.

Experimentas el sentimiento de plenitud cultivando tu relación con Dios. Puedes cultivarla identificándote con Él a través de la verdadera oración. *Busca primero el Reino de los Cielos porque ahí es donde las Leyes de Dios operan verdaderamente, y no pueden sino operar verdaderamente porque son las leyes de la verdad.*[3] Esto requiere confiar en que las leyes de Dios operan para el mayor bien de todos los implicados. Ni siquiera tenemos que saber qué es ese bien mayor. Simplemente confía. Lo que hace falta para sentirse abundante es un cambio de mentalidad. Se trata de cambiar la manera de ver que tienes ahora, y puedes hacerlo buscando o "poniendo tu voluntad" primero en el Reino de los Cielos (al que se refiere la cita anterior); esto te inspirará una percepción diferente de ti mismo, de otros y del entorno. Algunas preguntas que puedes plantearte, y que pueden ser útiles para mantenerte vigilante solo a favor de Dios en tus relaciones personales son: "¿Cuál es mi punto de partida cuando tengo una interacción con alguien? ¿Estoy en paz en mi mente antes de actuar? ¿Con quién estoy pensando?". Recuerda, puedes ser el observador de tus acciones, viendo lo que haces sin juzgarte.

Te des cuenta de ello o no, siempre estás en relación con alguien o algo. Cuando experimentas algo, puedes elegir sentir carencia o abundancia con respecto a ello. Si entrenas la mente para reconocer esos momentos del día en los que te sientes carente, estarás en la posición de cambiar de mentalidad en ese mismo momento. Cuando practicas esos momentos cada día de manera continuada, eso hace que se produzca un cambio en ti que te lleva a la paz.

Volviendo a los años noventa, cuando yo tenía veintitantos, me encapriché de un tipo que no quería (y no podía) amarme, aunque salíamos de vez en cuando. Mirando atrás, diría que no me trató muy bien y que intentó explotarme. Al mismo tiempo, me sentía tan atraída hacia él que le permitía comportarse así sin quejarme. Lo pasamos bien y nos divertimos mucho juntos, pero, en términos generales, no fue una relación muy sana. A veces me presentaba en una cena a la que me había invitado y averiguaba que él no estaba allí. En un momento dado yo estaba tan apegada a él que no podía pensar en otra cosa. Practicaba ese tipo de oración falsa que pide a Dios: "¡Por favor, haz que me llame!". Un día me sentía especialmente deprimida y estaba tumbada en la cama cuando de repente sentí un par de manos en los hombros. No había nadie más en la habitación. Era la presencia más delicada y amorosa que había sentido hasta ese momento en mi vida. Parecían las manos de un ángel. Esas manos me masajearon los hombros como diciéndome: "Relájate. Todo va a estar bien. Eres amada y estás siendo cuidada". Necesitaba mucho que me dieran seguridad en aquel momento. Me sentí muy agradecida por la experiencia y me ayudó a darme cuenta de que no estaba sola.

Más adelante, cuando fui introducida al *Curso*, recordé aquella experiencia, y me quedé asombrada cuando leí estas palabras:

Cristo ha puesto su mano sobre tu hombro y ya no te sientes solo.[4] Esto es exactamente lo que sentí. Merece la pena incluir aquí toda esa cita del *Curso.* Pienso que a algunos de vosotros os sonará familiar si habéis vivido una situación relacional similar; ahí empecé a sentir que había otra manera de mirar la situación. Dice: *Ahora tu miedo ancestral te ha salido al encuentro y por fin la justicia ha dado contigo. Cristo ha puesto Su mano sobre tu hombro y ya no te sientes solo. Piensas incluso que el miserable yo que creíste ser tal vez no sea tu verdadera identidad. Tal vez la Palabra de Dios sea más cierta que la tuya. Tal vez los dones que Él te ha dado son reales. Tal vez tu plan de mantener a Su Hijo sepultado en el olvido y de seguir por el camino que elegiste recorrer separado de tu Ser no Lo ha engañado del todo.*[5] Este pasaje dice que estamos empezando a ver la luz de la verdad amanecer en nuestra mente, y que estamos iniciando el proceso de incluir a nuestro verdadero Ser en nuestro viaje que tiene a Dios como objetivo. Estamos abriendo nuestra mente al hecho de que hemos estado equivocados con respecto a lo que creíamos ser (el ego/cuerpo) y estamos aceptando nuestra naturaleza en Cristo.

Volviendo a la historia, cuando sentí que esas manos me tocaban los hombros, ya llevaba algunos años en el camino espiritual. Por lo tanto, estaba muy abierta a las experiencias místicas. En esa época estaba teniendo todo tipo de viajes fuera del cuerpo y en general abriéndome a otros reinos. Finalmente, cuando empecé a salir con otra persona, el tipo de la historia empezó a llamarme más e intentó mantener la relación en marcha, pero ya era demasiado tarde. Me había enamorado de otro (mi anterior marido, Steve) y nada podía cambiar este hecho.

Nota: Hablo más de Steve en mi segundo libro, *El asunto del perdón.*

Además, entendí que este otro hombre me había ayudado a darme cuenta (inconscientemente) de que no me amaba a mí misma y, gracias a su comportamiento, aprendí a examinar el mío y en qué medida contribuía a la relación disfuncional. Este es un ejemplo importante de que sentirse injustamente tratada puede llevar a una comprensión importante con respecto a una misma.

El *Curso* dice: *Cuídate de la tentación de percibirte a ti mismo como que se te está tratando injustamente.*[6] Sentirse injustamente tratado es un intento por parte del ego de retener tu inocencia a costa de culpar a otro. Si estoy siendo tratado injustamente, eso implica que la otra persona debería sufrir la injusticia conmigo. Solo hay una mente. Así es como lo explica el *Curso*: *No puedes crucificarte solo a ti mismo. Y si eres tratado injustamente, tu hermano no puede sino pagar por la injusticia que tú percibes. No puedes sacrificarte solo a ti mismo, pues el sacrificio es total. Si de alguna manera el sacrificio fuese posible, incluiría a toda la Creación de Dios y al Padre junto con Su bienamado Hijo.*[7]

A estas alturas tal vez te hayas dado cuenta de que no puedes creer que algo sea verdad con respecto a alguien sin que te incluya también a ti mismo. Este es uno de los puntos clave del *Curso*. No hay nadie más porque el mundo no existe. Aplicar esta idea a tus relaciones te ayudará a transitar de la relación especial a la relación santa. En la relación santa, seguirás haciendo las mismas cosas que haces normalmente, pero las harás con compasión, sin juicio y con un nuevo tipo de libertad, en la que liberas a la otra persona para que sea como es sin intentar cambiarla. Lo que cambias (si es necesario) es a ti mismo. Cuando tú cambias, experimentas las circunstancias "externas" de otra manera, aunque una persona específica o los sucesos no cambien. Puedes haber cambiado de dimensión temporal, pero este tema es para otro momento. Cambiarte a ti mismo también podría producir cambios externos que mejoren la relación. Siempre dejo que el Espíritu Santo se encargue de eso.

VIEJAS IDEAS SOBRE EL DINERO Y EL ESTATUS CON RELACIÓN A LA ABUNDANCIA

Además de sentir carencia en nuestra relaciones, otra área donde comúnmente se siente carencia es en torno al dinero. Si no tratas el tema, podría afectar negativamente a tu relación. Como a Gary y a mí nos hacen muchas preguntas sobre el dinero, me gustaría abordar esta cuestión. Tal como tenemos una relación con las personas, también la tenemos con el dinero. Muchos de nosotros creamos la ilusión de que no tenemos dinero suficiente, incluso teniéndolo. Cuando cambias de percepción en cuanto a la energía del dinero, pasando de la carencia a que sea un reflejo del propósito que el Espíritu Santo le asigna, tu *experiencia* con respecto a tu situación económica mejorará. Date cuenta de que he dicho que tu *experiencia* puede cambiar, aunque no siempre cambie la situación externa. Al Espíritu Santo no le importa cuánto dinero tienes, pero tú puedes percibir el dinero como un *símbolo* de abundancia sin hacer de él la única forma de abundancia en el mundo.

Puesto que la abundancia es un estado mental, puede aparecer en el mundo de diversas formas para reflejar el estado mental abundante. Los símbolos de abundancia no se limitan al dinero. La abundancia puede aparecer como un regalo que te dan, un intercambio de algún tipo, algo significativo que alguien hace por ti o algo que alguien te dice y que cambia tu manera de mirar la vida, por nombrar solo unos pocos. Estoy usando el dinero como ejemplo, porque es un problema en muchas relaciones.

Si tienes problemas con tu pareja a causa del dinero, pregúntate cuál es tu relación con él en este momento. ¿Qué sensaciones surgen cuando piensas en el dinero? Responder a esta pregunta te dará mucha información sobre cómo lo ves y lo que significa para ti. Si dejas que el dinero sea usado para el propósito del Espíritu Santo, sentirás que tiene más finalidades y que no es algo que solo necesitas para ti mismo. Si sientes carencia en torno al dinero, reconoce cuando te estés sintiendo así, aunque esto puede ser complicado porque a veces se ha convertido en algo automático. Cuando te des cuenta, perdónate por sentirte así, recuerda tu inocencia y dite que siempre hay suficiente, y que la fuente de tu fuerza y de tu abastecimiento viene de Dios, no de pequeñas tiras de papel y discos de metal. Si tienes dinero abundante, has de saber que la naturaleza del dinero no es espiritual ni no-espiritual. Es neutral. Lo único importante es el propósito al que sirve. Además, está bien tener cosas bellas y celebrar. Hay mucha culpa en torno al dinero, tanto por tener mucho como por no tenerlo. En cualquier caso, la culpa siempre puede remontarse a la idea de que sentíamos que teníamos abundancia en el amor de Dios y lo desechamos, sustituyendo la verdad por ilusiones. Esto puede perdonarse, como cualquier otra cosa. El pasaje siguiente describe lo que pareció ocurrir cuando hicimos estas sustituciones:

Tú que crees que Dios es miedo tan solo llevaste a cabo una sustitución. Esta ha adoptado muchas formas porque fue la sustitución de la verdad por la ilusión; la de la plenitud por la fragmentación. Dicha sustitución a su vez ha sido tan desmenuzada y subdividida, y dividida de nuevo una y otra vez, que ahora resulta casi imposible percibir que una vez fue una sola y que todavía sigue siendo lo que siempre fue. Ese error, que redujo la verdad a la ilusión, lo infinito a lo temporal y la vida a la muerte fue el único que cometiste. Todo tu mundo se basa en él. Todo lo que ves lo refleja y todas las relaciones especiales que has entablado proceden de él.[8]

Si piensas en este pasaje en términos de tus relaciones especiales, queda claro que prácticamente hemos convertido todas nuestras relaciones en especiales, tanto con las personas como con el dinero, las sustancias o las cosas, y la definitiva es la que mantenemos con el ego. Estas ideas tienen que practicarse en el nivel de la mente.

Volviendo al ejemplo del dinero, no estoy diciendo que no debas actuar o que no hagas nada si te faltan recursos. La práctica consiste en perdonar cualquier culpa que puedas sentir en torno al dinero. Si estás en una relación en la que estás construyendo una vida con alguien y tienes una emergencia, como la pérdida de tu empleo, o no puedes llegar a fin de mes, haz todo lo que puedas y busca ayuda del modo que sea. Recuerda que la abundancia puede presentarse de diversas maneras, no solo en torno al dinero. No te limites a ti mismo con respecto a cómo podría desplegarse tu camino. **Tu valía no es equiparable a cuánto dinero tienes.** Hace falta tiempo para entrenar la mente a pensar de esta manera, puesto que a muchos se nos enseña que nuestra valía está conectada con nuestro trabajo y con cuánto dinero ganamos para nosotros, nuestra pareja y nuestra familia.

UN PROCESO MENTAL DE PERDÓN EN TORNO A LA CARENCIA

Un proceso de perdón en torno al dinero podría tener este aspecto: *Me doy cuenta de que esta experiencia ha activado pensamientos de carencia en mí con respecto al dinero. Solo mis pensamientos hacen que me preocupe o sienta carencia. Estos no son mis pensamientos reales. Soy un inocente Hijo de Dios y no necesito que nada externo me llene; tengo todo lo que necesito **ahora**. Dios es mi fuente de fuerza y abastecimiento, y confío completamente en Su Voz (el Espíritu Santo) a medida que se despliega el plan superior para mí. Me perdono por usar esta situación para hacer real la separación. Libero este juicio con respecto a mí mismo y me uno con el Espíritu Santo en paz.*

Este proceso general de pensamiento puede usarse en cualquier situación relacional en la que sientas carencia, sustituyendo el dinero por cualquier otra palabra. Otro ejemplo de cómo aparece la carencia en las relaciones es no recibir suficiente atención de tu pareja. Puedes usar el párrafo anterior, pero la primera frase podría decir: *me doy cuenta de que esta experiencia ha activado pensamientos de carencia dentro mí con respecto a la cantidad de tiempo que mi pareja y yo pasamos juntos.* A continuación, sigue con el resto del párrafo tal como está. Esta es una manera de reconocer lo que estás sintiendo sin juicio; a continuación, perdónate, lo que equivale a reconocer tu inocencia. Recuerda: perdonar es soltar la ilusión de separación; las fuentes externas no son la causa de tu disgusto porque no hay nada externo. Nuestros pensamientos no han abandonado la mente, de modo que es en el nivel de la mente donde queremos hacer el cambio.

Tener un proceso de pensamiento de perdón que puedas practicar consistentemente es lo que acaba deshaciendo al ego, por lo que es sabio hacerlo cada día. Llegarás a ser tan bueno en el perdón que empezarás a sentirte en paz en todas las situaciones en las que antes te sentías incómodo. **Una vez más, es importante recordar que solo tus pensamientos te causan dolor, no la situación misma. Lo importante es cómo interpretas lo que ves.** Habitualmente, cuando uno siente carencia se debe a que está usando el pasado como la luz para guiarse *ahora*. Una clave para sentirse abundante es estar presente y elegir el Instante Santo. Como repaso, el Instante Santo es el momento en el que eliges el milagro o el perdón, lo que cambia tu percepción de ti mismo y de lo que crees que es tu realidad. Más específicamente: *En el instante santo en que te ves a ti mismo resplandeciendo con el fulgor de la libertad, recuerdas a Dios. Pues recordarle es recordar la libertad.*[9]

Volviendo a la abundancia, una de las lecciones del *Curso* que suelo usar para recordar la abundancia es esta: *El pasado no existe. No me puede afectar.*[10] Para la mente inconsciente, el pasado está asociado con el pecado (la idea de separación). Sentimos carencia porque tenemos momentos que nos recuerdan, o que activan la idea, de que estamos separados de nuestra Fuente. Por supuesto, esto no es verdad. Nunca podrías estar separado de tu Fuente porque eres uno con Ella. Sin embargo, puedes elegir creer que estás separado y puede parecerte muy real. Liberar el pasado (la idea de pecado) y reconocer que ya acabó, y que, de hecho, en realidad nunca ocurrió, induce una experiencia del Instante Santo en la que te sientes pleno, inocente y amado, es decir, estás en la abundancia. No solo eres amado sino que tú *eres* amor, y por tanto solo necesitas despertar a este hecho. **Cuando estás siendo amor, estás siendo abundante.**

Si partes de este tipo de abundancia en tus relaciones, la alegría que sentirás será pura y no estará manchada por el veneno del ego que dice que no eres suficiente, o que no estás consiguiendo lo suficiente. Tu felicidad no tiene por qué estar determinada por lo que alguien hace o deja de hacer en tu relación. Pensar de esta manera te sitúa en la causa, donde puedes elegir cómo interpretar las cosas, en lugar de estar en el efecto, que es como ser una marioneta movida por los hilos que el ego controla.

La verdadera abundancia también conduce a una experiencia más profunda de intimidad, porque la verdadera intimidad consiste en unirse mentalmente en primer lugar, lo que a continuación puede tomar forma de la manera más hermosa. Usando el ejemplo del sexo, el acto sexual mismo no hace mucho por sustentar el sentimiento de intimidad porque es una sensación temporal de gratificación. Crecer en la intimidad es apreciar la totalidad de tu pareja, y después "hacer el amor" se convierte en una manera de unirse a partir del estado de aprecio mutuo. Por favor, no lo entiendas mal, no estoy diciendo que de vez en cuando jugar a representar papeles no resulte divertido, ni que ser escandalosamente espontáneo no sea emocionante; más bien, estoy clarificando lo que significa estar en un estado de verdadera intimidad, a diferencia de los simples juegos infantiles.

Creo que es hora de contar un chiste: Una pareja fue a ver a un terapeuta que les dice:

—¿Qué os ha traído aquí hoy?

Y la mujer responde:

—Me cuesta mucho vivir con él. ¡Es tan literal!

El hombre:

—Mi coche.

CÓMO LA FALTA DE DINERO PUEDE AFECTAR A LAS RELACIONES

Volviendo por un momento al tema del dinero (ya que a menudo puede dominar una relación dependiendo de cómo se utilice), uno de los comentarios que suelo recibir de las parejas es que una de las personas está "derrochándolo", gastándolo de forma inadecuada o gestionándolo muy mal. Estas son algunas de las formas en las que escucho este mensaje. Creo que muchos de nosotros hemos experimentado alguna situación así. No cabe duda de que esto puede dar lugar a discusiones muy fuertes, y a comentarios odiosos y malintencionados, e incluso puede ser causa de divorcio. Para algunos, el dinero significa poder y así es como definen su valía. Mientras conserves este sentido distorsionado del poder, no entrarás en contacto con tu verdadero poder, que no tiene nada que ver con las cosas materiales. No hay nada malo en tener dinero, ni siquiera en querer tenerlo, pero tampoco hay nada espiritual en ello. El dinero es neutro, y nosotros le otorgamos valor, haciendo de él lo que queremos que sea. Le damos todo el significado que tiene para nosotros.

Así que digamos que un miembro de la relación está gestionando mal el dinero. Puesto que esta mala gestión puede adoptar muchas formas, veámosla en el contexto más amplio de no tener una relación sana con el dinero: cuando uno no tiene una relación sana con el dinero, es solo una sombra/un efecto de estar en un estado de carencia. En este caso sería sensato cuestionarse cuáles son los problemas más profundos que han provocado que la carencia adopte la forma de problemas de dinero. Quien hace esto es un buen ejemplo de alguien que va directo a la causa, en lugar de tratar de arreglar lo que está en la pantalla, que es el efecto. Como todo lo demás, esto es algo que en último término se ha de usar para perdonar.

Cuando te ocupas primero de la mente, el efecto se ocupa de sí mismo, y eres guiado a las mejores soluciones que puedan ser útiles en el nivel de la forma. Se necesita voluntad para mirar este asunto con honestidad y también es una forma de asumir la responsabilidad de tus errores. Los errores no deben ser motivo de castigo, sino de reconocimiento y corrección. En este ejemplo, corregir tu error sería corregir tu percepción errónea de la finalidad del dinero. **Cuando el *Curso* habla de errores, no se refiere al comportamiento, sino a errores de pensamiento. Es un *Curso* para entrenar la mente, no la conducta.**

Tal vez el dinero se ha utilizado para servir a los fines del ego, en lugar de dárselo al Espíritu Santo para que lo utilice para Sus fines, lo que produciría una experiencia diferente. Utilizar el dinero para los fines del Espíritu Santo equivale a decir: *Espíritu Santo, por favor, ayúdame a percibir el dinero correctamente, y a utilizarlo para tus propósitos para el mayor bien de todos los implicados.* Cuando entregas tu dinero al Espíritu Santo de esta manera, puede ser utilizado como una herramienta útil para potenciar tu crecimiento y tus talentos, y para mejorar tus relaciones.

Si el problema en torno al dinero consiste en gastarlo de forma descuidada, sin poner de tu parte para conseguirlo y endeudando a la familia, sería prudente asumir la responsabilidad de tus decisiones y cuestionarte por qué lo utilizas de esta manera para satisfacer una necesidad imaginaria. En otras palabras, estás en un aula, estás en clase. El simple hecho de salir y conseguir un trabajo no resolverá necesariamente el problema subyacente a menos que lo combines con la voluntad de analizar la situación con honestidad, pero también de sanar los problemas más profundos que están sucediendo en tu mente y que has proyectado en forma de problemas de dinero. Esto es ocuparse de la causa y darse la oportunidad de sanarla a largo plazo. El resultado final es que, pase lo que pase, sigues estando en paz. No estar dispuesto a examinar el problema y a responsabilizarse es mantenerse en un estado de negación, aunque en realidad sea una petición de amor. El Espíritu Santo responde a la llamada si aceptas Su respuesta en lugar de la tuya.

No se trata de sentirte culpable, sino de ser la mejor versión de ti mismo, comprometiéndote con tu crecimiento espiritual y aprovechando cada desafío que se presente en tu vida como una oportunidad para crecer. Es una forma de recuperar el poder. **Recuerda, la cantidad de dinero que tengas no te define a ti ni define tu valía. Tu valía la establece Dios, y Su juicio es siempre el mismo..., tú eres inocente y Su santo Hijo. El ego ha hecho que el dinero tenga poder y valor. Ciertamente puede comprar cosas en el mundo, pero no puede comprar la felicidad.**

La mayoría de nosotros queremos ser reconocidos y sentir que importamos a los demás. No queremos ser olvidados. Recuerdo una vez, cuando tenía 7 u 8 años, que entré en el despacho de mi padre y me acerqué a su mesa. Cogí una hoja de papel y escribí las siguientes palabras: *Acuérdate de mí.* Luego le entregué la hoja. Creo que todavía la conserva en alguna parte. Me dijo que la guardó durante muchos años. Yo tenía alguna razón inconsciente para escribir aquella notita, y creo que en parte se refería a la importancia que tenía para mí que él me "conociera", sin comprender que en última instancia lo importante es ser conocida por Dios. Recuerdo que aquella nota le impactó bastante en su momento, y en estos últimos años la ha mencionado, diciéndome que nunca la ha olvidado. Esto siempre me ha hecho sonreír, y sigue haciéndolo. Tengo la suerte de tener un padre muy cariñoso y comprensivo, al que aprecio mucho. Mi padre es un hombre brillante y relativamente "sencillo" en cuanto a sus necesidades físicas. La sencillez de su naturaleza es lo que más admiro de él. No solo es muy inteligente, sino también humilde. Le gustan las cosas sencillas de la vida, como pasear por la naturaleza, contemplar el cielo nocturno, observar los pájaros en su patio trasero y cuidar el jardín. También está muy activo en su comunidad, siempre trabajando por el bien de todos. Creo que me contagió su sencillez, y se lo agradezco. Siempre es agradable ser reconocido, y sería estupendo que pudiéramos dejarlo ahí. Lo que ocurre es que la necesidad de ser reconocido acaba convirtiéndose en una carga de preocupación por lo que los demás piensen de nosotros, sobre todo en la relación especial. Esta es una forma de vivir agotadora, e impide que surjan nuestros verdaderos pensamientos. ¿Por qué nos importa tanto ser aceptados por los demás? Una parte de nosotros sigue buscando amor, validación y aceptación fuera de nosotros, donde no podemos encontrarlos. El ego decidió creer que el amor de Dios no era suficiente, así que creamos relaciones especiales para sustituirlo. Ponemos toda nuestra fe en estas relaciones especiales en lugar de ponerla donde realmente debe estar, en Dios. ¿No es esto lo que significa ser pobre?

Cuando no tienes a Dios, te sientes pobre; no siempre conscientemente, pero sin duda inconscientemente. En realidad, todos somos inmensamente ricos porque somos una extensión del amor de Dios. Todo lo que tenemos que hacer es aceptar ese pensamiento en nuestra mente y luego compartirlo y extenderlo a los demás. **Compartir es la raíz de toda la Creación.** Cuando tomes las ideas de la verdadera abundancia y empieces a aplicarlas a tus relaciones, experimentarás muchos más de esos momentos a los que me gusta llamar *verdadera presencia* con tu pareja.

La Verdadera Presencia es cuando ningún pensamiento del pasado o del futuro interfiere para bloquear la auténtica comunicación con el otro, y sujetarte al pasado o tentarte con las expectativas de futuro. Verás por primera vez a tu pareja sin adosarle ninguna historia, ni siquiera ideas de futuro. En este estado puedes dar y recibir plenamente, y estar en un estado de Gracia con tu pareja, donde todos los juicios se disuelven y tus pensamientos son puros. En otras palabras, estás realmente "viendo" la esencia del amor en tu pareja, pensando en ella como realmente es. Esto es la visión espiritual. No se me ocurre una forma mejor de experimentar la intimidad con tu pareja que estar en la verdadera presencia. Si tu pareja está dispuesta, practica la verdadera presencia cuando sientas que se avecina una discusión. Unos minutos en este estado pueden borrar años de juicios, condenas, y de la sensación de haber sido tratado injustamente. Con el tiempo, experimentarás resultados espectaculares en tu capacidad de dar y recibir amor.

Si te das cuenta de que te estás olvidando de practicar el perdón o de hacer los ejercicios que te has comprometido a hacer cada día, sé consciente de que eso es la resistencia del ego, porque ese es su trabajo: quiere que te olvides. El ego sabe que, cuando lo deshaces, deja de existir, y eso es muy temible. Lo mejor es mirar el pensamiento que tienes dentro y admitir que dice: "No quiero hacer este trabajo", y luego dejar de juzgarte y confiar en que, cuando estés preparado, aceptarás el amor del Espíritu Santo. Puedes hacer esto con cualquier pensamiento de juicio; si te descubres culpándote por él, intenta practicar un proceso de perdón. Luego, abandona el juicio. El Espíritu Santo se encargará del resto.

PÁGINA PARA NOTAS PERSONALES

CAPÍTULO 8

LA REALIDAD COMO COCREACIÓN CON DIOS

Pues Dios y Su Hijo bienamado no piensan de manera diferente. Y es esta concordancia en el pensar de Ambos lo que hace que el Hijo sea un cocreador con la Mente cuyo Pensamiento lo creó a él.[1]

Cocrear, en el sentido más verdadero, es la unidad que compartes con Dios. En nuestras relaciones personales, cocrear puede tomar diferentes formas para reflejar la verdadera unión del Cielo. En el último capítulo he mencionado que compartir es la raíz de toda creación. Dios extiende Su amor por ti, Su único Hijo, compartiendo todo lo que Él es, al tiempo que te mantiene en la perfecta unidad de la creación. Dios dispuso que Su Hijo creara y compartiera, dándole exactamente la misma capacidad de crear que Él tiene; así es como sois cocreadores. Puesto que Dios es amor, la verdadera creación solo puede *ser amor*.

Desde esta comprensión, piensa en que tu pareja cocrea contigo en el nombre del amor. Lo que podéis crear juntos es un reflejo de la verdadera Creación en el Cielo. Únete mentalmente a tu pareja cada día, reconociendo que, en realidad, él o ella es exactamente lo mismo que Dios, al igual que tú. Esto es lo que significa extender el amor, cocrear. En el Cielo, que es la unidad perfecta, no hay masculino ni femenino. A nivel del mundo, esto toma la forma de tener intereses compartidos. No estáis separados. Todo lo que percibes de tu pareja puede convertirse en un reflejo de la verdad. Cuando discutas con ella, las ideas anteriores pueden ayudarte a regresar a la verdad última; si ya estás en medio de una discusión acalorada, es fácil olvidarla. Puedes volver a la verdad más tarde, cuando pienses en ella, y seguir haciendo el trabajo interno. Como el tiempo no existe, tus esfuerzos seguirán teniendo un impacto positivo en la relación. El Espíritu Santo toma tu pequeña voluntad de perdonar y la aplica donde tenga que ir. No tienes que pensar en cómo resultará el regalo de perdón que le ofreces a tu pareja (o a cualquiera). Deja que el Espíritu Santo se encargue del resultado. Lo que tienes que hacer es: cuando el ego domine tu toma de decisiones, reconócelo y elige de nuevo.

Cuando pienses en cocrear con tu ser querido, reconoce que lo que es real e importante es el amor y la intención que hay detrás. La forma no importa. La idea es unirte a tu pareja y compartir las bendiciones de vuestra unión. A nivel del mundo, la creación puede tomar la forma de cosas concretas que podéis crear juntos. Si están impregnadas de amor, serán un reflejo de la verdadera creación en el Cielo. Así, puedes ponerte en contacto con la esencia de lo que quieres crear. Incluso si es algo en el nivel de la forma, ¿es el amor lo que inspira esa acción? Tómate un momento para reflexionar sobre estas preguntas: ¿Qué significa para ti crear con tu pareja? ¿Qué finalidad tiene? ¿Qué valores alberga?

Cualquier resistencia que pueda surgir a esta idea de cocrear solo es el ego queriendo mantener la separación, conservando su deseo de ser especial, permanecer intacto y haciendo que las diferencias sean reales. Puedes dejarlo ir y liberarlo a la luz de la verdad. Si no hay resistencia, regocíjate en la sensación de conexión que compartes con tu pareja en presencia de tu Creador. Visualiza o imagina que llevas tu creación a buen término en un espíritu de unión, amor y colaboración. Siente la alegría que esto produce en cada fibra de tu ser. Solo el hecho de compartir la creación ya le da sentido. Estad agradecidos por el regalo que os hacéis el uno al otro y por la bendición que este regalo os ofrece. Sois bendecidos porque habéis elegido crear en el mismo espíritu que vuestro Creador. Agradecedle que os haya dotado de la misma capacidad de crear o extender amor. No tienes que hacer nada más. Confía en que el Espíritu Santo te guiará en tus esfuerzos, sabiendo que está cuidando de todo. Todo está en calma y todo está bien. Parte de esta descripción ha sido tomada de la meditación sobre cocreación de nuestro CD *Meditaciones para Parejas*. El principio subyacente es siempre la comprensión de que el amor es la fuerza motriz de cualquier cocreación. Parafraseando el *Curso*, cuando no pensamos con Dios, nos deprimimos, ya que no estamos extendiendo Su amor. La tristeza surge cuando nos resistimos al amor de Dios, cuando no cumplimos nuestra función de ser cocreadores con Él y, por lo tanto, nos privamos de alegría. El *Curso* dice: *Tu ego y tu espíritu nunca serán cocreadores, pero tu Espíritu y tu Creador lo serán siempre.*[2]

Conocemos parejas a las que les encanta cocrear juntos en nombre del amor, y tienen buenas intenciones, pero a menudo malinterpretan que esto significa que deben hacer absolutamente todo juntos, y estar interesados siempre en lo que hace su pareja, porque eso significa que la aman. Esto da realidad a la forma. Por ejemplo, ir juntos a clases de pintura, aunque a uno de los dos no le guste; o ver juntos todas las películas, aunque a uno de ellos no le interese el tema; o comer lo mismo, aunque el otro prefiera otra dieta. En otras palabras, es un malentendido pensar que tienes que hacer todo lo que tu pareja quiera, a menudo a costa de descuidar tus intereses personales. Si no eres sincero contigo mismo, ese comportamiento no procede del amor, y entra en la categoría de sacrificio. Este es un tema importante, porque muchas discusiones e impaciencias en las relaciones vienen de que ambas personas no honran el hecho de que el otro tiene un camino y un programa de estudios individual, además del que ambos comparten. Con el tiempo pueden acumularse sentimientos de frustración, e incluso resentimientos, si uno no tiene cuidado de honrar sus propios intereses naturales.

Por otra parte, esto no debe confundirse con sentirse especial. Más bien, simplemente se trata de honrar que todos tenemos preferencias y opciones personales. Está bien decir: "Prefiero hacer esto hoy, gracias". Así que, si te encuentras en una situación en la que no te estás honrando de esta manera, hazte este regalo.

Las relaciones crecen, prosperan y pueden llegar a una mayor intimidad cuando ambas personas permiten al otro tener su espacio para respirar cuando lo necesite y, en algunos casos, tomarse un fin de semana o un breve tiempo aparte si es necesario. No pasa nada por hacerlo. Estar separados, aunque sea por poco tiempo, puede darte pistas sobre lo dependiente que te has vuelto de tu pareja en muchos aspectos, lo que podría causarte incomodidad durante un tiempo. Una de las razones es que muchos de nosotros nos sentimos incómodos cuando estamos sin nuestra pareja. Si estamos solos, tendemos a mirar más hacia dentro, y hay una gran resistencia al silencio de este mirar dentro. Muchos no podemos apagar el ruido, y esto puede adoptar la forma de tener la televisión encendida todo el día, la radio sonando de fondo, hablar constantemente por teléfono, estar en el ordenador, enviar mensajes de texto, y la lista es inacabable. De nuevo, estar en silencio y no hacer nada es demasiado para el ego. Buscamos el amor fuera de nosotros y nos olvidamos de que el amor que buscamos no solo es lo que somos, sino que está dentro de nosotros aquí y ahora.

Algunos también nos hemos dado cuenta, o probablemente hemos dicho en algún momento de nuestra vida: "He notado que cuando no estoy con mi pareja, la aprecio más". La sensación de "echar de menos" a nuestra pareja puede llevarnos a tomar conciencia de lo mucho que nos gusta estar con ella, y a despertar una nueva sensación de aprecio. Esto puede ser hermoso si no se confunde con la posesividad o la necesidad, y puede ayudar a que la relación crezca de maneras interesantes. Hay algo intrigante y atractivo en la idea de que tu pareja tenga su propia vida, además de la que comparte contigo. Mantiene la frescura y el interés de las cosas. De modo que lo recomiendo.

Como he dicho antes, Gary y yo pasamos juntos la mayor parte de las veinticuatro horas del día, ya que vivimos y trabajamos juntos, y compartimos nuestras vidas. Nos queremos mucho y nos funciona. También tenemos nuestros propios intereses. A veces no puedo viajar con Gary, y parece que los dos notamos que, después de separarnos por un tiempo, volvemos a juntarnos con una dosis extra de aprecio y entusiasmo, así como de gratitud por habernos encontrado. Es una sensación muy agradable y gratificante. Cuando estamos separados durante un periodo de tiempo más largo, nos echamos de menos, pero nos damos cuenta de que es solo la separación manifestándose de esta forma.

¿No estaría bien llegar a un punto en la relación en el que pudieras dejar a la otra persona la libertad de ser quien es? Ahí desaparece la posesividad. En otras palabras, se trata de honrar y respetar la expresión natural del otro sin juzgarlo. Es una idea preciosa. El amor no limita nada ni a nadie. Libera a la otra persona para que sea como es. El amor simplemente es él mismo. No tiene que hacer nada. **Tú *eres* amor, no *fabricas* amor.** Cuando somos amor, no tenemos que arreglar la pantalla ni cambiar a otras personas o la imagen exterior. El cambio que siempre esperamos en la vida de otro tenemos que hacerlo nosotros. Necesitamos intervenir en nuestra propia vida, lo cual empieza en nuestra propia mente, que es donde está la causa. A veces es más difícil llevarlo a cabo en determinadas situaciones. En esos momentos llegamos a comprender que tenemos que afrontar nuestro propio dolor y no el de otra persona. Tú mereces un esfuerzo constante para seguir respetándote a ti misma, no para que otra persona te demuestre que puede ser respetuosa contigo. No hay nadie "ahí fuera" que tenga que demostrar nada. Al construir tu casa espiritual desde dentro, el amor estará ahí y te guiará a dar los pasos (si los hay) que estén alineados con tus esfuerzos internos. En última instancia, cuando se nutre la imagen interna, la externa tiende a cuidar de sí misma. El ejercicio final consiste en confiar en que esa imagen está siendo cuidada y que las cosas irán bien.

UNA PREGUNTA COMÚN SOBRE EL MUNDO ILUSORIO

En nuestros talleres, bastantes personas del *Curso* nos han hecho la pregunta: "Si el mundo es una ilusión, los cuerpos no son reales y solo hay uno de nosotros, ¿por qué tener hijos?". Para responder a esta pregunta, sería útil recordar que el *Curso* se imparte en dos niveles, el nivel metafísico/espiritual y el nivel del mundo. El *Curso* no dice nada de tener que renunciar a las cosas del mundo, o que no debas tener hijos mientras parezca que estás aquí. Sin embargo, nos guía para que abandonemos al ego como maestro y nos dirijamos al Espíritu Santo. Se trata de cambiar de mentalidad con respecto al mundo y nuestra forma de verlo todo, incluidos los cuerpos. Si procreas, sería bueno que tu intención subyacente fuera cocrear, extendiendo el amor perfecto de tu Creador a tus hijos. Como todos tenemos lecciones que aprender aquí, soñar estos cuerpos puede verse como una herramienta útil para aprender nuestras lecciones de perdón y volver a Dios.

Recuerdo que una amiga nos dijo: "Me siento un poco insegura sobre tener hijos porque parece que muchos maestros espirituales avanzados no los tienen. ¿Qué sentido tiene si todo es una ilusión?". Siempre respondemos a esta pregunta de la misma manera: Tener hijos no significa que no estés avanzado espiritualmente. Muchas personas espiritualmente avanzadas tienen hijos. Tal vez haya lecciones que aprender que ayuden a cada miembro de la familia a progresar en su camino espiritual. Nadie puede juzgar lo que es mejor para otro. Tener hijos es una elección personal y, si te sientes guiado, puede servir al propósito del Espíritu Santo. Todos hemos sido niños alguna vez, así que sería una tontería decir que los demás no deberían tener hijos porque el mundo es una ilusión. En estos asuntos, pide siempre guía al Espíritu Santo.

Parte de lo que estamos aprendiendo aquí es a compartir el amor perfecto de Dios. A medida que el ego se deshaga gradualmente, parecerá que aquí habrá menos cuerpos, porque más personas se iluminarán, haciendo innecesaria la experiencia ilusoria de la reencarnación. *Y cuanto más te acercas a la iluminación, la atracción de los cuerpos disminuye,* como describe Pursah en *El amor no ha olvidado a nadie.* También dice: *Si tú o tu pareja os sentís guiados a tener hijos, debéis tener hijos. Hay una razón para ello, y tiene que ver con la cadena entrelazada de perdón.* En el comentario de Pursah puedes ver que hay un plan de Expiación, y para algunos conlleva tener hijos. Presta atención a qué parte de ti quiere tener hijos y, si lo sientes como algo auténtico y amoroso, que surge del deseo de compartir tu amor, es maravilloso. Intenta que la idea de la ilusión no te impida hacer cosas "normales" en el mundo. Sería como decir: "Como el mundo es una ilusión, no voy a tener mascotas, porque eso significaría que estoy dando realidad a los cuerpos y no quiero ser un mal alumno del *Curso"*. Además, no hay una forma/cuerpo que sea más importante que otra. El *Curso* expresa la idea de que la mente es mente, y no importa dónde parezca estar contenida. Decir que algunas especies deben ser tratadas diferente de otras es jugar a que algunas cosas son más especiales y a establecer una jerarquía de ilusiones. Así, parecería que una especie es más importante o digna de nuestra atención que otras, cuando el *Curso* dice que nada de eso es real, porque no hay vida fuera del Cielo. Si nada de esto es real, ¿por qué una forma corporal sería mejor o más importante que otra? También es cierto que diferentes especies parecen tener diferentes grados de avance. Eso no significa que las especies más avanzadas sean mejores o más dignas que otras. No miramos a la gente y decimos: "Esa persona de ahí está más avanzada espiritualmente y, por lo tanto, eso significa que yo no importo y no tengo ningún propósito aquí". Entendemos que aquí todos estamos creciendo y aprendiendo con el objetivo final de despertar en Dios. Por eso somos iguales. Compartimos el mismo objetivo. Somos cocreadores unos con otros y con Dios cuando extendemos la naturaleza incluyente de Su amor.

Con respecto a otras especies, se ha dicho que algunos cetáceos, como los delfines, están más avanzados que nosotros, y no veo ninguna prueba que lo contradiga. Cuando Gary y yo nadamos con delfines en Hawái, sentimos que no éramos más avanzados que ellos. De hecho, sentí un gran respeto por ellos y por su capacidad de comunicación telepática, una habilidad que tienen muy desarrollada. Los humanos también empezaremos a avanzar en esa dirección y, con el tiempo, estaremos en comunicación telepática continua entre nosotros y con otras especies. Podemos estar en cocreación con muchos seres diferentes, como he descrito en mis otros libros, pero, si no los aceptamos como nuestros hermanos y hermanas, nos llevará mucho más tiempo establecer contacto con ellos de forma significativa.

Volviendo por un momento a los niños, al comienzo de nuestra relación Gary y yo establecimos que, aunque nos gustan los niños, ninguno de los dos se sentía guiado a tenerlos. Nuestras trayectorias profesionales no lo facilitan, ya que incluyen muchos viajes. Quizá por eso decidimos tener a Luna, nuestra preciosa gata. Es un placer estar con ella y tiene una personalidad muy expresiva. Es nuestra niña y tenemos la suerte de que cuando salimos de la ciudad nos la cuidan de maravilla. A veces, cuando estamos fuera, se queda en casa de su tía Jackie y de su tío Mark, y le encanta estar allí. Una de las razones por las que le encanta aquella casa es que ella es la reencarnación del antiguo gato de mi hermana Jackie, Murphy. De modo que Luna reconoce su antiguo entorno y a todos nosotros como su familia extendida. Esto quedó claro al principio, cuando la vimos por primera vez. Se encariñó enseguida con nosotros y fue como si lleváramos mucho tiempo juntos. Luego descubrimos que Luna lleva siglos encarnándose en nuestra familia. Los animales hacen eso, igual que las personas. Vuelven para estar contigo y desempeñar distintos papeles.

Una vez le pregunté al Espíritu: "¿A veces los perros se encarnan en gatos y los gatos en perros?". El Espíritu dijo: "Sí, pero un gato nunca lo admitirá". Los que tienen gatos también pueden sentirse identificados con la siguiente frase que vi en una tarjeta de felicitación enviada por un amigo: "No preguntes qué puede hacer tu gato por ti, pregunta qué puedes hacer tú por tu gato". También es cierto que los gatos siempre se sientan en el mejor lugar de la casa. Creo que saben que son dioses, y así es como se les consideraba en el antiguo Egipto. Aquí no estoy cayendo en el favoritismo porque me encantan *todos* los animales. He tenido perros como compañeros y también es muy fácil quererlos.

No comento todo eso para dar realidad a los cuerpos. En el nivel de la forma, se trata de hacer que las cosas sean divertidas y ligeras, para que no todo tenga que tomarse tan en serio y resulte tan pesado. Podemos vivir el sueño feliz del perdón y aligerarnos un poco. Los animales son nuestros hermanos, como también lo son nuestros amigos del espacio (los extraterrestres). La idea de cocreación puede extenderse a *todos* los seres, ya sean de este planeta o de otros. Además, ¿no sería más aburrida nuestra experiencia de vida aquí sin animales y otros tipos de seres? Los animales, en particular, son maestros del entretenimiento y mejoran nuestra experiencia de vida. Pueden compartir y extender el amor de formas milagrosas, como rescatar a personas de situaciones peligrosas o mostrar su respeto y aprecio cuando lloran la muerte de un ser querido. Existen innumerables historias de compasión e interacción entre humanos y animales, así como entre una especie animal y otra. También comprenden la idea de la *verdadera presencia* de la que hablé en un capítulo anterior. Gracias, queridos animales. Os queremos.

Los que hayáis leído mis otros libros sabéis que me encanta hablar de animales y de extraterrestres. Parte de mi guion consiste en aprender y enseñar a través de la comunicación con otros tipos de seres. También es una de mis aficiones. Cada uno de nosotros tiene sus guiones personales con sus propias aficiones, pero hay una diferencia entre la *forma* que adoptan nuestros guiones personales de vida y el programa de estudios superior de aprendizaje y comprensión de nuestra realidad. Esto es lo que dice el *Curso* al respecto:

Este es un curso de milagros. Es un curso obligatorio. Solo el momento en que decides tomarlo es voluntario. Tener libre albedrío no quiere decir que tú mismo puedas establecer el plan de estudios. Significa únicamente que puedes elegir lo que quieres aprender en cualquier momento dado. Este curso no pretende enseñar el significado del amor, pues eso está mucho más allá de lo que se puede enseñar. Pretende, no obstante, despejar los obstáculos que impiden experimentar la presencia del amor, el cual es tu herencia natural. Lo opuesto al amor es el miedo, pero aquello que lo abarca todo no puede tener opuestos.[3]

Sea cual sea la forma que adopten nuestras relaciones especiales, debemos aprender que el objetivo es trascenderlas. La relación íntima implica deshacer el ego para poder tener la experiencia de la verdadera intimidad. Los bloqueos que eliminamos son los pensamientos de ataque y los juicios que provienen de la culpa inconsciente. Cuanto más hagamos el cambio de la mente del ego al Espíritu Santo, más llegaremos a la relación santa. Cualquier ser con el que estés en contacto puede servir al propósito de ser verdaderamente útil de una manera que profundice en tus relaciones personales, específicamente las románticas, dependiendo del propósito que asignes a todas tus relaciones.

Anteriormente en este capítulo mencioné una meditación sobre la cocreación en tu relación. Me gustaría incluirla aquí para que aquellos de vosotros que estéis en una relación romántica podáis practicarla. El contenido de esta meditación puede aplicarse a *cualquier* relación, simplemente modificando algunas palabras para reflejar tu situación particular. Además, la creación de la que hablo pretende reflejar tu verdadera creación en el Cielo. Aquí es necesario que utilicemos símbolos porque todavía nos experimentamos en el mundo. Con esto en mente, disfruta de la meditación siguiente.

MEDITACIÓN SOBRE LA COCREACIÓN EN TU RELACIÓN

Piensa en tu pareja como cocreador contigo. Lo que creáis juntos en nombre del amor es un reflejo de la única y verdadera creación del Cielo. Únete mentalmente con tu pareja, reconociendo que en la realidad es exactamente lo mismo que tú. El Cielo es la unidad perfecta en la que no hay masculino ni femenino. En el fondo, tenéis intereses compartidos. No estáis separados. Todo lo que percibes de tu pareja es un reflejo de lo que hay en tu propia mente.

Visualizad o imaginad algo que os gustaría crear juntos. Podría ser construir una nueva casa, formar una familia, comenzar un negocio, tener una relación más amorosa, una mejor comunicación, o lo que ahora sea significativo para vosotros. Cuando penséis en lo que queréis crear, reconoced que lo que es real e importante es el amor y la intención que hay detrás. La forma no importa. La idea es unirte a tu pareja y compartir las bendiciones de vuestra unión. Poneos en contacto con la esencia de lo que queréis crear. Tomad un momento para reflexionar sobre estas preguntas: ¿Qué significa manifestar ese proyecto para vosotros? ¿A qué propósito obedece? ¿Qué valor tiene?

Respira lenta y profundamente. Cualquier resistencia que pueda surgir es solo el ego queriendo mantener la separación y su propia existencia intacta. Puedes dejarlo ir y liberarlo a la Luz de la Verdad. Si no hay resistencia, regocíjate en el sentimiento de conexión que compartes con tu pareja en presencia de tu Creador. Visualiza o imagina que llevas tu creación a su fructificación en un espíritu de unión, amor y cooperación. Siente la alegría que te produce en cada fibra de tu ser. Solo el hecho de compartirlo es lo que lo hace significativo. Agradece el regalo que os estáis dando el uno al otro y la bendición que os ofrece. Eres bendecido porque has elegido crear en el espíritu de tu Creador. En silencio, agradece a tu pareja que se haya unido a ti en este momento. Agradece a tu Creador que te haya dotado de su misma capacidad para crear o extender amor.

No tienes que hacer nada más. Confía en que el Espíritu Santo te guiará en tus esfuerzos, sabiendo que está cuidando de todo. Todo está en calma, todo está bien… Dios es. (Fin de la meditación).

Cuando pienso en lo que Gary y yo hemos cocreado juntos, pienso en nuestro viaje con el *Curso* y en que nos ayudamos mutuamente en el camino de vuelta a casa. Tenemos dificultades en nuestros guiones, como todo el mundo. Nosotros también tenemos que hacer el trabajo interno. En el mundo, sin duda hemos creado muchas cosas juntos, pero entendemos que las creaciones que implican crecimiento espiritual son las más significativas. Espero que las siguientes preguntas que me he hecho en diversos momentos de mi relación con Gary también sean útiles para ti: ¿Estamos comunicándonos verdaderamente en lugar de responder a los deseos del ego? ¿Perdonamos las cosas de nuestra relación que perturban nuestra paz? ¿Nos apoyamos mutuamente en los momentos difíciles? ¿Practicamos el no juzgar y permitimos que el otro sea él mismo? ¿Respetamos la idea de tener nuestro propio camino, así como el camino que compartimos juntos como pareja? ¿Nos sentimos inspirados para crecer y aprender juntos, llevando nuestra relación a nuevas cotas?

Plantearte estas preguntas puede ayudarte a mantener el rumbo y a cultivar una verdadera intimidad con tu pareja, siempre que se reflexionen y comenten con sinceridad. La autenticidad y la honestidad son importantes para el éxito de una relación. A veces la relación puede prosperar aunque solo una persona perdone y perciba correctamente. No siempre es así, pero puede ocurrir. Si estás en una relación con alguien y no va bien, es posible que te encuentres en una fase en la que se te esté guiando a profundizar en lo que es más importante para ti. Esto no significa que tu relación tenga que terminar. No existe la relación perfecta: habrá baches en el camino, pero esos baches no tienen por qué convertirse en obstáculos si les prestas atención a diario. Todo tiene su momento, incluido ese momento en el que te sientes preparado para analizar a fondo las cosas que te molestan de tu relación. No te castigues si crees que deberías haberlo hecho antes. El hecho de analizarlas ahora indica que ya estás preparado; es tu momento.

Todas las cosas que ocurren en nuestras vidas nos llevan a puntos específicos de nuestros guiones en los que tenemos la oportunidad de hacer una pausa, reflexionar y hacer cambios si es necesario. A menudo, cuando se presenta un reto, pienso en el siguiente pasaje del *Curso*:

¿Te has detenido a pensar seriamente en las muchas oportunidades que has tenido de regocijarte y en cuántas has dejado pasar? El poder de un hijo de Dios es ilimitado, pero él puede restringir la expresión de su poder tanto como quiera. Tu mente y la mía pueden unirse para desvanecer con su luz a tu ego, liberando la Fuerza de Dios para que reverbere en todo lo que hagas o pienses. No te conformes con menos y niégate a aceptar como tu objetivo nada que no sea eso. Vigila tu mente con sumo cuidado contra cualquier creencia que se interponga en el logro de tu objetivo, y recházala. Juzga por tus sentimientos cuán bien has hecho esto, pues ese es el único uso acertado del juicio.[4]

El profundo significado de esta afirmación llega hasta el corazón de la enseñanza del *Curso* sobre el poder de elegir, así como la determinación y la voluntad que se necesitan para mantenerse vigilante solo a favor de Dios. Puede que releer con frecuencia este pasaje te ayude a conservar la determinación de *no* dejar que la relación especial con el ego te desmotive. En parte, este párrafo significa que tus sentimientos te dirán qué maestro has elegido como guía. Ya he hablado de la importancia de que prestes atención a tus sentimientos. Son una herramienta que puedes utilizar para ayudarte a cambiar a otra forma de ver. El Libro de ejercicios del *Curso* también nos ayuda a pasar de nuestra actual forma de ver a una nueva comprensión de lo que significa ver con verdadera Visión.

La verdadera Visión del *Curso* no tiene nada que ver con los ojos del cuerpo. Guarda relación con mirar más allá de la forma (hacer real el cuerpo) hacia la realidad de Cristo en cada uno de nosotros (nuestra verdadera identidad). Puedes aplicar esto a tus relaciones practicando todos los días la Visión verdadera, independientemente de lo que ocurra o del aspecto que tengan las cosas. Puedes seguir practicando, tanto si conservas una relación como si la dejas, para que los cimientos de tu vida permanezcan conectados con la verdad. Eres uno con todos y con todo. *La unicidad es simplemente la idea de que Dios es. Y en Su Ser, Él abarca todas las cosas. Ninguna mente contiene nada que no sea Él. Decimos "Dios es" y luego guardamos silencio, pues en ese conocimiento las palabras carecen de sentido. No hay labios que las puedan pronunciar, y ninguna parte de la mente es lo suficiente mente diferente del resto como para poder sentir que ahora es consciente de algo que no sea ella misma. Se ha unido a su Fuente y, al igual que Esta, simplemente es.*[5]

No está de más volver al no dualismo puro, que está implícito en la afirmación anterior. Este libro trata de ayudar a las personas a mantenerse en el camino de la verdad, utilizando la relación especial para motivarte a elegir junto con tu pareja cómo quieres que sea tu realidad. Es este cambio de mentalidad lo que permite al Espíritu Santo entrar y usar tu relación para Sus propósitos, de modo que se convierta en una relación santa. Llevaremos esto un paso más allá en el próximo capítulo, profundizando en la idea de que la relación santa es el resultado de relacionarse desde la mente correcta.

PÁGINA PARA NOTAS PERSONALES

CAPÍTULO 9

RELACIONARSE DESDE LA MENTALIDAD RECTA

La mentalidad recta escucha al Espíritu Santo, perdona al mundo y, en su lugar, ve el mundo real a través de la visión de Cristo.[1]

Cuando pienso en las relaciones románticas que he tenido a lo largo de los años, la mentalidad recta no estuvo completamente presente en ninguna de ellas. Esto no significa que no haya habido momentos maravillosos, y mucha risa y alegría; lo que quiero decir es que ninguna relación es todo el tiempo de mentalidad recta hasta que ya no se necesita esa relación para servir al propósito del ego. Como dice la cita al comienzo del capítulo, uno tendría que ver el mundo real, en lugar de un mundo donde todavía se valoran la separación y el ataque. El mundo real sigue siendo parte de la ilusión, pero contemplada a través de los ojos del perdón.

Recuerdo que en estas relaciones muchas veces me sentí como una víctima. Es fácil sentirse víctima, pero no es tan fácil perdonar. Sin embargo, una vez que empiezas a sentir los beneficios del perdón y te agarras a él, puede que te sorprenda descubrir que perdonar puede ser más fácil. El conflicto es duro: tienes que demostrar que tienes razón, lo que requiere que construyas una defensa. Esto puede resultar agotador y refuerza la separación. El perdón solo requiere un cambio de mentalidad. Puede llevar tiempo perdonar totalmente, pero con la práctica y con paciencia, y el deseo de estar en paz por encima de todo, lo conseguirás. A medida que practiques se hará más fácil. Jesús dice que necesitamos estar convencidos de que lo lograremos. La mente es muy poderosa. De hecho, es tan poderosa que puede inventar un universo falso que parece muy real. Imagina usar el poder de nuestra mente para pensar con el Espíritu Santo y recordar a Dios. Ese poder puede mover montañas.

En las relaciones especiales del mundo, el ataque, que proviene del miedo, se valora mucho como mecanismo de defensa contra la culpa que uno siente dentro. Una vez sanada esta culpa, lo que se consigue a través del verdadero perdón, la relación ya no necesitará servir al propósito del ego. Esto significa que te unes al otro desde vuestra mutua conciencia de abundancia. He oído decir a algunas personas de la comunidad del *Curso* que uno debería dejar todas las relaciones especiales. En otras palabras, simplemente abandónalas. Esto no es lo que nos anima a hacer el *Curso*. No podrás deshacer la culpa en la mente inconsciente si huyes de las relaciones. No podemos meditar para deshacernos de la culpa. Hay que deshacerla practicando con las personas y situaciones que más nos provocan. El Espíritu Santo no quiere quitarnos nuestras relaciones especiales, sino enseñarnos a transformarlas en relaciones santas.

La relación especial forma parte del aula de clases en la que aprendemos lo que hay que perdonar: a nosotros mismos por haber hecho real la separación. El problema es que, si la separación es real en nuestra mente, la culpa resultante de esa creencia se proyectará en la relación. Al principio nadie escapa de esto. Cuando una persona está lo suficientemente harta del conflicto, se produce un punto de inflexión en el que dice: "Tiene que haber una manera mejor". Esta es la invitación al Espíritu Santo para que te ayude a encontrar ese camino mejor. Solo tenemos que estar dispuestos a recibir, y a soltar nuestras ideas y suposiciones sobre cómo se supone que deben ser las cosas. ¿Cómo podríamos saber cuál es el mejor resultado para todos los implicados?

Una relación de mentalidad correcta es aquella en la que se cultivan el perdón y la gratitud. Estar en un estado de gratitud puede ayudar a anular cualquier emoción negativa que estés experimentando. También es útil sentirte agradecido de que comprendes el funcionamiento del ego para no tener que seguir eligiéndolo. Puedes haber acabado con él al terminar tus días, y has de saber que a veces cometerás errores, pero no tienes que ahondar en ellos. Simplemente suéltalos. Cada día te ofrece una nueva oportunidad de reforzar la mente recta, y puedes empezar tus días siendo tan rico en Espíritu que el ayer simplemente se olvide.

Siempre me ha gustado la siguiente cita de Ralph Waldo Emerson, que puede resultar útil si estás en una relación conflictiva: "Acaba cada día y dalo por terminado. Has hecho lo que has podido. Sin duda se han producido algunos errores y absurdos; olvídalos en cuanto puedas. Mañana será otro día. Lo empezarás con serenidad y con un espíritu demasiado elevado para cargar con tus anteriores tonterías". Se trata de soltar el pasado, que ya pasó, y aceptar que hoy tienes una nueva oportunidad de percibir las cosas de otra manera. Cometeréis errores, pero no tienen por qué definirte ni tampoco a la otra persona. Puedes empezar cada día tan lleno del Espíritu Santo que no valga la pena detenerse en lo que pasó el día anterior. ¿Recuerdas la analogía de la película? Todos estamos viendo una película, son como fragmentos de una película que parecen ser lineales. Si piensas que solo estás viendo una serie de imágenes o fotogramas desde otro nivel, puedes recordar que Jesús está a tu lado (si lo eliges como maestro) viendo la película contigo. Él puede ser tu maestro de la mentalidad recta, que activa en ti la capacidad de elegir la mente recta para pensar en todas las cosas.

Una de mis frases favoritas del Libro de ejercicios del *Curso* es: *Libero al mundo de todo lo que alguna vez pensé que era.*[2] Tal vez quieras usar esta frase e imaginarte liberando a tu pareja de todo lo que pensabas que era. En otras palabras, despréndete de todas las falsas creencias e ideas que puedas tener sobre él o ella y que os mantienen encadenados a ambos. Ves lo que quieres ver en el mundo y en tus relaciones especiales. Para aclarar este punto, esto es lo que dice la lección del Libro de ejercicios antes mencionada:

El mundo en sí no es nada. Tu mente tiene que darle significado.
Y lo que contemplas en él es la representación de tus deseos, de

modo que puedas verlos y creer que son reales. Tal vez pienses que no fuiste tú quien construyó este mundo, sino que viniste en contra de tu voluntad a lo que ya estaba hecho, un mundo que no estaba precisamente esperando a que tus pensamientos le confiriesen significado. Pero la verdad es que encontraste exactamente lo que andabas buscando cuando viniste.

No existe ningún mundo aparte de lo que deseas, y en esto radica, en última instancia, tu liberación. Cambia de mentalidad con respecto a lo que quieres ver, y el mundo cambiará a su vez. Las ideas no abandonan su fuente.[3]

Y más adelante en la misma lección dice:

Mas la curación es el regalo que se les hace a aquellos que están listos para aprender que el mundo no existe y que pueden aceptar esta lección ahora. El hecho de que estén listos hará que la lección les llegue en una forma que ellos puedan entender y reconocer. Algunos la entienden de súbito al borde de la muerte y se levantan para enseñarla. Otros la encuentran en una experiencia que no es de este mundo, lo cual les demuestra que el mundo no existe porque lo que contemplan tiene que ser la verdad a pesar de que contradice claramente al mundo.[4]

Si el mundo no existe, nosotros tampoco, al menos no como cuerpos. Aceptar que el mundo no existe nos ahorraría a todos mucho dolor innecesario. Sin embargo, la mayoría de nosotros necesitamos la ilusión del tiempo para aceptar plenamente la Expiación para nosotros mismos. El valor de ser consciente de la verdad es que puedes aplicarla a tu vida y a tus relaciones, y ahorrarte tiempo. Como eres un ser eterno, no hay prisa, pero tampoco tienes por qué sufrir. A veces sentimos que estamos sufriendo, y eso puede ser una experiencia dolorosa. En este sentido, siempre me ha gustado la naturaleza intransigente de Jesús en el *Curso*, especialmente cuando dice cosas como: *¿Cómo es posible que tú que eres tan santo puedas sufrir? Todo tu pasado, excepto su belleza, ha desaparecido, y no queda ni rastro de él salvo una bendición.*

He salvaguardado todas tus bondades y cada pensamiento amoroso que hayas abrigado jamás. Los he purificado de los errores que ocultaban su luz y los he conservado para ti en su perfecta luminiscencia. Se encuentran más allá de la destrucción y la culpabilidad. Procedieron del Espíritu Santo en ti, y sabemos que lo que Dios crea es eterno.[5]

Para experimentar lo que Jesús está diciendo hace falta un cambio de mentalidad. *Si sientes la tentación de desanimarte pensando cuánto tiempo va a tomar poder cambiar de parecer tan radicalmente, pregúntate a ti mismo: "¿Es mucho un instante?", ¿No le ofrecerías al Espíritu Santo tan poco de tu tiempo para tu salvación?.*[6]

No tiene por qué llevar mucho tiempo, aunque a menudo lo toma, porque nos hemos apegado mucho al pasado y creemos que nos ofrece algo que queremos. Siempre me tranquilizo cuando leo en el *Curso* que la relación de mentalidad recta consiste en conectar con el Espíritu Santo, la única relación santa que existe, y dejar que el amor que surge de la unión con Él se extienda para incluir a todos.

A modo de recordatorio, en las relaciones siempre hay solo dos lugares de los que partir en nuestras interacciones con los demás: la mente correcta (Espíritu Santo) o la mente errada (ego). **Una relación santa es una relación perdonada en la que cada persona permite a la otra la libertad de ser quien es sin juzgarla.** Hay que estar en la mente correcta para practicar el perdón. La mente errada juzga y condena. Cuando algo nos molesta o perturba nuestra paz, siempre se debe a algún juicio que tenemos sobre la persona o la situación, que en realidad es un reflejo de los juicios que tenemos con respecto a nosotros mismos. Además, nunca estamos enfadados por la razón que creemos. Cada vez que nos enfadamos, en todos los casos, se debe a la *pequeña idea loca* de la que hablábamos antes, y a que nos tomamos en serio la idea de que podíamos estar separados de Dios. Por eso estamos disgustados.

Pensamos que lo que nos causa dolor es algo externo a nosotros. El dolor, sin importar cuál sea su grado, siempre es el resultado de sentirnos separados de nuestra Fuente, pretendiendo ser alguien o algo que no somos. *El ego es un intento de la mente errada para que te percibas a ti mismo tal como deseas ser, en vez de como realmente eres.*[7] Lo que *no* somos es miedo. Lo que *somos* es amor. Si uno pudiera aprender a identificarse con el amor, el miedo desaparecería. Además, aprende a darte cuenta de tus juicios y a reconocerlos, acéptalos (no niegues que ocurrieron), y luego a perdonarlos, lo que ahorra innumerables peleas y elimina mucho sufrimiento innecesario.

UN EJEMPLO DE RESPUESTA AL CONFLICTO DESDE LA MENTE RECTA

He aquí un ejemplo: Supongamos que tu pareja empieza a gritarte, proyectando en ti todas sus frustraciones porque ha tenido un día difícil en el trabajo. Este es un problema muy común en las parejas. Tu pareja empieza a reprocharte todo lo que haces mal y te dice que tienes que cambiar o habrá consecuencias. Puede que te diga un sinfín de cosas que podrían ser ciertas o no. Y es posible que pienses: "¿De dónde ha salido esto? No he hecho nada para merecer este trato". Tu temperatura empieza a subir y empiezas a sentir los efectos de los ataques verbales. Incluso es posible que empieces a responder con gritos, hasta llegar a una discusión en toda regla. Para discutir hacen falta dos. Cómo eliges pensar en un problema y responder a él sigue siendo responsabilidad tuya.

Una forma de actuar desde la mente recta es identificar cuál es el desencadenante del malestar. En este caso, el desencadenante es el arrebato de tu pareja o su aparente ataque contra ti, pero esa no es la verdadera razón de tu disgusto. No te sentirías en absoluto molesto si reconocieras que es *tu* sueño. Si te das cuenta de que es tu sueño, no sientes la necesidad de reaccionar ante él. En este caso, no te sentirías molesto si una parte de ti no se identificara con cómo te retrata tu pareja. Esto significa que tienes una creencia sobre ti mismo que no es cierta, pero has respondido como si lo fuera, defendiendo tu posición. La verdad es que ninguno de los dos estáis separados de Dios y ambos sois Cristo/ el Hijo de Dios, Espíritu completamente inocente e invulnerable.

Sentimos dolor o nos sentimos heridos cuando nuestros pensamientos sobre nosotros mismos no están alineados con nuestro yo en Cristo. Regalar nuestro poder a los demás, que es dar a la gente el poder de hacer que nos sintamos felices, tristes, enojados, deprimidos, o cualquier otra emoción, también nos disgusta. Nadie puede hacerte feliz ni ponerte triste. Lo que sientes es una decisión que estás tomando en tu mente. Identifica el desencadenante y, a continuación, analiza cuál es el juicio en tu propia mente. Está bien si crees que no estás en la actitud adecuada para hacerlo. **Puedes permitirte "pasar" del perdón de vez en cuando, pero debes saber que cuanto antes perdones, menos sufrirás.**

Mientras entrenas tu mente para recordar automáticamente este proceso, recuerda que es sobre *ti*. No importa lo que te diga la otra persona, lo que tienes que hacer es trabajar en tu propio proceso, no intentar cambiar a tu pareja. Puedes decirle a tu interlocutor: "Me doy cuenta de que estás enfadado y ahora yo también lo estoy. Me gustaría hablar contigo cuando me sienta centrado/a y en paz. Parece que tú también te sientes así. Quiero que sepas que te quiero mucho y que deseo comunicarme contigo. Sé que, si me tomo algún tiempo para centrarme y entregar esto al Espíritu Santo, me sentiré mucho mejor".

A continuación, puedes perdonarte en silencio a ti mismo y a tu pareja, no porque ambos hayáis hecho algo malo, sino porque pensabas que ambos erais culpables y actuabais como testigos del ego. Todo esto es solo un error que necesita corrección. Podrías decir mentalmente: "Me perdono por considerarme culpable, y esta no puede ser la idea que Dios tiene de mí. Me perdono por juzgar que mi pareja es imbécil, lo cual no es su verdadero ser. Solo el amor es real. Ahora me uno al Espíritu Santo en paz".

Por cierto, las personas pueden actuar como imbéciles, pero eso no significa que lo sean. Si alguien actúa como un imbécil, solo está pidiendo amor. Merece la pena repetir el siguiente ejercicio de perdón: *No estás realmente ahí. Si creo que eres culpable o la causa del problema, y si te inventé, entonces la culpa y el miedo imaginados deben estar en mí. Como la separación de Dios nunca ocurrió, nos perdono a "los dos" por lo que no hemos hecho. Ahora solo hay inocencia, y me uno al Espíritu Santo en paz.* Puedes

RELACIONARSE DESDE LA MENTALIDAD RECTA

intentar comunicarte en el momento con tu pareja, pero te recomiendo que esperes hasta que ambos estéis más centrados y tranquilos. A veces, puedes ser tú quien practique el perdón y tu pareja no. Eso está bien, porque lo único que hace falta es que hagas tu trabajo interno. Solo hace falta que uno de los miembros de la relación mire con la mente recta y practique el perdón, y habrá beneficios. Quienquiera que esté más sano en ese momento, puede sentirse inspirado a practicar el perdón, haciendo su parte sin importar lo que haga el otro. Confía en que, si hay algo realmente útil que puedas hacer, el Espíritu Santo te guiará.

Nota: Aunque solo se necesita una persona para practicar el perdón en una relación, sigue siendo sabio que lo trabajen las dos personas involucradas. Si no lo hacen, los conflictos pueden continuar y es posible que la relación no alcance todo su potencial. En otras palabras, cuanto más se esfuercen las dos personas, más probabilidades habrá de que la relación sea sana y duradera.

Nosotros elegimos específicamente nuestras relaciones a otro nivel porque tenemos algo que aprender de ellas, o para que tenga lugar algún tipo de curación o se resuelvan algunos asuntos. Cada relación es una bendición, aunque no siempre lo parezca. Al igual que uno se convierte en un gran pianista practicando cada día, uno también se convierte en un gran perdonador con la práctica constante. Experimentar un estado de paz mental merece la pena, ¿verdad? Decide qué tipo de maestro quieres ser para tu pareja. ¿Quieres aportar algo positivo, o alimentar el fuego involucrándote en el mismo tipo de pensamiento que inició la discusión? Aquello que elijas es lo que estarás enseñando.

CÓMO CAMBIAR DE MENTALIDAD Y RECORDAR LA VERDAD

Recuerda que tu pareja puede tener muchas acusaciones contra ti, pero, en realidad, solo hay un problema aparente, que puede manifestarse de innumerables formas. Cada vez que el ego ataca, sea cual sea la forma del ataque, ha elegido la separación en lugar de la unión con Dios. Cada vez que el ego responde a los ataques en forma de otro ataque, esto es lo que está ocurriendo.

Una de mis secciones favoritas del *Curso* es el capítulo titulado *La curación del sueño*.[8] En la sección *El "héroe" del sueño*[9] hay un resumen maravilloso de a qué se reduce todo esto:

El secreto de la salvación no es sino este: que eres tú el que se está haciendo todo esto a sí mismo. No importa cuál sea la forma del ataque, eso sigue siendo verdad. No importa quién desempeñe el papel de enemigo y quién el de agresor, eso sigue siendo verdad. No importa cuál parezca ser la causa de cualquier dolor o sufrimiento que sientas, eso sigue siendo verdad. Pues no reaccionarías en absoluto ante las figuras de un sueño si supieras que eres tú el que lo está soñando. No importa cuán odiosas y cuán depravadas sean, no podrían tener efectos sobre ti a menos que no te dieras cuenta de que se trata tan solo de tu propio sueño.[10]

Basta con que aprendas esta lección para que te libres de todo sufrimiento, no importa la forma en que este se manifieste. El Espíritu Santo repetirá esta lección inclusiva de liberación hasta que la aprendas, independientemente de la forma de sufrimiento que te esté ocasionando dolor.[11]

Esta es la parte del *Curso* que me leo a mí misma cada vez que el ego me tienta a elegir un pensamiento de la mente errada. Me devuelve a mi lugar y me ayuda a elegir de nuevo lo que quiero que sea mi realidad. No tenemos por qué temer al ego, pues tal como lo creamos creyendo en él, podemos deshacerlo dejando de creer en él. Como ejercicio, piensa en algo de tu relación que realmente te moleste o en una situación en la que sientas la tentación de culpar a tu pareja por cómo te sientes. Después, practica lo que dice el pasaje anterior. Si sientes que no estás convencido al cien por cien, perdónate.

Insistiendo en algunos puntos valiosos, la relación de mentalidad recta requiere mucha práctica, pero es en la práctica donde creces hacia este tipo de relación. Así es como se llega a ella. Para experimentarla, primero tienes que admitir que, inconscientemente, la parte de ego que hay en ti quiere que te resulte difícil para sentirse justificada por estar enfadada. El plan del ego consiste en hacer que todo sea real, y lo hacemos real echando la culpa a nuestra pareja cuando nos enfadamos. Lo queremos así para no tener que responsabilizarnos de haber elegido la separación. Así, culpamos a nuestra pareja para poder ser las víctimas inocentes. Por tanto, el primer paso es ser consciente de que esto está ocurriendo y de que es el plan del ego. Una vez que lo has identificado, puedes recordar que hay otro plan, el del Espíritu Santo. El Espíritu Santo ve nuestras proyecciones sin creer en ellas. Confiar en el plan del Espíritu Santo es elegir al Espíritu Santo como maestro. Así que, cuando surja algo en tu relación que te resulte difícil, pregúntate... ¿cómo vería esto el Espíritu Santo? Si eliges interpretar la situación con Él, la mirarás sin juicio ni condenación, y recordarás quién es realmente esa persona, pensando el tipo de pensamientos que Él o Dios pensarían. Si Dios es amor, no habrá ningún pensamiento que pueda contradecir Su amor. La clave aquí es recordar que, puesto que solo hay uno de nosotros, cualquier pensamiento que tengas sobre otra persona en realidad va dirigido a ti.

Estoy describiendo algo que puedes hacer en el nivel de la mente. Me doy cuenta de que hay algunas situaciones en las que quizá tengas que emprender alguna acción para que la relación avance. No se trata de no hacer nada. Hagas lo que hagas, siempre debes tener ideas de la mente recta durante el proceso. Cuando sientas la tentación de condenar a otra persona, recuérdate que te estás condenando a ti mismo, puesto que solo hay una mente. El ego siempre intentará tentarte para que pienses de otro modo, y el maestro que elijas te indicará dónde has invertido tu fe en ese momento. No se trata de castigar, sino de corregir: corregir tus percepciones erróneas sobre quién crees ser.

Otro aspecto de una relación de la mente recta es ser consciente de si estás colocando a tu pareja en una posición que está más allá de la corrección, o más allá del perdón. Cuando eres consciente de ello, puedes hacer algo para corregirlo. ¿Cuántas veces has oído decir a alguien, e incluso tal vez tú seas uno de ellos: "Nunca le perdonaré lo que ha hecho porque es imperdonable. No merece mi perdón"? Debajo de estas palabras hay un montón de sentimientos dolorosos que en realidad están diciendo: "No puedo perdonarme *a mí mismo*. Lo que he hecho es imperdonable. No merezco ser perdonado. Soy culpable y merezco ser castigado". Inconscientemente, nos castigamos a nosotros mismos al no perdonarnos, lo que permite que la culpa siga intacta. Así acaba proyectándose hacia fuera y el ciclo continúa.

Alguien dijo una vez: "Perdonar es liberar a un prisionero y descubrir que el prisionero eres tú". Si no perdonamos a los demás, solo nos hacemos daño a nosotros mismos. Nadie está más allá del perdón. No hay excepciones. Decir que alguien está más allá del perdón es lo mismo que decir: "Yo estoy más allá del perdón". Cuando entiendas esta idea, serás libre. Cuando dejes de preocuparte por lo que la gente piense de ti (aunque parezca que te juzgan), serás libre. Cuando practicas esta mentalidad, piensas con la mente recta y refuerzas las relaciones de la mente recta.

ACLARAR TU PAPEL EN LA RELACIÓN

Para aclarar aún más tu posición en la relación, pregúntate cuál es tu papel en ella. Ten claro cuál es tu papel. Esto te ayudará a sentirte menos confuso cuando tengas que tomar las decisiones que parezcan más difíciles. Tal vez tu papel sea ser todo lo cariñoso y comprensivo que puedas con tu pareja, pero sin facilitar los hábitos del ego. Tal vez sea seguir siendo un cónyuge, en lugar de desempeñar el papel de madre o padre en la relación. Es muy fácil caer en un papel y empezar a actuar como si fuéramos el padre o madre de nuestra pareja. No hay nada malo en desempeñar este papel, pero dudo que os traiga la felicidad a ti o a tu pareja. Ser capaces de dar un paso atrás y dejar que nuestra pareja elija por sí misma, sin intervenir ni intentar corregir algo que haya dicho o hecho, es enseñarle que tiene una mente y que tiene derecho a elegir con su mente correcta o incorrecta. Si tratamos de quitarle esto, le estamos enseñando que no puede confiar en su propio poder para elegir por sí misma, lo cual no es amoroso. No tenemos por qué estar de acuerdo con lo que diga o haga, pero podemos permitirlo. Sin embargo, si el comportamiento es dañino para ti o para otra persona, es necesario y apropiado actuar. A veces los desacuerdos son lo suficientemente intensos como para que las personas se separen durante un tiempo, y eso también está bien. Si tu relación está construida sobre una base de amor (una pareja espiritual), lo más probable es que resolváis las cosas y sigáis juntos a largo plazo.

En el Libro de ejercicios, el *Curso* nos ofrece muchas oportunidades de practicar. Recomiendo encarecidamente hacer el Libro de ejercicios y también leer el texto completo del *Curso*. Esto ayudará a que los ejercicios tengan más sentido para ti. La intimidad que todos deseamos en nuestras relaciones surge cuando nos damos cuenta de nuestra unidad inherente, y podemos empezar a tomar decisiones basadas en esta idea de unidad, de la que el Libro de ejercicios nos hace más conscientes, en lugar de en la idea de separación.

Otra manera de dar realidad al mundo de la forma es asumir demasiada responsabilidad. Cuando adoptamos este papel, siempre intentamos controlar el resultado de los pensamientos o del comportamiento de otra persona; de alguna manera nos sentimos responsables de sus elecciones y ahora es nuestro trabajo corregirlas. En este caso, nuestra única tarea consistiría en cambiar de opinión, en lugar de intentar controlar el resultado. Hay casos excepcionales en los que sería bastante apropiado intervenir y hacernos cargo; esto refleja la idea del *Curso* de que puede ser bastante apropiado poner límites a la capacidad de alguien de crear erróneamente si es perjudicial para él o para otra persona. Un ejemplo de esto sería si sientes que alguien va a hacerse daño a sí mismo o a otros, y por amor y compasión hacia esa persona y la situación haces lo posible para detenerla. Puede tratarse de alguien que está a punto de conducir ebrio, o que maltrata a otro, como un hijo, un cónyuge o un animal. Es posible que alguien trate de atacarte físicamente, y entonces tú, naturalmente, tratas de defenderte. En estos casos, bajo la guía del Espíritu Santo, es muy apropiado actuar. Solo se incurre en un exceso de responsabilidad cuando se intenta asumir los problemas de otro y hacerlos propios; así te permites sufrir las consecuencias de su comportamiento, lo cual es una forma de darle a otro el poder de quitarte la paz.

Mostrar regularmente aprecio y reconocimiento a tu pareja es otra forma de fomentar una relación amorosa, íntima y compasiva. No hace falta que tengas un motivo para reconocer y apreciar a tu pareja. El mero hecho de compartir la vida con ella puede ser suficiente. Expresa tus sentimientos de gratitud y, si hay cosas concretas por las que te sientes agradecido, díselas, sobre todo si fomentan una actitud o un comportamiento que realmente te gusta ver en tu pareja. Elogia los rasgos de su carácter que te gustan y date cuenta de cuándo piensa con la mente recta. A continuación, refuerza positivamente ese comportamiento mostrándole tu aprecio.

Mientras sigamos creyendo que somos un cuerpo, nos encantará que nos reconozcan, pero en realidad el amor ya nos "conoce". El amor no nos ha olvidado. Hemos olvidado que somos amor, pero lo reforzamos cada vez que vemos a los demás como son en verdad, en su totalidad y perfección.

LAS TRES PARTES DE LA MENTE

Es útil repasar que somos mentes tomadoras de decisiones. En la mente que toma decisiones hay tres partes: la parte correcta de la mente, a la que el *Curso* llama el Espíritu Santo; la parte incorrecta de la mente, que puede equipararse con el ego o la creencia en la separación; y luego está el tomador de decisiones, que elige entre estas dos. El Espíritu Santo es "la Voz que habla por Dios". Esta Voz está en la mente de todos nosotros. Mucha gente dice que tiene problemas para oírla. Esto se debe a que la voz del ego suele dominar en nuestra mente hasta que la entrenamos a pensar de otra manera. Por otra parte, ¿estamos *totalmente* preparados para oír una sola voz? A menudo pensamos que sabemos lo que queremos, porque creemos saber qué es lo mejor para nosotros, pero esto puede interferir con la escucha del Espíritu Santo. Se trata de soltar la idea de que sabemos cuál es el mejor resultado en cualquier situación, lo que deja espacio para que entre el Espíritu Santo.

El Espíritu Santo nos habla a través de los sentimientos de entusiasmo, pasión, creatividad, curiosidad y de la emoción positiva del amor. La emoción del amor, que proviene de un pensamiento amoroso, puede tomar la forma de perdón, bondad, compasión, dulzura y verdad. Escuchar la voz adecuada conduce a la verdadera paz, nuestro estado natural. Puedes confiar en que el Espíritu Santo te guiará en tus relaciones personales para que no tengas que preocuparte por lo que tienes que decir o hacer; vendrá a ti de manera espontánea a medida que incrementes tu confianza en Él.

La voz del ego constituye la parte de tu mente que cree en la separación. Al ego le encanta la idea de la separación porque su supervivencia depende de ella. Por eso la mayoría de nosotros nos preocupamos tanto por la supervivencia corporal. Es la forma que tiene el ego de mantener su existencia, haciéndote creer que realmente eres un cuerpo. Pensamos que sin el cuerpo estaríamos muertos. Nada podría estar más lejos de la verdad. No hay muerte, solo vida; vida real en el Cielo. Como el ego está dispuesto a hacer cualquier cosa para sobrevivir, también hará cualquier cosa para sabotear las relaciones. De hecho, toda su existencia depende de juzgar, no de perdonar. Su versión del amor se basa en condiciones, y esto *no* es el amor incondicional del Espíritu Santo. Cuando te das cuenta de que el ego ejerce su influencia sobre ti, puedes llegar a ser muy diestro en darte cuenta y elegir la parte correcta de tu mente. Esto requiere mucha práctica y disciplina, pero es factible. Mantenerse alerta solo a favor de Dios es la forma de salir de esta locura. En las situaciones difíciles, me gusta recordar estas palabras de Jesús en el *Curso*: *Mi mano se extiende en gozosa bienvenida a todo hermano que quiera unirse a mí para ir más allá de la tentación y mirar con firme determinación hacia la luz que brilla con perfecta constancia tras ella.*[12] Aquí él enfatiza nuestra necesidad de estar centrados y motivados, recordando la naturaleza eterna de la vida.

Por último, hay una parte de tu mente que elige entre el Espíritu Santo y el ego. Tienes control sobre qué maestro eliges. Aquí es donde reside tu poder. Cuando ves imágenes en tu vida cotidiana, tienes el poder de decidir a qué maestro le eres leal. ¿Cuál tiene más valor para ti? La respuesta parece fácil, pero en la práctica no siempre lo es. Esto se debe a que nos sentimos bien cuando tenemos razón. Hablaremos de ello en el próximo capítulo, de si quieres tener razón o ser feliz. La respuesta a esta pregunta determinará el tipo de experiencias que tengas en la vida y en tus relaciones. No entendemos el poder de la mente. Si dejamos que la mente divague, irá hacia el olvido hasta que recordemos que podemos elegir con quién pensamos. Los pensamientos siempre preceden a la forma. Mediante el entrenamiento mental puedes llegar a ser muy diestro en dirigir tu mente para que piense solo con el Espíritu Santo, pero esto requiere una gran voluntad y mucha práctica. He estado en muchas situaciones en las que dejé que mi mente divagara, y eso me produjo una tremenda ansiedad. Sigo trabajando en ello, pero al menos soy consciente de lo que ocurre. Todos llegaremos al punto en que la voz del ego deje de dominar nuestra mente. Esta es la buena noticia. El resultado del amor es seguro. Este mundo es como una montaña rusa, con altibajos, giros y muchas sorpresas en el camino. Decidimos en Espíritu que queríamos vivir esta aventura, y cada uno trabajamos y exploramos diversos temas para ayudarnos a despertar. Si tienes problemas con una situación concreta que se repite en tu vida, simplemente es un tema que estás explorando. Con el tiempo aprenderás a perdonarla, y comprenderás que no puede tener poder sobre ti a menos que tú se lo des.

Esta comprensión es muy importante cuando afrontas una relación que te saca de quicio. Esto parece ocurrir más en las relaciones románticas, aunque hay muchos tipos de relación en los que se producen conflictos que resolver. Puede que sientas que tu relación está siendo puesta a prueba. Las relaciones exitosas comienzan sobre una base sólida de libertad, confianza y ausencia de juicio. En otras palabras, entras en la relación sintiéndote completo, por lo que no dependes de la otra persona para ser feliz o satisfacer tus necesidades. La mayoría de nosotros hacemos lo contrario. Como no nos sentimos plenos, utilizamos a la otra persona para conseguir lo que creemos que nos falta. Si tienes confianza en ti mismo y estás en un estado mental de abundancia, confiarás en que recibirás lo que necesites *cuando* lo necesites. Liberas a la otra persona para que sea como es cuando no intentas cambiarla. Esto es difícil. La mayoría de nosotros no entablamos

RELACIONARSE DESDE LA MENTALIDAD RECTA

relaciones con esta mentalidad. Aprendemos sobre la marcha, lo cual está bien. Si de verdad quieres que tu relación funcione, explorarás todas las vías hasta que encuentres una que funcione o decidas que esa relación no está hecha para ti. Parte de este proceso también implica respetar las elecciones de la otra persona, ya sea un amante, un socio, un familiar o un amigo.

Puede ser complicado expresarte desde la mente recta, especialmente cuando te parece que las cosas que te ocurren vienen de fuera. Cuando comiences a entender que las cosas vienen *de ti*, en función de tus interpretaciones y reacciones a los sucesos, podrás empezar a hacer verdaderos cambios en tu vida. Por ejemplo, si tu pareja te proyecta su culpa inconsciente (lo cual puede adoptar muchas formas), no es fácil evitar pensar con el ego. El mundo está montado así. Por eso es importante que ejercites el poder de tu mente para elegir cómo percibes a las personas y los sucesos.

Hay una película titulada *Un millón de maneras de morder el polvo* [En el original: *Un millón de maneras de morir en el Oeste*]. Siempre me ha hecho gracia este título porque me hace pensar en este mundo. El título del mundo podría ser: "Un millón de maneras de manifestar la creencia en la separación de Dios". Aunque pueda parecer interminable, por suerte la historia del mundo tiene un final feliz. El *Curso* dice: *El mundo acabará en una ilusión, tal como comenzó. Su final, no obstante, será una ilusión de misericordia. La ilusión del perdón, completo, sin excluir a nadie y de una ternura ilimitada, lo cubrirá, ocultando todo mal, encubriendo todo pecado y dando fin a la culpabilidad para siempre. Así acabará el mundo al que la culpa dio lugar, pues ahora no tiene ningún propósito y desaparece.*[13]

A modo de repaso, cuando Jesús habla del "pecado", no está diciendo que sea real. El pecado es simplemente la idea de separación, y la separación de Dios nunca ocurrió. Como recordatorio, esto es lo que significa aceptar la Expiación en el *Curso*. Observa que en la cita anterior Jesús dice que el mundo fue una proyección de culpa. Esta idea está muy presente a lo largo de todo el *Curso*. Si no hubiera culpa, no habría experiencia de un mundo de tiempo y espacio. Esto puede parecer exagerado para algunos y, sin embargo, es la verdad.

Puedes usar estas ideas en todas tus relaciones para ayudarte a recordar la verdad, que es tu plenitud y unidad con todos los seres. Esta verdad es eterna e inmutable. Se han producido muchos ataques a la verdad, pero no pueden ser ataques "reales" porque lo que eres no puede ser amenazado de ninguna manera. Esta es la verdadera naturaleza del Espíritu. No puedes verlo, pero sí experimentarlo. No se parece a nada de este mundo. No puedes ver el amor, pero puedes ver el amor en acción a través de alguien que perdona, es bondadoso y no juzga.

A modo de recordatorio: cuando pases por un momento difícil en tu relación, la idea es que permanezcas en la mente correcta para poder seguir siendo inspirado con respecto a las acciones que debes emprender, si es que debes emprender alguna. Cuando tu pareja diga o haga algo que te moleste, toma conciencia de tus sentimientos y míralos con Jesús o el Espíritu Santo. Esto es lo que significa estar *por encima del campo de batalla*.[14] Te das cuenta de lo que está surgiendo, pero sin juzgarte a ti mismo ni a la otra persona. Más que de hechos, los sentimientos basados en el ego son el resultado de pensamientos equivocados. Me refiero a lo que llamaríamos sentimientos negativos. Como he dicho antes, los pensamientos son lo primero y la experiencia viene después. Este conocimiento te ayudará a superar todas las pruebas, pero sé amable contigo mismo si no puedes cambiar de opinión en el momento. Normalmente es un proceso paulatino que requiere mucha práctica.

El truco del ego es que quiere que reacciones a los demás con disgusto para que veas la culpa en ellos, y esto incluye a tu pareja. No tienes por qué conformarte con esta interpretación. Recordemos esto juntos y *Alégrate de haber escapado de la parodia de salvación que el ego te ofrecía, y no mires atrás con nostalgia a la farsa que hacía de tus relaciones. Ahora nadie tiene que sufrir, pues has llegado demasiado lejos como para sucumbir a la ilusión de que la culpa es algo bello y santo.*[15]

A medida que avanzamos juntos en este viaje para deshacer el ego, podemos recordar que no debemos conformarnos con nada menor a la fe total y completa en que el Espíritu es nuestra identidad. El ego no ofrece nada, mientras que nuestra realidad lo ofrece todo. La versión de la historia que tiene el ego consiste en conseguir cosas en el mundo, pero a costa de otros. Cuanto más deshagas el ego, menos tentador rocultará necesitar cosas del mundo para sentirte feliz. Aprenderás lo que es verdaderamente valioso y digno de un Hijo de Dios.

PÁGINA PARA NOTAS PERSONALES

CAPÍTULO 10

TENER RAZÓN O SER FELIZ

*No busques fuera de ti mismo. Pues todo tu dolor procede
simplemente de buscar en vano lo que deseas y de insistir en
que sabes dónde encontrarlo. ¿Y qué pasaría si no estuviera allí?
¿Preferirías tener razón o ser feliz?*[1]

Un hombre estaba a mi lado en la caja del supermercado con
una botella de vino y un ramo de rosas. Pero, antes de pagar, dejó
las dos cosas a un lado y dijo: "Ahora mismo vuelvo". Salió corriendo y volvió un minuto después con una segunda botella de
vino y otro ramo de rosas.

—¿Dos novias? —le pregunté.

—No —respondió—. Solo una muy enfadada.

Sin duda esta situación puede ser común para muchos de nosotros. Sin embargo, un poco de humor da para mucho. Lo necesitamos. Muchas discusiones empiezan cuando un miembro
de la relación lucha por tener razón. ¿Cuántos de nosotros nos
tomamos un momento para pensar desde dónde venimos inter-
namente antes de empezar a comunicar con la persona enfadada?
¿Realmente queremos tener razón o ser felices? Cada una de las
posibles respuestas que demos a esta pregunta dará lugar a una
experiencia completamente distinta. Ahora, mientras pienso en la
idea de "comprobar" deliberadamente cómo me siento por dentro antes de comunicar con alguien, me viene a la mente esta palabra: Propósito. ¿Cuál es el propósito de mi comunicación? ¿Qué
quiero obtener de ella? Siempre que nos propongamos hacer algo

o hablar con alguien, o que tengamos que tomar una decisión, podemos hacernos estas preguntas. Esto nos ayuda a ser más claros con respecto a nuestro objetivo y prepara el terreno para un resultado mejor. También es posible que no nos enfademos tanto cuando nuestra pareja diga o haga algo que normalmente nos haría daño, porque ya hemos establecido el objetivo desde el principio: queremos ser felices. Esta es otra manera de hacerte cargo de tu mente y no dejar que el ego te controle.

Como ya he dicho antes, merece la pena repasar la sección del *Curso* titulada *Reglas para tomar decisiones*. Los dos primeros pasos nos proponen que digamos al principio del día: *Hoy no tomaré ninguna decisión por mi cuenta.*[2] A continuación, pregúntate qué tipo de día quieres tener. ¿Qué tipo de cosas quieres experimentar? ¿Qué quieres sentir? Luego di: *Si no tomo ninguna decisión por mi cuenta, esa es la clase de día que se me concederá.*[3] Hay más pasos que explican el proceso a seguir cuando te despistes a lo largo del día, y te recomiendo encarecidamente que leas esa parte también. Si estás leyendo este libro y no has leído *Un curso de milagros*, o si no has oído hablar del *Curso* antes de leer este libro, ¡me imagino que a estas alturas podrías estar preguntándote muchas cosas! Sea lo que sea lo que estés pensando, estás en lo cierto, lo que significa que en este momento es correcto para ti pensar eso. Siempre he sido partidaria de tener la mente abierta, incluso cuando ciertas ideas me parecen extrañas. En mi primera lectura del *Curso*, sentí la verdad detrás de las palabras. Parecía una sabiduría que no es de este mundo. Nunca había leído un documento tan coherente e íntegro como el *Curso*. Es brillante. Después de todo, ¿qué otra cosa se puede esperar del Espíritu Santo?

El *Curso* también hace hincapié en el valor de elegir la alegría en lugar del dolor. Cuando insistimos en tener razón, estamos diciendo que la otra persona está equivocada. Desde la perspectiva del *Curso*, ambos tenéis razón porque sois Hijos de Dios y ¿cómo puede un Hijo de Dios estar equivocado? En el mundo, esto funciona de forma muy diferente. En una relación de pareja, una cosa a tener en cuenta cuando te encuentres en medio de una discusión es que probablemente no estarías discutiendo si tú o tu pareja hubieseis decidido ser felices en lugar de tener razón.

Basta con que uno de los dos tome la decisión de ser feliz para cambiar la calidad de tu experiencia en ese momento. He visto innumerables situaciones en las que dos personas estaban a la greña porque cada una intentaba decir que la otra estaba equivocada, sin conseguir absolutamente nada en su comunicación. Esto se debe a que ninguna de las dos está escuchando de verdad a la otra. Escuchar a tu pareja con el "tercer" oído es todo un arte, y es algo que se puede aprender. Yo tampoco soy perfecta en esto, pero gracias a la práctica del *Curso* y a mi formación en psicología, soy consciente de lo importante que es para las personas sentirse escuchadas. Esta es la clave. Cuando tu pareja se siente escuchada sin juicio, la comunicación fluye.

Me he dado cuenta de que, cuando intento argumentar que tengo razón, no cambia nada, y acabo sintiéndome peor. Pero es distinto cuando intentas corregir a alguien por un deseo genuino de ser educado, o por asegurarte de que la información es correcta si se trata de algo importante. Otro caso es cuando alguien dice algo poco amoroso sobre ti que no es cierto. Es muy apropiado corregirle para que no haya malentendidos. Hacer esto puede ser algo muy amoroso hacia ti mismo. Por supuesto, la otra persona puede elegir conservar su percepción de ti, y no puedes controlar lo que otro elija creer. Si eso te molesta, tómalo como una oportunidad de perdonar. En este caso, el trabajo sería hacer lo posible por no darle realidad para ti, y dejar de intentar que la otra persona cambie de opinión sobre ti. Simplemente demuestra amor viviéndolo a través del perdón. A veces solo necesitamos saber cuándo entregar la situación al Espíritu, y dejarla ir.

Cuando intentas demostrar que tienes razón (lo que siempre sirve al ego), eso suele llevar a tener problemas. Quizá quieras preguntarte por qué eso es importante para ti. Cuando tratamos constantemente de tener razón, parece que pensamos que nuestra salvación reside en tener razón y no en ser felices. En la mayoría de mis relaciones, a menudo me doy cuenta de cuándo intento tener razón. Y cuando dejo de hacerlo y permito que tenga razón la otra persona, no hay disputa. A menudo las disputas llevan a una discusión en toda regla. Renunciar a la necesidad de tener razón es una forma de unirte a la otra persona y de reforzar vuestros intereses comunes. Lo contrario solo fomenta la idea de que tenéis intereses separados y mantiene el juego de la separación. Pregúntate si crees que va a ser útil expresar tu postura, como cuando quieres recordar a alguien a qué hora era vuestra cita. Podrás notar la diferencia en función de cómo te sientas cuando compartas esa información. No se trata de ser pasivo ni de dejar que otro te pisotee, sino de notar desde qué lugar interno te comunicas.

EL ARTE DE ESCUCHAR

Parte del aprendizaje para comunicarte eficazmente con tu pareja y crear intimidad es practicar la escucha a todos los niveles, no oír solo las palabras. Como he dicho antes, escuchar es un arte. Si entendieras el significado subyacente de lo que tu pareja está tratando de decir, la necesidad de tener razón se disolvería. He aquí algunos consejos para escuchar a tu pareja a un nivel más profundo, en lugar de limitarte a oír las palabras:

1. **Además de oír las palabras, escucha el significado más profundo que está detrás de las palabras que tu pareja intenta comunicarte.** Por ejemplo, si uno dice: *"Ya no pasamos tanto tiempo juntos como antes"*. El significado subyacente puede ser: *"Me siento solo. De algún modo he perdido la conexión contigo, y quiero volver a sentirme conectado. Tengo miedo"*. Si vamos a la raíz de este sentimiento, lo que ocurre es que nos hemos desconectado de nuestra Fuente (el único problema), y el ego está proyectando sobre la otra persona para servir a su propósito de mantener la separación, de modo que él pueda seguir "vivo" o ser validado.

2. **Escucha el tono de voz de tu pareja cuando te habla. Es posible que esté diciendo una cosa y que su tono indique lo contrario.** Por ejemplo, uno puede decir: *"Me va genial, las cosas van muy bien"*. Y aunque diga estas palabras, su tono puede sonar derrotado o melancólico. En este caso, las palabras están enmascarando sus verdaderos sentimientos.

3. **Repite lo que crees que está diciendo tu interlocutor para que sepa que le estás escuchando de verdad y que quieres oírle con exactitud.** Es muy fácil tergiversar las palabras de alguien para ponerlas al servicio del ego, y esto es algo que el ego hace de manera escurridiza si no tienes cuidado. Con esta práctica te aseguras de no estar haciéndolo. Si no entiendes algo que la otra persona te ha dicho, pídele que te lo aclare. Así demostrarás a tu interlocutor que te interesa lo que tiene que decir.

4. **Escucha el contenido de lo que dice tu pareja, no solo las palabras.** ¿Entiendes el contenido? Si no es así, pídele que te lo aclare. ¡Podrías aprender algo! Como dice el *Curso*, [...] las *palabras no son más que símbolos de símbolos. Por lo tanto, están doblemente alejadas de la realidad.*[4] Lo importante es el contenido de lo que dice, no las palabras concretas que elige. Pongamos un ejemplo utilizando el *Curso*: algunas personas no aceptan que Jesús sea la Voz del *Curso* y no les gusta que use la terminología cristiana. Lo importante aquí es el contenido. ¿Qué dice el mensaje? ¿Es útil? Lo importante no son las palabras. Si lo deseas, puedes sustituirlas por otras que te hagan sentir mejor. Y sé consciente de que, si algo te altera, esa es la señal de que tienes algo que perdonar.

Si practicas esta escucha a distintos niveles, no solo serás un mejor receptor de la información, también serás un mejor comunicador, porque serás capaz de responder con una comprensión mucho más amplia de lo que estáis diciendo. El juego del teléfono —que muchos de nosotros conocemos tan bien— en el que el mensaje original se distorsiona a medida que pasa de una persona a otra, puede ocurrir con solo dos personas cuando, de partida, una de ellas no tiene claro el contenido de la conversación. Cuando el mensaje se tergiversa en el fragor de una discusión, y ninguno de los dos se esfuerza por escuchar y entender la conversación, puede producirse una situación desordenada e incluso violenta.

¿Recuerdas que en un capítulo anterior mencioné el programa de televisión *Apartamento para tres*, con John Ritter? Ese programa era el ejemplo perfecto de cómo se pueden distorsionar los mensajes, aunque lo hacían de una forma muy divertida. ¡Los personajes de la serie eran brillantes distorsionadores de mensajes! Me gustaba que al final, cuando aclaraban el malentendido, siempre volvían al amor y al perdón. Menciono esta serie aquí porque, si puedes encontrar los episodios repetidos en algún canal de televisión, merece la pena verla. Esto llama nuestra atención hacia un punto importante: hemos de acordarnos de reír incluso en las circunstancias más extremas. Podemos elegir ver lo absurdo de una situación y acordarnos de reír. Leí un libro de Edgar Cayce sobre la curación y, cuando hablaba de la risa como herramienta curativa, decía: "Ríete en las circunstancias más extremas". Obviamente, no se refería a reírse a costa de otros, sino a simplemente reírse. Sé ligero. Es medicina para el alma.

SEÑALES DE QUE ESTÁS PROGRESANDO

¿Prefieres tener razón o ser feliz? Cuando nos impregnamos de ego, en esencia estamos diciendo que preferimos tener razón. Cuando renunciamos a la necesidad de tener razón, dejamos espacio para que nuestro estado mental sea de felicidad. En la práctica del *Curso*, hay varios aspectos que pueden ayudarte a comprobar que estás progresando:

1. La necesidad de tener razón será reemplazada por el deseo de felicidad y una mente pacífica. Esto será tan importante para ti que lo desearás por encima de todo lo demás. La idea es crear una situación en la que todos salgan ganando, y todos salgan beneficiados.
2. Serás consciente de cuándo estás juzgando y soltarás el juicio. Cuando dejes de juzgar, podrás ser un observador neutral. En esta posición es posible que pienses que las cosas son interesantes, pero no estarás apegado a un resultado concreto. Tal vez tengas una preferencia, lo cual es natural, pero no te apegarás a los resultados. Estarás en un estado mental milagroso, que es una manera muy liberadora de vivir.

3. Te darás cuenta de que las cosas que solían provocarte o irritarte ya no tienen el mismo efecto en ti. No reaccionarás con el ego, sino que responderás con amor.
4. Tomarás decisiones sin culpa. Cuando no hay culpa, hay claridad. Estarás seguro de lo que quieres y sabrás qué camino seguir.
5. Serás más consciente de cuándo confundes el amor con el sacrificio, comprendiendo que el amor es simplemente él mismo. El amor no requiere nada ni tiene que hacer nada. Es una constante que nunca se altera ni cambia, independientemente de las circunstancias. Te diriges hacia la libertad, y tu meta es Dios.

Estos indicadores te ayudarán a saber si vas por el camino de la mente recta. Recuerda, todos cometemos errores que tienen que ver con nuestros pensamientos errados, y los errores solo requieren corrección, no castigo. Se trata de deshacer los errores de pensamiento que cometemos cuando tenemos al ego como maestro. Cuando te das cuenta de que has elegido el ego, incluso si ocurre después de una discusión, puedes hacer la corrección en la mente eligiendo de nuevo. La totalidad del tiempo, que incluye el pasado, el presente y el futuro, ocurre simultáneamente. Todas las vidas ilusorias que has vivido están ocurriendo ahora mismo. Por eso, cuando perdonas ahora, tu perdón tiene efecto en todas tus otras vidas. **Cuando uno sana, *todos* sanamos.**

Me doy cuenta de que perdonar no siempre es fácil, pero, repitiendo un punto importante, esto se debe a que todavía sentimos la tentación de percibir el perdón a través de la lente de la separación en lugar de la unidad. Cuando empiezas a perdonar teniendo la idea de unidad en mente, entiendes que en realidad los beneficios del perdón son para *ti*. En realidad no hay otras personas ahí fuera, solo la proyección de otras personas. Estamos proyectando todo este sueño de tiempo y espacio, pero nos olvidamos de que estamos proyectándolo, y por eso hacemos reales nuestras proyecciones reaccionando a las figuras de nuestro sueño/proyección.

Una de las formas de salir de este lío es responder al ataque con amor, lo que cancela el ataque para que no pase a mayores.

Así, el ataque permanece neutral. Esto demuestra al que ataca que no ha ocurrido nada que cambie la paz de Dios dentro de ti, y que no se ha producido la separación. El Hijo de Dios sigue siendo tal como Dios lo creó. Todos somos el único Hijo de Dios. Esto es lo que Jesús nos enseñó. Demostró que el perdón de pecados no se limita a los sacerdotes. Cualquiera puede perdonar pecados porque todos somos iguales. Y hoy, Él nos enseña a través del *Curso* lo mismo que enseñaba entonces. ¡Qué regalo para todos nosotros! Acepta la bendición de este regalo y serás libre: libre del miedo, que puede tomar muchas formas. No tienes que hacer nada, pero, si puedes elegir, ¿por qué no eliges vivir el sueño feliz del perdón?

¿Qué significa realmente tener razón? Tener razón es hacer que el otro esté equivocado. En el nivel de la forma, uno ciertamente puede argumentar que tiene razón. Pero ¿qué tiene esto que ver con el panorama general, con el gran cuadro? Aunque tengas razón, tenerla no deshace el ego, te mantiene atrapado en él. **Si tener razón puede salvarle la vida a alguien, o es verdaderamente útil en el sentido de que procede de un lugar inspirado para alentar a otra persona en lugar de servir al ego, entonces puede ser muy amoroso. Se necesita práctica para confiar en que tus elecciones están inspiradas por el Espíritu Santo. Una vez más, lo sabrás por cómo te sientes.** Los sentimientos y las emociones pueden decirnos mucho sobre nuestro estado mental. En ese sentido, son muy útiles y pueden usarse como herramientas para regresar al alineamiento con nuestra Fuente.

En las relaciones, a veces tienes que estar dispuesto a hacer concesiones. Gary suele contar una historia sobre sus abuelos: "Mis abuelos estuvieron casados 67 años, hasta que mi abuelo falleció. Vivió hasta los 85 y mi abuela hasta los 93. Hacia el final de su vida, le pregunté al abuelo: '¿Cómo podéis haber estado casados tanto tiempo? ¿Cómo habéis podido llevaros bien durante tantos años?'. Mi abuelo, que tenía un gran sentido del humor, sonrió, me miró, y me dijo: 'Es muy sencillo. Cuando nos casamos, acordamos que ella tomaría las pequeñas decisiones y yo las grandes. Y, gracias a Dios, en los últimos 67 años no ha habido grandes decisiones que tomar'".

A pesar de la broma, lo que Gary quiere decir es que su abuelo estaba suficientemente seguro de la relación como para no tener que tener razón, pero eso no significaba que no fuera asertivo en lo que consideraba importante. **Practicar el perdón no significa dejar que la gente te pisotee.** Significa que observas tus reacciones para no ser víctima de las circunstancias externas. El verdadero poder es estar en la causa y no en el efecto. Estar en la causa significa que comprendes que el mundo que ves es una imagen externa de una condición interna. Es *tu* sueño y viene *de* ti. Si el mundo está siendo proyectado por ti, el perdón está justificado.

A modo de repaso, los pasos del verdadero perdón son: en primer lugar, recuerda que estás soñando para no tener que dar realidad al sueño. Cuando entiendes cómo funciona la mente, puedes tomarle la medida al ego y hacer el cambio al Espíritu Santo. En lo profundo de la mente hay un inconsciente colectivo; una sola mente. Tu mente inconsciente sabe que esto es así. Por eso, lo que piensas de los demás en realidad es lo que crees que es verdad sobre ti mismo. Es importante reflexionar sobre este pensamiento. Nuestros pensamientos influyen en nosotros y en cómo nos sentimos. Si tenemos pensamientos negativos sobre otras personas, y esos pensamientos vuelven a nosotros, crearán un estado de depresión. Lo mismo ocurre con los pensamientos que tenemos sobre nosotros mismos. Cuanto más prestemos atención a con quién estamos pensando, si con el ego o con el Espíritu Santo, más control empezaremos a tener sobre nuestros pensamientos. A veces necesitamos más ayuda o asistencia para cambiar de mentalidad. No hay que avergonzarse de ello. Por ejemplo, la terapia puede ser una herramienta muy útil para ayudarnos a sacar a la superficie lo que no hemos resuelto, de modo que podamos perdonarlo. Esto no significa que tengamos que analizar excesivamente todo. Solo significa que puede haber emociones no expresadas que necesiten salir a la superficie para ser liberadas. El *Curso* habla de la curación como la liberación del miedo. La terapia puede ayudar en este proceso. Y, al mismo tiempo, siempre puedes practicar el perdón. Muchas parejas van juntas a terapia para expresar su compromiso de apoyarse mutuamente y de ayudar a que su relación avance, transformándola en una relación santa.

Tengo que recomendar una película para las parejas, aunque resulta divertida tanto si estás en pareja como si no. Se llama *Couples Retreat [Todo incluido]*, y está protagonizada por Vince Vaughn, Jason Bateman y Jon Favreau, entre otros. Lo que sigue es un breve resumen tomado de IMDB (Internet Movie Data Base): "Una comedia centrada en cuatro parejas que se instalan en el complejo turístico de una isla tropical para pasar las vacaciones. Mientras una de las parejas está allí para trabajar su matrimonio, las otras no se dan cuenta de que la participación en las sesiones de terapia del complejo no es opcional". Como puedes imaginar, se dan situaciones bastante entretenidas. Gary y yo vemos películas divertidas siempre que podemos. No solo es una forma de unirnos, también nos recuerda que reírse es curativo.

Es necesario reírse porque las situaciones pueden volverse tan serias que perdamos nuestro sentido de Ser. Hay una ley muy importante de la mente que dice: *Tal como lo consideres a él, así te considerarás a ti mismo. Tal como lo trates, así te tratarás a ti mismo. Tal como pienses de él, así pensarás de ti mismo. Nunca te olvides de esto, pues en tus semejantes o bien te encuentras a ti mismo o bien te pierdes a ti mismo. Cada vez que dos Hijos de Dios se encuentran, se les proporciona una nueva oportunidad para salvarse.*[5] Las relaciones especiales que tenemos con las parejas románticas son las que contienen algunas de nuestras lecciones de perdón más difíciles. Esto se estableció así por una razón. No hay accidentes, y nada sucede por casualidad. Siempre estás con las personas con las que estás destinado a estar, aunque sea por un breve periodo de tiempo. Puedes utilizar estas relaciones a tu favor, pensando en ellas como oportunidades para practicar el perdón y deshacer más culpa inconsciente. Aunque es importante que vigiles tus pensamientos, presta atención también a tus sentimientos, puesto que exteriorizamos nuestra agresividad en función de lo que sentimos. Cuando te acuerdas de reír, se reduce la intensidad de las emociones negativas.

REPASO DE LOS PASOS DEL PERDÓN

Si empiezas a enfadarte, el primer paso del perdón consiste en identificar la causa (reconocer que estás soñando), dejar de reaccionar con el ego y empezar a pensar con el Espíritu Santo. Esto es lo que el *Curso* llama el Instante Santo. Es ese instante en el que cambias de la mente errada a la mente correcta. Este puede ser el más difícil de los tres pasos del verdadero perdón, porque el ego tiene su propia historia que te ha estado contando y quiere mantenerte alejado de la mente, donde sabe que puedes tomar una decisión diferente.

El segundo paso consiste en orientarse hacia la interpretación del Espíritu Santo y escuchar su Voz. El Espíritu Santo te recordará que la situación no es real, porque lo que estás experimentando no es cierto. Puedes perdonar a tu pareja o cualquier circunstancia porque en realidad no ha pasado nada. La separación de Dios no ha ocurrido. El *Curso* dice: *El perdón reconoce que lo que pensaste que tu hermano te había hecho en realidad nunca ocurrió. El perdón no perdona pecados, otorgándoles así realidad. Sencillamente ve que no se cometió pecado alguno. Y desde este punto de vista todos tus pecados quedan perdonados. ¿Qué es el pecado sino una idea falsa acerca del Hijo de Dios? El perdón ve simplemente la falsedad de dicha idea y, por lo tanto, la descarta. Lo que entonces queda libre para ocupar su lugar es la Voluntad de Dios*.[6]

Si piensas que la otra persona realmente te hizo algo (lo que da realidad al sueño), tu mente inconsciente lo interpretará como que *tú* realmente hiciste algo y que realmente eres culpable. Esto reforzará la culpa en tu mente inconsciente. Lo contrario también es cierto: si piensas que la otra persona no ha hecho nada, tu mente inconsciente interpretará que tú tampoco has hecho nada, lo que significa que ambos sois inocentes. **En situaciones de mucho dolor y violencia, no se espera que te encojas de hombros y finjas que no sientes lo que sientes. Se trata de que al fin llegues a aceptar otra interpretación de ello para que no tengas que sufrir.**

La razón por la que ninguno de nosotros ha hecho nada es que somos los soñadores de nuestro sueño, no las figuras del sueño, puesto que esas figuras no son reales. El *Curso* pregunta: *¿Quién* *reaccionaría ante las figuras de un sueño a no ser que creyera que son reales? En el instante en que las reconoce como lo que verdaderamente son, dejan de tener efectos sobre él porque entiende que fue él mismo quien les dio los efectos que tienen, al causarlas y hacer que parecieran reales.*[7] Esto nos remite a la idea de que nuestras mentes contienen las ideas, deseos y emociones dominantes que elegimos pensar. Si usamos nuestra mente para pensar con el ego, estos pensamientos se proyectan y las imágenes que vemos se convierten en la causa de nuestro malestar, olvidando que solo son una proyección de nuestros propios pensamientos y deseos secretos.

El tercer paso del perdón es ver con la visión espiritual, que no tiene nada que ver con los ojos del cuerpo. Tiene que ver con cómo piensas, lo que se hace a nivel de la mente. Otros términos que el *Curso* utiliza para esto son Visión verdadera o Visión de Cristo. El Curso dice que la mente es el agente activador del espíritu.[8] Activa el Espíritu en tu mente eligiéndolo, viendo a Cristo en los demás. Todos somos Cristo, el único Hijo de Dios. Pensar de esta manera es una de las formas más rápidas de reconocer tu naturaleza divina. El verdadero perdón es el camino hacia el amor incondicional. Con el tiempo ya no necesitarás el perdón porque ya no condenarás a otros. El amor simplemente será él mismo. Esta es la simplicidad del *Curso*. En principio es simple, pero en la práctica puede resultar difícil debido a la complejidad del ego. **Cuando ya no desees ser distinto de como Dios te creó, todo lo que quedará será la belleza de lo que siempre has sido y seguirás siendo por toda la eternidad.**

Está bien si eliges quedarte aquí (en el mundo) por un tiempo. Nadie te quitará esa elección y nunca serás juzgado por ella. Sin embargo, llegará un momento en que todos los seres que parecen estar aquí, en el plano terrestre, aceptarán que ha llegado su hora de volver a casa en Dios para siempre. Sus aparentes encarnaciones llegarán a su fin. Has trascendido el mundo, pero eso no significa que tu trabajo ha terminado. Puede que haya otras personas que necesiten tu ayuda: tú puedes ser la luz que ilumine de una forma u otra su camino hacia Dios. Si decides aprovechar esta oportunidad, puede ser una forma maravillosa de expresar tu unidad con todos los seres, porque servir a tu hermano es servir a Dios. Cuando toda la Filiación unida haya transcendido el mundo, parecerá que este desaparece. El Hijo de Dios es libre. Es libre ahora, pero lo ha olvidado. Así pues, démonos mutuamente la bendición del perdón, aprovechando cualquier oportunidad que venga a desafiarnos y estemos seguros del camino a seguir. Que nuestra dirección sea la libertad y que Dios sea nuestra meta. *Que así sea. Que así sea. Susurra palabras de sabiduría, que así sea.*[9]

PÁGINA PARA NOTAS PERSONALES

CAPÍTULO 11

RELACIONES ESPECIALES

El pasado ya pasó. No intentes conservarlo en la relación especial que te mantiene encadenado a él, y que quiere enseñarte que la salvación se encuentra en el pasado y que por eso necesitas volver a él para encontrarla.[1]

EL DIVORCIO PUEDE INSPIRAR CRECIMIENTO

Este capítulo se enfoca un poco más en comprender en qué consiste la relación especial. Dado que el divorcio es una de las experiencias más comunes por las que pasa la gente en la relación especial, me gustaría elaborar sobre él. A menudo el divorcio se percibe como algo malo o negativo. ¿Y si en lugar de ser malo fuera una oportunidad para crecer más allá de donde te encuentras ahora?

Yo estuve casada siete años antes de conocer a Gary. En general, mi matrimonio fue muy agradable y mi exmarido, Steve, y yo seguimos siendo muy buenos amigos. Aunque fui yo quien inició el proceso de divorcio, hubo algunas cosas que creo que contribuyeron a nuestra separación. Sentía que la dirección que estaba tomando mi camino espiritual no estaba en consonancia con el suyo, y como la espiritualidad era muy importante para mí, la situación me resultaba difícil. Esto no significa que, para que una relación funcione, tengas que compartir el sistema de pensamiento con tu pareja. Conozco muchos casos de parejas que no practican el mismo sistema de pensamiento, y siguen casadas y funciona bien. Siempre hay otros factores implicados y cada situación es única. Por favor, no te desanimes si tu pareja no practica el mismo sistema de pensamiento espiritual. Todavía puede funcionar. En mi situación, sentí una guía específica para introducir un cambio. Era como si tuviera un papel que cumplir, un camino que debía seguir, y confié en ello.

Otra señal de que había llegado el momento de poner fin a mi matrimonio fue que parecía pasar más tiempo pensando en volver a vivir la vida de soltera y me sentía atraída por otros hombres. Esto ocurría con bastante frecuencia, aunque no quería verlo, porque la idea de separarme de Steve me asustaba. Sin embargo, sentía un anhelo y una llamada a confiar en mi guía, que era innegable. Parecía que todo apuntaba hacia este resultado, tanto si quería afrontarlo como si no. Quería a Steve, pero mi crecimiento no era compatible con sus intereses. Esto creó fricción entre nosotros, hasta el punto de que parecía haber más fricción que sentimientos de alegría. Esto no es culpa de nadie, simplemente es la naturaleza de las relaciones especiales. También sentí intuitivamente que algo iba a cambiar el curso de mi vida. En ese momento no sabía lo que era, pero estaba muy presente en mí. Experimenté estas sensaciones antes de conocer a Gary, y no tenía ni idea de lo que estaba a punto de ocurrir, ni de que pronto nos conoceríamos. Pensaba que iba a vivir la vida de soltera, y de hecho quería estar soltera. Es fácil decir que nunca volverás a casarte hasta que ocurre eso a lo que llamamos "enamorarse". Sabía que Gary había llegado a mi vida por una razón y, aunque aún no conocía todos los detalles, sentí que compartiríamos muchas cosas y que era importante que nos conociéramos. Esto me tranquilizó en un momento en el que me sentía confusa con respecto al rumbo de mi vida. Mi exmarido, Steve, es un hombre muy atento y cariñoso, y no tengo palabras para expresar lo agradecida que estoy de que sigamos siendo amigos. Él no tenía por qué elegir continuar nuestra amistad, y todo podría haber acabado de manera muy distinta. En mi opinión, esto demostró un nivel de madurez en él, una mentalidad abierta y una voluntad de ver las cosas de otra manera, aunque no fuera él quien decidió iniciar el divorcio. No digo que no pasáramos por momentos de tristeza, disgustos y los sentimientos "normales" que acompañan al divorcio. Sin embargo, nuestro respeto mutuo subyacente facilitó el proceso. No teníamos hijos ni propiedades, así que todo fue menos complicado. Compartíamos un perro maravilloso llamado Cozzie y, como estaba muy unido a Steve, se suponía que él se lo quedaría en el divorcio. ¡Yo tenía derecho de visita! Steve me dejaba ir a su casa siempre que quería para ver a Cozzie, y se lo agradeceré eternamente. Cozzie falleció en 2011, y yo quería estar allí cuando falleciera y no perder la oportunidad de despedirme. En sus últimos seis meses de vida Cozzie no estuvo muy bien, tenía problemas para respirar. Tenía el corazón frágil y tomaba medicación. Iba a visitarle siempre que podía. Un día fui a verle y le miré a los ojos. Aquel día estaba muy tranquilo y solo quería estar tumbado. Tuve un momento con él. A la mañana siguiente, temprano, Steve me llamó y me dijo que iba a llevarlo a urgencias. Era el momento.

Sabiendo que Gary y yo viajábamos mucho, no pude evitar darme cuenta de la bendición que supuso para mí estar en casa en el momento de su fallecimiento, para poder despedirme de mi querido compañero animal, que me había dado tanta alegría y amor incondicional durante tantos años. Steve y yo estábamos en la habitación con Cozzie cuando hizo su transición. Yo le hablaba e invité al Espíritu Santo a abrazarlo en la luz y a llevarlo adonde tuviera que ir. No hace falta decir que fue difícil, pero me invadió un sentimiento de paz y supe que iba a ser libre. Más tarde esa misma mañana vi una luz debajo de mi puerta, como si el suelo estuviera iluminado desde debajo de la puerta. Supe que era Cozzie enviándome una señal de que estaba bien. Más tarde soñé con él jugando y tenía una luz brillante a su alrededor. Estaba tan feliz y tan juguetón como en sus mejores momentos. Somos uno para siempre. Nunca puedes perder a nadie.

Hablando de animales, mis relaciones con ellos son muy significativas. Podemos aprender mucho de ellos y crecer de formas inesperadas. Aquí, en la Tierra, tenemos relaciones especiales tanto con seres humanos como con animales, y pasamos más tiempo con ellos que con otros, pero lo importante es que nuestro amor no excluya a los demás. Los animales nos enseñan muy bien esta lección. Por favor, detente un momento y piensa ahora mismo en cómo observas que los animales enseñan esta lección. Que Dios les bendiga.

Personalmente, lo que me ayudó a superar el divorcio con cierta paz fue tener el sistema de pensamiento coherente del *Curso*, que podía practicar a diario y aplicar en los momentos más difíciles. No me canso de repetir lo importante que es tener un sistema de pensamiento que funcione para ti y en el que puedas enfocarte. No hay un sistema que funcione para todo el mundo, pero si encuentras uno que te sirva, te animo a utilizarlo. Mantén la mente centrada en tus objetivos, por lo que puedes evitar parte del interminable parloteo de la mente consciente. Aunque no creas en Dios, es bueno tener fe en algo.

En mi experiencia, cuanto más practicaba el perdón, más fuerte me hacía y más capas de culpa inconsciente iba quitando. La paz se convirtió en el pensamiento que dominaba mi mente con más frecuencia. La quería por encima de todo. Tomé esa decisión y ahora la cumplo lo mejor que puedo. Aunque mi perdón no sea siempre perfecto, sé que es el medio para alcanzar el objetivo del *Curso*. Si no pierdo de vista el objetivo, lo alcanzaré. *Los que están seguros del resultado final pueden permitirse el lujo de esperar, y esperar sin ansiedad. Para el maestro de Dios tener paciencia es algo natural. Todo lo que ve son resultados indudables que ocurrirán en un momento que tal vez aún le sea desconocido, pero que no pone en duda.*[2]

Siento gratitud hacia mi anterior marido, Steve, y hacia mi actual marido, Gary, por todas las experiencias que he tenido en mi camino de vuelta a casa en Dios. Tenerlos en mi vida y las experiencias que hemos compartido, tanto buenas como malas, me ha hecho más fuerte en Espíritu y me han llevado a estar más atenta a que Dios es mi meta. Los bendigo a ambos.

AMOR ESPECIAL Y ODIO ESPECIAL

En este capítulo, la palabra "especial" hace referencia a las relaciones especiales que tenemos en el mundo, en contraposición al amor de Dios, que lo abarca todo. Para entender qué son las relaciones especiales, es útil comprender que el cuerpo es el hogar del deseo de ser especial. Ser especial es estar separado, solo, y ser culpable. Por supuesto que en realidad no eres así ni estás así, pero esto es un caramelo para el ego. En el momento en que todos nosotros, como una sola mente, elegimos la separación en lugar de nuestra unidad con Dios, nos gustó sentir que teníamos todo el poder y que podíamos crear por nuestra cuenta. Cuando esta idea se proyectó hacia fuera como resultado de la culpa, tomó la forma de tener un yo especial y autónomo al que llamamos cuerpo/personalidad. Intentar que el ego/cuerpo/personalidad quiera dejar de ser especial es como intentar detener a alguien unos segundos antes de alcanzar el orgasmo; ser especial es así de tentador y deseable. El *Curso* dice que *todos* los Hijos de Dios somos especiales en el sentido de que ninguno de nosotros es más valioso que otro. Somos iguales como el único Hijo de Dios.

En el mundo parecemos singularizar a un individuo o a un grupo de personas en nombre del amor o del odio. Estas son relaciones especiales porque no se basan en el amor incondicional. Las relaciones especiales son sustitutos del amor de Dios, que desechamos en el momento en que elegimos la separación. El deseo de ser especial se manifiesta en el amor a algunas personas, pero no a otras. Cuando decimos que amamos a ciertas personas y excluimos a otras, eso es amor especial. Obviamente, no vamos a amar como pareja romántica a todo el mundo. El *Curso* se refiere al amor incondicional de Dios. Si señalamos a ciertas personas para odiarlas, eso es odio especial. Así es como el ego se da realidad a sí mismo, teniendo grados de amor; algunas personas son dignas de amor y otras no.

El ego odia cualquier cosa que le recuerde que no es real. Al ser un sistema de pensamiento cruel, a veces ve una expresión de amor como un ataque. Por eso algunas personas pueden mirarte mal cuando les sonríes, o intentar atacarte cuando estás siendo amable. Perdónales cuando eso ocurra para poder recordarles que solo el amor es real y demostrar que su "ataque" no tuvo ningún efecto en ti. ¿Recuerdas lo que dijimos sobre el ego en el capítulo uno? Su rango de posibilidades va de la *desconfianza a la crueldad*. Cuando entiendes esto, te ayuda a soltar la idea de que es tu salvación.

Cuando leí por primera vez el siguiente párrafo en el *Curso*, me quedé asombrada de hasta qué punto el ego nos ha engañado haciéndonos creer que comprendemos la naturaleza del amor. Nuestras relaciones de amor especial (aquellas con las que elegimos pasar más tiempo) pueden parecer muy genuinas y tener buenas intenciones en la mente consciente, pero inconscientemente hay dependencia, necesidad de controlar y de satisfacer una carencia. Esto es lo que odiamos. En lugar de depender totalmente de Dios como nuestra única Fuente de fuerza y abastecimiento, hemos proyectado esa dependencia en nuestras relaciones de amor especial. Esta es la cita del *Curso* a la que me refiero:

La relación de amor especial es un intento de limitar los efectos destructivos del odio, tratando de encontrar refugio en medio de la tormenta de culpabilidad. Dicha relación no hace ningún esfuerzo por elevarse por encima de la tormenta hasta encontrar la luz del sol. Por el contrario, hace hincapié en la culpa que se encuentra fuera del refugio, intentando construir barricadas contra ella a fin de mantenerse a salvo. La relación de amor especial no se percibe como algo con valor intrínseco, sino como un enclave de seguridad desde donde es posible separarse del odio y mantenerlo alejado. La otra persona envuelta en esta relación de amor especial es aceptable siempre y cuando se ajuste a ese propósito. El odio puede hacer acto de presencia, y de hecho se le da la bienvenida en ciertos aspectos de la relación, pero la relación se mantiene viva gracias a la ilusión de amor. Si esta desaparece, la relación se rompe o se vuelve insatisfactoria debido a la desilusión.[3]

Básicamente, el amor incondicional del que habla el *Curso* se encuentra fuera del tiempo y del espacio, en nuestra realidad en Dios. El pasaje anterior aborda las percepciones ilusorias que tenemos sobre el amor, así como la idea de que en realidad el amor especial es una máscara que ponemos sobre el odio especial. Esto dista mucho de la experiencia de la realidad o del amor puro. A veces, aquellos que han recordado a Dios y Su amor perfecto pueden expresar el amor puro en el mundo. Jesús es un ejemplo de alguien que se acordó de Dios y de Su verdadera naturaleza. Por eso podía ser amigo de recaudadores de impuestos, prostitutas, leprosos y de personas a las que temer, considerar indignas o en las que no confiar. *El amor perfecto expulsa el miedo. Si hay miedo, es que no hay amor perfecto. Mas: Solo el amor perfecto existe. Si hay miedo, este produce un estado que no existe. Cree esto y serás libre. Solo Dios puede establecer esta solución, y esta fe es Su don.*[4]

Recuerda, ninguno de nosotros vino al mundo para ser perfecto en lo que respecta al comportamiento. Todos hemos malinterpretado nuestra verdadera naturaleza, porque nos olvidamos de ella cuando parecimos nacer en un cuerpo. Todos estamos en el mismo barco. **El propósito de examinar nuestras relaciones especiales no es sentirnos culpables, sino transformarlas en relaciones santas, que es el tema central de este libro. El Espíritu Santo nunca nos arrebataría nuestras relaciones especiales porque sabe que son grandes recursos de aprendizaje.**

Nacemos en el seno de relaciones especiales, que comienzan con nuestras familias y se expanden a lo que se convierte en nuestro círculo "interno", aquellos con los que pasamos más tiempo, como nuestros amigos, compañeros de trabajo y conocidos. En las relaciones especiales tenemos algún tipo de inversión en alguien y, cuando las cosas no van como creemos que deberían, sentimos una pérdida. Esto se debe a que nos hemos apegado a un resultado, que debe ser producido por la otra persona. Cuando no cumple nuestros deseos, algo ha ido mal. Las relaciones especiales se basan en la dependencia, no en el amor real, hasta que aprendemos a eliminar los bloqueos que nos impiden ser conscientes de la presencia del amor, y esto podemos hacerlo mediante el perdón.

Las relaciones especiales pueden tomar muchas formas, incluyendo el apego a sustancias, situaciones, lugares y cosas. Pensamos que nuestra salvación reside en ellas, y esto puede conducir a todo tipo de abusos. En estas situaciones, lo que lleva al pensamiento o comportamiento abusivo es dejar que el ego sea nuestro maestro, creyendo que nuestra salvación está en esa forma especial.

En estas situaciones lo que tenemos que hacer es cambiar de maestro y elegir al Espíritu Santo, que nos ayudará a cambiar de opinión y a pensar de otra manera, soltando el apego a que esta forma es lo que nos salvará. Si un símbolo determinado te ayuda a avanzar sin miedo y no abusas de él, puede ser una herramienta útil durante algún tiempo. La clave está en tener una comprensión más profunda de lo que está ocurriendo y por qué ocurre para poder perdonar la situación. Incluso si sigues utilizando el símbolo de alguna manera, puedes hacerlo sabiendo por qué lo haces. Y puedes seguir practicando el mensaje sin concesiones del *Curso*. Alguien que aparentemente tenga grandes limitaciones o que esté disminuido en algún sentido puede estar haciendo enormes progresos en su camino espiritual. También puede ocurrir lo contrario. Alguien de quien podríamos pensar que lo tiene todo resuelto y que tenga una vida perfecta vista desde fuera, podría estar retrasando su progreso por razones que no podemos ver. La cuestión es que ninguno de nosotros puede juzgar con exactitud lo que otras personas necesitan para su crecimiento espiritual.

En el nivel más elevado, todos elegimos las vidas en las que nacemos por un motivo. No hay accidentes. Esto puede aplicarse tanto a nuestras relaciones como a las personas que conocemos a lo largo de la existencia. El *Curso* dice: *En la salvación no hay casualidades. Los que tienen que conocerse se conocerán, ya que tienen el potencial para desarrollar una relación santa. Están listos el uno para el otro.*[5] Esto significa que incluso las relaciones en las que nos cuesta más perdonar están ahí por una razón. Si lo tuviéramos todo resuelto y expresáramos un amor perfecto todo el tiempo, no necesitaríamos vivir la experiencia de la encarnación. A través de nuestras relaciones especiales estamos aprendiendo que no somos culpables, y que merecemos una vida de alegría.

Todos tendremos relaciones especiales mientras parezca que estamos aquí, pero el Espíritu Santo tiene un propósito diferente para ellas, distinto del propósito del ego. El Espíritu Santo utiliza estas relaciones para enseñar Sus lecciones de amor. El amor verdadero es inmutable, eterno e incondicional, por lo que no excluye nada ni a nadie. Esto no significa que la forma de tus relaciones será siempre la misma; solo que amarás a todos por igual, con independencia de la forma de la relación. Por supuesto que no podemos, ni queremos, tener relaciones íntimas con todas las personas a las que conocemos, pero podemos amarlas porque fuimos creados iguales y somos exactamente lo mismo que Dios. El modo en que tratamos a los demás es un indicador de lo que sentimos hacia nosotros mismos.

A modo de repaso, en el mundo de las relaciones tenemos amor especial y odio especial. Aquellos a quienes creemos amar son las relaciones de amor especial, mientras que aquellos a quienes creemos odiar son las relaciones de odio especial. En otras palabras, seleccionamos a las personas y decimos que amamos a unas y odiamos a otras. Si pensamos en términos de unidad y totalidad, tenemos que pensar que siempre que amamos a otro, nos amamos a nosotros mismos. Cuando odiamos a otro, nos odiamos a nosotros mismos. Cualquier pensamiento dirigido hacia otro en realidad es sobre *ti*. Por eso es importante prestar atención a tus pensamientos. Te estás definiendo a cada momento por cómo piensas de los demás.

En realidad solo hay una relación especial, y es la que tenemos con el ego. Decidimos que queremos ser especiales y diferentes en el momento en que elegimos la separación en lugar del amor de Dios. Jesús deja muy claro en el *Curso* que tú no eres especial. Está hablando de los egos que creemos ser. Creemos que somos diferentes a los demás, que tenemos "dones" que otros no tienen, y nos sentimos agradecidos de tener abundancia cuando vemos a otros sufrir. Esto se debe a que creemos saber qué es un verdadero regalo y entender lo que significa sentir gratitud.

Sentir gratitud por tener mucho cuando vemos sufrir a otros no es verdadera gratitud, sino separación. Un dicho muy común es que deberíamos estar agradecidos por tener comida en el plato, ropa en la espalda y un techo sobre la cabeza, porque ¡mira a todos los que están sufriendo y no tienen estas cosas! Jesús hace una referencia a esto en el *Curso*. Dice: *Para aquellos que contemplan el mundo desde una perspectiva errónea, la gratitud es una lección muy difícil de aprender. Lo máximo que pueden hacer es considerar que están en mejor situación que los demás. Y tratan de contentarse porque aparentemente hay otros que sufren más que ellos. ¡Cuán tristes y lamentables son semejantes pensamientos! Pues ¿quién puede tener motivos para sentirse agradecido si otros no los tienen? ¿Y quién iba a sufrir menos porque ve que otro sufre más?*[6]

Este tipo de gratitud se encuentra en la relación especial. Muchos tienen buenas intenciones, pero la verdadera gratitud viene de agradecer que Dios nos haya bendecido a todos por igual con Sus dones de amor incondicional, paz y alegría, y que sigamos siendo exactamente como Él nos creó como Su único Hijo. **Todos vamos en la misma dirección hacia la libertad, teniendo a Dios como meta.**

Cuando llegas a entender la función de las relaciones especiales, puedes transformarlas para que reflejen el amor del Espíritu Santo en lugar del odio del ego. Una vez más, cada relación es una lección de amor: estamos aprendiendo que el amor es inmutable y que, por muy difícil que sea una relación, estás con la persona exacta con la que debes estar para aprender las lecciones que viniste a aprender. Puedes sentirte alegre y en paz independientemente de las circunstancias, aprovechando cada desafío como una oportunidad para elegir el amor en lugar del miedo.

En algunos casos, como hemos comentado en un capítulo anterior, puedes sentirte guiado a abandonar la relación, o bien su forma podría cambiar. En otros casos, puede que te resulte imposible dejarla y no entiendas el motivo. Esto puede significar que todavía hay algo que tu alma quiere aprender, y que hay trabajo por hacer. Hay algún tipo de experiencia sagrada hacia la que estás trabajando, y tienes la oportunidad justo ahí, delante de tu nariz, de llevarle curación. Estas relaciones nunca son fáciles, pero si te permites atravesarlas confiando en que nunca estás solo, encierran un enorme potencial de crecimiento. Además, el Espíritu puede estar preparándote para ayudar a otros en su crecimiento. Al haber pasado por momentos difíciles, puede que sientas más empatía por los demás.

EJERCICIO PARA AMPLIAR TU PRÁCTICA DEL PERDÓN

Piensa ahora mismo en alguien que no te guste por la razón que sea; o es posible que le quieras, pero albergas cierto resentimiento hacia él o ella. La primera persona que te venga a la mente es probablemente la que debes utilizar para este ejercicio. Visualiza el rostro de esa persona en tu mente. Mientras la ves en tu mente, ¿puedes pensar en ella con amor e inocencia, sin juzgarla? ¿Puedes verla desde un lugar neutral, sin un sentimiento de intensidad o agitación? Si puedes, estás viendo con el Espíritu Santo. Si no, hay algo que no has perdonado que necesita salir a la superficie, ser observado y a continuación perdonado. Realiza un proceso mental de perdón que te guste, y haz todo lo posible para que sea sincero, en lugar de limitarte a pronunciar las palabras. Piensa en lo que estás diciendo, sabiendo que lo que piensas del otro también lo piensas de ti mismo. Intenta ver a esa persona ofreciéndote una bendición, que puedes recibir y a tu vez ofrecerle otra. Si esta persona no te irritara, no sabrías que hay una culpa inconsciente en tu mente que necesita ser deshecha. ¡Qué oportunidad y qué regalo potencial para la sanación!

Puedes hacer este breve ejercicio con cualquiera. Recuerda que el hecho de perdonar a otros (que en realidad es perdonarte a ti mismo) no significa que tengas que estar con ellos. No tienes que estar de acuerdo con lo que dicen o hacen. El perdón es un beneficio para tu mente, para que puedas dejar de ser prisionero de tus propios pensamientos. Como probablemente ya sepas, esto requiere trabajo. Este es el verdadero trabajo de nuestra vida. Lo más importante no son los trabajos a los que acudimos cada día para ganar dinero y preparar la jubilación. Lo importante es que utilicemos nuestras vidas y nuestras relaciones al servicio del crecimiento y de la comprensión de quiénes somos. ¿Estamos sirviendo a los demás? ¿Estamos siendo amables, compasivos y abiertos a perdonar?

Cada vez que entregas tu relación al Espíritu Santo para que la sane, se convierte en un regalo que le haces. Cuando sientas miedo en tu relación y no sepas qué hacer o decir, Jesús nos dice que no le pidamos que nos quite el miedo, ni siquiera que le preguntemos qué debemos decir. Más bien nos anima a pedirle ayuda para ver a los demás libres de pecado. El miedo está causado por la falta de confianza y de fe en que todavía estamos en casa con un Dios amoroso. El ego nos hace creer en un Dios castigador. Así que tenemos que practicar vernos a nosotros mismos y a los demás *sin* pecado, lo que significa reconocer que Dios es amor y, por tanto, podemos reclamar ese amor para nosotros. Cuando estás seguro de que el resultado del amor es seguro, lo que significa que puedes elevarte lo suficiente en tu pensamiento (ver con verdadera percepción), no hay miedo.

En el contexto de las relaciones románticas, no puedo imaginar mejor afrodisíaco que no tener miedo. La verdadera intimidad es el resultado de una comunicación cruda y clara, basada en el amor, la ausencia de juicio, la libertad y la alegría. La mayoría de la gente se las arregla lo mejor que puede en sus relaciones, pero hay mucho más que puede ser tuyo si te lo permites. Esto también requiere realizar el trabajo necesario para deshacer la culpa en tu propia mente, a fin de que puedas disfrutar al máximo de los beneficios de una unión compartida con tu pareja.

Con frecuencia observo cómo interactúan las personas en sus relaciones. Me encanta sentarme en un restaurante o en una cafetería, simplemente observando como se responden unos a otros. Creo que esto viene de mi interés por la psicología. Una parte de mí siempre ha estado fascinada por las reacciones de la gente ante los acontecimientos y las personas que les rodean. Aunque nunca intervengo, a menudo pienso en lo que les diría si tuviera la oportunidad. A la mayoría de la gente no le han enseñado nada sobre la mente y el uso adecuado de su poder. Se trata sobre todo de cambiar los patrones de pensamiento. La mayoría de las personas no saben que eligen sus pensamientos, positivos o negativos, y que estos determinan el tipo de experiencias que tienen. Al fin y al cabo, a la mayoría de nosotros no nos han enseñado que somos mentes con capacidad de decisión, y creemos que estamos a merced de la gente y del mundo. Hacemos automáticamente lo que otros nos dicen que hagamos, o seguimos la conciencia colectiva del mundo en general, sin pensar realmente por nosotros mismos. Por suerte, cada vez más gente se está dando cuenta de que tiene el poder de pensar por sí misma.

Me gustaría destacar un par de párrafos del *Curso* sobre relaciones especiales y luego comentarlos. Mi intención es que esto te ayude a aclarar el propósito de la relación especial para que puedas hacer con más conciencia el cambio a la relación santa. Esto es lo que dice el *Curso*:

No puedes amar solo algunas partes de la realidad y al mismo tiempo entender el significado del amor. Si amases de manera distinta de cómo ama Dios, Quien no sabe lo que es el amor especial, ¿cómo ibas a poder entender lo que es el amor? Creer que las relaciones especiales, con un amor especial, pueden ofrecerte la salvación es creer que la separación es la salvación. Pues la salvación radica en la perfecta igualdad de la Expiación. ¿Cómo puedes pensar que ciertos aspectos especiales de la Filiación pueden ofrecerte más que otros? El pasado te ha enseñado esto. Mas el instante santo te enseña que no es así.[7]

Todas las relaciones especiales contienen elementos de miedo debido a la culpa. Por eso es por lo que están sujetas a tantos cambios y variaciones. No se basan exclusivamente en el amor inmutable. Y allí donde el miedo ha hecho acto de presencia no se puede contar con el amor, pues ha dejado de ser perfecto. El Espíritu Santo, en Su función de intérprete de lo que has hecho, se vale de las relaciones especiales, que tú utilizas para apoyar al ego, para convertirlas en experiencias educativas que apunten hacia la verdad. Siguiendo Sus enseñanzas, todas las relaciones se convierten en lecciones de amor.[8]

El significado de estas afirmaciones es que nuestro amor tiene que ser total para ser verdadero. Como he señalado antes, esto no significa que vayamos por ahí amando románticamente a todo el mundo de la misma manera. Solo significa que no excluimos de nuestro amor general a ninguna parte de la Filiación. Amar a toda la Filiación por igual significa que te estás amando a ti mismo. Cuando volvamos a la idea de que solo hay una mente que aparece como entre siete y ocho mil millones de personas, entonces comprenderemos que nosotros, en esencia, ¡somos esos entre siete y ocho mil millones de personas! La ilusión definitiva es que no venimos de la misma fuente. Es un truco de la mente ego para hacernos creer que somos diferentes unos de otros. En cuanto a la forma, tendremos un aspecto y un comportamiento diferentes. En el fondo, somos iguales y procedemos de la misma fuente. Esto puede ser difícil de digerir si hay alguien a quien desprecias, o incluso alguien a quien no conoces. Puede tratarse de un político o de alguien que ves en la televisión y que no soportas, por lo que puedes tener pensamientos negativos hacia esa persona y empezar a alterarte cuando la ves en la pantalla. Lo que está ocurriendo es que la culpa inconsciente que hay en tu mente está saliendo a la superficie para ser proyectada fuera de ti, de modo que la veas en otra persona en lugar de donde realmente está: en tu mente. Si no hubiera culpa en tu mente, no estarías disgustado.

Lo que acabo de describir se puede aplicar a tus relaciones personales. Una vez que sabes que solo hay uno de nosotros que parece estar aquí, puedes hacerte la siguiente pregunta cuando veas a alguien haciendo algo que no te gusta: *¿Me condenaría a mí mismo por haber hecho eso?*[9] Si te encuentras respondiendo "sí" a esta pregunta, otra pregunta que debes hacerte es: "¿Por qué me condenaría a mí mismo?". Cuando liberas a otra persona de todos los pensamientos negativos que tenías sobre ella, te preparas para tu propia libertad. Si practicas el perdón en lugar de juzgar, y lo haces con autenticidad, el *Curso* dice que *empezarás a notar una sensación de que te elevas; un gran alivio en tu pecho y un sentimiento profundo e inequívoco de desahogo. Debes dedicar el resto del tiempo a experimentar que te escapas de todas las pesadas cadenas con las que quisiste encadenar a tu hermano, pero que, de hecho, te encadenaban a ti.*[10]

Puedes intentar practicar este ejercicio con tu pareja o con cualquier otra persona que sientas que te está causando dolor. Como recordatorio, aunque este libro se centra principalmente en las relaciones románticas, la mayor parte del contenido puede aplicarse a cualquier relación que tengas con alguien o algo. Lo que importa es el contenido y lo que elijas hacer con él. Lo mismo es válido para cualquier cosa que leas. Busca la calidad del mensaje, no tanto la forma en que se transmite. ¿Te inspira la información? ¿Te ayuda a ser más pacífico? ¿Te hace pensar? ¿Te da otra interpretación que considerar, tanto si estás de acuerdo con ella como si no? ¿Estás permitiendo que tu mente se abra, aunque eso vaya en contra de tu sistema de creencias?

HONRAR A HELEN SCHUCMAN Y LA ESCRITURA DE *UN CURSO DE MILAGROS*

Como este libro trata de las relaciones, a menudo se señala que Helen tuvo una relación complicada con Bill Thetford, su colega y coescriba del *Curso*. Sin embargo, lo que lograron juntos es un testimonio de su voluntad de encontrar una forma mejor de relacionarse, lo que inspiró la llegada del *Curso*. Para honrar a ambos, pero también para darte algunos antecedentes de su relación, el siguiente pasaje está publicado en el sitio web de la Fundación para la Paz Interior (el editor original de *Un curso de milagros*):

Helen Schucman y Bill Thetford formaron un equipo improbable para transcribir Un curso de milagros. *Eran psicólogos profesionales y trabajaban juntos en el Centro Médico Presbiteriano de Columbia tratando de desarrollar y fortalecer el Departamento de Psicología del Centro. Aunque sus intereses profesionales y sus objetivos para el departamento eran compatibles, sus personalidades no lo eran tanto. La postura abiertamente crítica y enjuiciadora de Helen se yuxtaponía a la personalidad tranquila y más pasiva-agresiva de Bill, por lo que chocaban constantemente. Por lo tanto, se produjo un acontecimiento bastante sorprendente cuando, en la primavera de 1965, Bill pronunció un apasionado discurso a Helen en el que dijo que estaba harto de la competencia, la agresión y la ira que impregnaban sus vidas profesionales, extendiéndose a sus actitudes y relaciones, y que también estaba muy presente en el departamento. Concluyó diciéndole que "tenía que haber otra manera" de vivir —en armonía y no en discordia— y que estaba decidido a encontrarla. Para sorpresa de ambos, Helen estuvo de acuerdo con Bill y se ofreció entusiasmada a unirse a él en una investigación conjunta para encontrar esa manera mejor.*

Era como si Helen hubiera estado esperando toda su vida ese momento particular, que activó una serie de experiencias internas en ella que continuó todo el verano. Incluyeron intensas imágenes oníricas, episodios psíquicos, visiones y la percepción de una voz interna. Las experiencias también se volvieron cada vez más religiosas, con la figura de Jesús apareciéndosele cada vez con más frecuencia, tanto en expresiones visuales como auditivas.

230

Este período de preparación culminó en la noche del 21 de octubre de 1965, cuando la ya familiar voz de Jesús le dijo a Helen: "Este es un curso de milagros, por favor toma notas". Preocupada, llamó inmediatamente a Bill, quien le aseguró que no se estaba volviendo loca. Le sugirió que escribiera lo que se le estaba dictando y que él lo miraría con ella a primera hora de la mañana siguiente en la oficina. Helen así lo hizo, con lo que empezó a escribir Un curso de milagros. *Así es como Helen describió posteriormente la experiencia:*

La Voz no emitía ningún sonido, pero parecía estar dándome una especie de rápido dictado interno que yo anotaba en un cuaderno de taquigrafía. La escritura nunca fue automática. Podía interrumpirla en cualquier momento y retomarla más tarde. Utilizaba de manera evidente mi formación, mis intereses y mi experiencia, pero no en cuanto al contenido, sino en cuanto al estilo. Sin duda el tema mismo era lo último sobre lo que podría haber esperado escribir.

Helen se jubiló del Centro Médico Presbiteriano de Columbia en 1977 y murió en Nueva York el 9 de febrero de 1981. Bill se jubiló anticipadamente de la Escuela de Médicos y Cirujanos de la Universidad de Columbia en 1978. Se trasladó a Tiburón, California, donde trabajó como consultor médico especialista en medicina familiar en la base de la fuerza aérea de Travis, y como director del Centro para la Curación de las Actitudes en Tiburón. El Dr. Thetford coeditó "Choose Once Again" [Vuelve a elegir], una selección del Curso. *También realizó grabaciones de sus secciones favoritas del* Curso *con el doctor Gerald G. Jampolsky. En 1986 se trasladó a La Jolla, California, y murió el 4 de julio de 1988 en un viaje a Tiburón.*

Además, puede que te parezca interesante leer las siguientes declaraciones adicionales sobre la primera época del Curso *de Robert Skutch, un autor americano, y uno de los fundadores de la Fundación para la Paz Interior (el editor original de* Un curso de milagros*) junto con la difunta y gran Judith Skutch Whitson, Kenneth Wapnick, Helen Schucman, y Bill Thetford:*

Helen Schucman, doctora en Filosofía, era la persona menos indicada para escribir Un curso de milagros, *al igual que William Thetford, también doctor en Filosofía, para ayudarla. En realidad,*

Helen era su ayudante en el Departamento de Psicología del Hospital Presbiteriano de Nueva York que dirigía el doctor Thetford y donde ambos trabajaban. Ambos también ocupaban puestos en el Colegio de Médicos y Cirujanos de la Universidad de Columbia, donde el doctor Thetford era catedrático de Psicología Médica, y la doctora Schucman profesora asociada.

En aquella época, Helen Schucman no solo se consideraba atea, sino que pensaba que cualquier material de tipo espiritual —como el que finalmente apareció en el Curso *— era "basura". William Thetford se consideraba un psicólogo pragmático y "con los pies en la tierra", cuya realidad se definía de forma adecuada y segura a través de visiones básicas y materialistas del mundo.*

Sin embargo, su entorno de trabajo profesional estaba plagado de multitud de problemas y tensiones. Tal vez por ello, cada uno necesitaba especialmente el apoyo y el sustento del otro para hacer frente a las enormes dificultades con las que se enfrentaban. Y al final se hizo evidente para ellos que tenían que hacer algo para intentar cambiar la hostilidad y los resentimientos que les rodeaban.

La tensión descrita anteriormente entre Helen y Bill fue lo que les inspiró a decir: "Tiene que haber una manera mejor". Ese camino mejor llegó a través de Helen mediante la Voz de Jesús, que la llevó a iniciar un viaje que nunca olvidaría: escribir más de 1300 páginas de un material que expresa la Palabra de Dios y cuyo mensaje principal es que solo hay una realidad, la de Dios. Helen sabía que se trataba de una tarea especial, y por eso continuó escribiendo hasta completarla; este proceso duró más de siete años.

Jesús sabía que no siempre creeríamos en las ideas que nos presentaba, y por eso también nos dio el Libro de ejercicios, que contiene 365 lecciones, una para cada día del año. La primera parte nos ayuda a deshacer cómo vemos las cosas ahora, y la segunda nos ayuda a corregir nuestras percepciones. Está muy claro que el contenido del *Curso* procede de fuera del tiempo y del espacio.

La coherencia y la integridad del mensaje son asombrosas. Este camino no está pensado para que todo el mundo lo acepte de una vez. Es una forma particular del programa de estudios universal. Todos los caminos acaban llevando a Dios, pero el *Curso* va directo a la causa raíz del mundo que vemos, y explica qué hacer al respecto y cómo despertar del sueño. Esto es solo una pequeña parte de la historia del *Curso*. Si quieres una comprensión más profunda de cómo surgió y por qué, echa un vistazo al libro *Viaje sin distancia*,* de Robert Skutch. Al final de este libro hay más lecturas recomendadas sobre el *Curso*.

Volviendo a las relaciones especiales, cuanto más se estudia y practica el *Curso*, más claro queda que nuestras relaciones de amor especial no son lo mismo que el amor puro e incondicional de Dios. Como mencioné, es bastante normal tener relaciones especiales en el mundo mientras parecemos estar aquí. Son nuestras aulas de perdón. Basta con echar una breve mirada retrospectiva a algunas de las relaciones más dolorosas que hemos tenido, y todas ellas entran dentro del deseo de ser especiales. Sin duda podemos aprender mucho de ellas, y para eso están: no para condenar, sino para perdonar. A continuación vamos a dar otro paso en nuestro camino hacia la transformación de nuestras relaciones especiales en relaciones santas. Nos adentraremos en el terreno de cómo tener una comunicación libre de miedo con nuestras parejas, o al menos empezaremos a movernos en esa dirección; la dirección de la libertad.

---

* Robert Skutch, *Viaje sin distancia*, El Grano de Mostaza Ediciones, Barcelona, 2010.

PÁGINA PARA NOTAS PERSONALES

CAPÍTULO 12

COMUNICACIÓN SIN MIEDO

Cuando el cuerpo deje de atraerte y ya no le concedas ningún valor como medio de obtener algo, dejará entonces de haber interferencia en la comunicación y tus pensamientos serán tan libres como los de Dios.[1]

UNA HISTORIA BUDISTA

Una feroz y aterradora banda de samuráis cabalgaba por la campiña, sembrando el miedo y haciendo daño allá por donde pasaban. Cuando se acercaban a determinado pueblo, todos los monjes del monasterio huyeron, excepto el abad. Cuando la banda de guerreros entró en el monasterio, encontraron al abad sentado frente al santuario en su perfecta postura. El feroz líder sacó su espada y dijo:

—¿No sabes quién soy? ¿No sabes que soy el tipo de persona que puede atravesarte con mi espada sin pestañear?

El maestro zen respondió:

—Y yo, señor, soy el tipo de hombre que podría ser atravesado por una espada sin pestañear.

Esta historia trata sobre la liberación del apego al cuerpo, permitiendo que fluya a través de ti una comunicación clara y sin obstáculos. No es muy distinta de la respuesta de Jesús a la crucifixión. Cuando el cuerpo se utiliza para los fines del ego, se convierte en algo destructivo, decadente y expuesto a morir, lo cual se reflejará en tus relaciones a través de la dinámica de la proyección. Cuando se utiliza para permitir que el Espíritu Santo comunique Su mensaje de verdad, solo puede sanar e inspirar, pero no dañar. Por lo tanto, cuando eliminamos de nuestra conciencia los obstáculos a la paz, somos libres para expresarnos con amor en lugar de miedo.

Nuestras mentes suelen estar llenas de pensamientos temerosos, y muchos de ellos guardan relación con el cuerpo. Si no nos vaciamos de ellos, pueden afectar a todos los aspectos de nuestra vida y desequilibrarla. En las relaciones, aprender a cuidar la mente te ayudará a tener una comunicación sana y eficaz con tu pareja, porque los pensamientos corporales pasarán a un segundo plano. Jesús dice que, cuando no pensamos con Dios, o al menos entregamos nuestros pensamientos al Espíritu Santo, no estamos pensando en absoluto, lo que significa que definitivamente no nos estamos comunicando en el sentido más verdadero de la palabra. Y afirma que, si el amor no está presente, la comunicación no tiene sentido. El no dualismo puro dice que cualquier cosa que pueda cambiar y no provenga del amor no es real. Hay que entrenar mucho la mente para aprender a discernir la diferencia entre los dos estados mentales (amor y miedo), pero puede hacerse si uno se compromete a ello.

En todas las relaciones, no solo en las románticas, uno puede aprender a comunicarse libre y eficazmente, sin miedo. La comunicación temerosa suele ser el resultado del despliegue de la culpa en la mente inconsciente. Dicha culpa puede manifestarse de varias maneras, y una de ellas es la idea de que necesitamos la aprobación de los demás para las cosas que decimos y hacemos. Queremos sentirnos validados, justificados y reconocidos. Es normal sentirse así cuando se está en un cuerpo, pero si buscas aprobación constantemente, en realidad estás cediendo tu poder y reforzando la creencia de que no puedes pensar por ti mismo. También dificulta el que puedas confiar en que vas a tomar buenas decisiones. Esto paraliza la mente, y ocurre cuando no tenemos suficiente confianza para honrarnos a nosotros mismos y permanecer fieles a nuestro camino. Me ha llevado muchos años sentirme mínimamente cómoda para expresar mi verdadero yo y honrar mis decisiones. Se ha vuelto más fácil con el tiempo, desde que empecé a practicar el perdón.

El miedo en la mente inconsciente viene de no sentirnos dignos de ser felices, de tener cosas bonitas, de que nuestras vidas vayan bien y de ser todo lo magníficos que somos. En consecuencia, elegimos castigarnos reprimiendo nuestros sentimientos y las elecciones que nos honran, esperando que alguien o algo más nos arregle y haga que todo esté bien. Es este tipo de pensamiento el que nos mantiene estancados en la posición de víctima y en una comunicación temerosa. Quizás de pequeños nos enseñaron que comunicar nuestros sentimientos o expresar emociones era problemático. Con el tiempo, si mantienes esa creencia, requerirá mucha práctica aprender a comunicarte con confianza en lugar de con miedo. A muchos de nosotros no nos enseñaron a expresar emociones en un espacio seguro. Finalmente, esas emociones reprimidas querrán salir a la superficie para ser liberadas.

Si actualmente estás en una relación en la que tú y tu pareja tenéis problemas de comunicación, puede ser útil acudir a una terapia de pareja, donde cada uno pueda expresar lo que necesita en un entorno de apoyo y cariño. Es posible que, en la infancia, algunos hayáis tenido experiencias negativas al intentar comunicar algo que era importante para vosotros, pero se os cerraba la puerta y se os silenciaba. Con el tiempo, los sentimientos reprimidos saldrán a la superficie para que puedas liberarlos y perdonarlos si decides hacerlo. Puedes convertirte en un poderoso comunicador y hacerlo sin culpar ni juzgar a tu pareja o a la persona con la que intentas comunicarte.

Como ya he mencionado, la culpa puede manifestarse de muchas maneras. Una de ellas es cuando no confiamos en que disponemos de la fuerza de Dios que nos ayuda a comunicar eficazmente y sin miedo. Existe un gran temor a ser juzgado por otra persona, a ser objeto de burla, a no ser tomado en serio o a no ser comprendido. Todos estos miedos son muy comunes y pueden transformarse en amor si te permites salir de la caja en la que te has metido. El cuerpo físico es limitado, pero tu mente es ilimitada. El cuerpo puede utilizarse como una herramienta de comunicación para permitir que el amor del Espíritu Santo fluya a través de ti sin impedimentos externos. Muchos grandes maestros de la canalización lo consiguen dejando a un lado su mente consciente y parlanchina para poder ser un recipiente limpio a través del cual fluya la sabiduría superior. Tú también puedes aprenderlo y practicarlo con tu pareja. Ella ni siquiera tiene que saber que estás practicando. Puede ser un juego divertido.

CÓMO PRACTICAR LA COMUNICACIÓN SIN MIEDO

Veamos un ejemplo de cómo superar una situación de miedo cuando te dispones a comunicar un problema a tu pareja. El primer paso es encontrar un momento adecuado para hablar con ella, cuando esté de acuerdo en comunicarse contigo o, como mínimo, cuando esté de buen humor. Pregúntale si es un buen momento y, si no, programa otro más conveniente. Si tu pareja no quiere comprometerse, recuérdate a ti mismo que puedes confiar en el proceso y hazlo lo mejor que puedas. Si se trata de una situación que requiere una resolución para que tú sigas en la relación, como en el caso de abuso, adicción o cualquier otro problema grave, sigue tu propia guía en cuanto a qué es lo más amoroso y honroso para ti, lo que ofrecerá a tu pareja la oportunidad de cambiar su forma de actuar. Dependiendo de si hay algún movimiento hacia la curación, quedará claro lo importante que es la relación para cada uno de los dos.

Hay cosas a las que puedes prestar atención antes de iniciar el proceso de comunicar eficazmente con tu pareja. Observa si tienes miedo. Sé consciente de cómo estás. Si no eres consciente del miedo, no podrás transformarlo en amor. A continuación, aclara tu objetivo. ¿Cuál es el propósito de la conversación? ¿Qué quieres conseguir? Si tu objetivo es darte la razón, quizá debas reconsiderar si quieres mantener esta conversación. Si tu objetivo es unirte a tu pareja y encontrar un terreno común, compartiendo lo que sientes sin juzgarle, vas por buen camino. A continuación, cuando hayas decidido lo que quieres que salga de ese encuentro, confía en que se te darán los medios para llevarte a la mejor solución posible para el mayor bien de todos los implicados. Lo importante es no apegarse a ningún resultado concreto para no sentirse decepcionado si no se cumplen las expectativas. Es posible que tu pareja no tenga mucho que decir sobre lo que has compartido, o que no quiera responder en absoluto, aunque haya estado de acuerdo en conversar. Si esto te molesta o perturba tu paz de alguna manera, es una oportunidad de perdonar. Puedes aplicar silenciosamente un proceso de pensamientos de perdón, recordando que nadie tiene el poder de quitarte la paz a menos que tú se lo des. Mientras hablas con tu pareja, si notas miedo, dite a ti mismo (en silencio) que eso pasará, y luego piensa en estas líneas del *Curso*: *La mente que está libre de culpa no puede sufrir.*[2] *Soy tal como Dios me creó. Su Hijo no puede sufrir. Y yo **soy** Su Hijo.*[3]

Cuando te plantees las preguntas anteriores en tu mente y tengas claro de partida el propósito de la conversación, el miedo disminuirá porque te sentirás más seguro de tu intención. Recuerda que Dios no es miedo, sino amor. Estate lo más abierto y sé lo más honesto que puedas, sin proyectar en tu interlocutor ni decirle que está equivocado. Sé amable. La amabilidad hace mucho. La clave siempre está en perdonarte a ti mismo si sientes algún tipo de miedo. Cuando el miedo está presente, es una señal segura de que estás confiando en tus propias fuerzas. Entrégaselo al Espíritu Santo. Normalmente, cuando tememos algo, confundimos el símbolo con la Fuente. Pensamos que tenemos miedo por algo que está fuera de nosotros, cuando la fuente del miedo siempre es una elección mental. Si está en la mente, puedes cambiar de opinión al respecto. Tienes ese poder. No tienes que ser víctima del miedo. Devolver el miedo a su causa en la mente te ayudará a sentirte más poderoso, porque realmente puedes hacer algo al respecto. Aunque el miedo siga presente, no tienes por qué sufrir. Eso también es una opción. Por ejemplo, yo todavía experimento algo de ansiedad, pero hago lo posible para no dejar que me quite la paz de Dios y me arruine el día. Simplemente la acepto y hago todo lo posible por cuidar de mí misma, haciendo lo que me parece amoroso y reconfortante.

Compararnos con los demás también nos conduce al miedo, cuando creemos que otra persona tiene algo que a nosotros nos falta. La comparación es un recurso del ego. A menudo confundimos la forma con el contenido. En la forma (el mundo físico) siempre hay cosas que los demás parecen tener y nosotros no tenemos, pero lo que importa no es la forma. Lo que importa es el contenido, y en el contenido todos tenemos la misma oportunidad de elegir a qué maestro estamos siendo leales en nuestra mente. Compararnos con los demás viene de la carencia y es una pérdida de tiempo, porque no estamos en posición de juzgar qué es lo mejor para nadie, ni siquiera para nosotros mismos, y tampoco podemos juzgar con precisión. Aquí es cuando debemos pedir ayuda al Espíritu Santo. Recuerda una vez más este párrafo del *Curso: Es necesario que el maestro de Dios se dé cuenta, no de que no debe juzgar, sino de que no puede. Al renunciar a los juicios, renuncia simplemente a lo que nunca tuvo. Renuncia a una ilusión; o mejor dicho, tiene la ilusión de renunciar a algo. En realidad, simplemente se ha vuelto más honesto. Al reconocer que nunca le fue posible juzgar, deja de intentarlo. Esto no es un sacrificio. Por el contrario, se pone en una posición en la que el juicio puede tener lugar a través de él en vez de ser emitido por él.*[4]

Lo siguiente te ayudará a superar el miedo: cuando entregues tus juicios al Espíritu Santo para que los reinterprete por ti, todo lo que digas o hagas será amoroso. Las palabras no importan tanto como la esencia que está detrás de lo que dices. El ego siempre trata de resistirse a la idea de que puedes estar en paz y no verte afectado por lo que sucede, e incluso hace que te sientas culpable por no reaccionar con preocupación. No se trata de no responder; mas bien, la cuestión es: ¿Tu respuesta viene del amor o del miedo? **Si hay turbulencia a tu alrededor, tus pensamientos no tienen por qué ser turbulentos. Si hay violencia a tu alrededor, tus pensamientos no tienen por qué ser violentos.** La elección es tuya. La libertad del miedo y de la comunicación temerosa reside en tomar conciencia de los pensamientos que eliges a cada momento. Ahora sabes que puedes hacer algo al respecto; retorna a tu mente tomadora de decisiones y elige al Espíritu Santo mientras resuelves la situación.

La intervención es en primer lugar para nosotros mismos; luego, cuando estamos percibiendo con nuestra mente recta, podemos extender de manera natural nuestro amor a otra persona. En consecuencia, cualquier cosa que digamos o hagamos será útil. Siempre que tenemos miedo, el amor no está presente, y esto se debe a que hemos dejado que nuestra mente divague y no hemos permitido que el Espíritu Santo nos guíe. La causa del miedo está en la mente y no tiene nada que ver con las circunstancias externas, aunque lo parezca. Se necesita mucha buena voluntad para ser consciente de esto y para cultivar hábitos de pensamiento más sanos, de modo que se conviertan en las reglas por las que vivimos. Si hay ira de por medio, el *Curso* dice: *La ira siempre entraña la proyección de la separación, lo cual tenemos que aceptar en última instancia como nuestra propia responsabilidad en vez de culpar a otros por ello. No te puedes enfadar a no ser que creas que has sido atacado, que está justificado contraatacar y que no eres responsable de ello en absoluto.*[5] Esto no significa que no nos enfademos a veces. Sin embargo, conviene saber que, cuando decidimos cambiar de opinión con respecto a lo que la ira representa, podemos traernos paz a nosotros mismos en cualquier momento.

No hay nada más difícil que aceptar que nos hemos inventado todo esto: el mundo, nuestras relaciones especiales y la historia de nuestra vida. La estrategia del ego no tiene por qué convertirse en tu modelo de aprendizaje cuando comprendes que puedes tener otra percepción del guion que se desarrolla ante ti. La culpa te mantiene atascado, como cuando las ruedas están atascadas en el barro y giran sin avanzar.

Otra herramienta que puedes utilizar en la comunicación con tu pareja, o con cualquier otra persona, es ser completamente sincero y decirle que tienes miedo. Asume la responsabilidad de ese miedo y sé consciente de si lo estás proyectando también en la otra persona. Cuando partes de la honestidad y la autenticidad, es mucho más probable que tu pareja responda sin miedo, e incluso que empiece a simpatizar contigo, de modo que la verdadera comprensión pueda sustituir al miedo.

La Oración de San Francisco por la Paz dice: "Haz que no busque tanto ser comprendido como comprender". Así como no tienes que buscar el Amor, solo ser amor, no tienes que buscar ser comprendido, más bien busca comprender. Cuando vienes desde este lugar de comprensión, no hay nada que buscar. Es muy fácil decir que queremos estas cosas, pero para que esta declaración tenga significado tenemos que aplicarlas en nuestra vida cotidiana.

En muchas ocasiones he tenido que admitir ante mí misma que debía querer algo distinto de la verdad, y lo sabía por cómo me sentía. Mis emociones me indicaban que debía de haber elegido al ego como maestro, porque no había paz en mi conciencia. Si prestas atención, tus emociones te dirán en qué camino estás. Lo que me atrae del *Curso* es su sistema de pensamiento puramente no dualista que dice: si crees en Dios, hay dos cosas que parecen verdaderas, el Reino de Dios y el mundo del hombre, pero solo una de ellas es verdadera, el Reino de Dios. Sé que, si siento algo distinto de la paz verdadera, estoy optando por el mundo de los hombres, con el ego como maestro. Tengo que admitir que cuando elijo cualquier cosa que no sea Dios, debo estar decidiendo que todavía no quiero *solo* a Dios. He descubierto que quiero experimentar la elección a favor de Dios sobre una base mucho más consistente. Para mí, personalmente, es un camino mucho más feliz y pacífico, y los beneficios merecen el esfuerzo.

TRES PUNTOS DE PROGRESO

Esto me lleva a lo que llamo *los tres puntos de progreso*, tres cambios positivos que han transformado mi vida desde que empecé a estudiar y practicar el *Curso*. Los cambios que se producen cuando estás en este sendero no se limitan a estas tres cosas, que ya he tratado en otro capítulo. Compartirlas de nuevo aquí puede ayudarte a determinar dónde te encuentras, y te ayudará a pasar del miedo al amor. Aquí las expongo con un poco más de detalle:

1. **Las cosas que solían molestarte ya no tienen el mismo impacto que antes.** Con esta toma de conciencia te das cuenta de que nunca te enfadas por la razón que crees, y que nada fuera de ti (una persona, lugar o cosa) es la causa de tu disgusto. También comprendes que, cuando te disgustas con alguien o algo, primero lo has hecho real en tu propia mente, o de lo contrario no te habrías identifica-

do con ello. La verdadera razón por la que estás molesto (y esto incluye un leve enfado) es que has elegido al ego como maestro. Lo que te molesta es el sistema de pensamiento del ego, no la situación en sí. Practica no hacerla real, porque es un sueño.

2. **Prefieres ser feliz a tener razón.** Con esta actitud te das cuenta de que tener razón no merece toda la energía que le dedicas. ¿Cómo "ganar" puede producirte alegría cuando otra persona sufre? Empiezas a darte cuenta de que ser feliz te aporta un beneficio mucho mayor: puedes estar en paz con independencia de lo que esté ocurriendo. Vivimos en un mundo competitivo en el que siempre hay un ganador y un perdedor, y no me refiero solo a los deportes. Cuando ganas a costa de otro, los dos habéis perdido. Es como cuando necesitas tener razón, lo que hace que la otra persona esté equivocada: los dos estáis equivocados. Esto se debe a que ninguna de las partes está viendo con la percepción correcta, sino con los ojos del juicio. Tenemos intereses comunes porque compartimos la misma mente. Aunque nuestros caminos parezcan diferentes en la forma, en el contenido son lo mismo. Todos estamos en el camino del despertar.

3. **Te encuentras en un estado mental milagroso mucho más a menudo.** Con esta actitud, te encuentras perdonando automáticamente en lugar de juzgar automáticamente. Ahora estás en una disposición milagrosa, siempre consciente de los dos sistemas de pensamiento que tienes a tu alcance, el del ego o el del Espíritu Santo, sabiendo que cualquier elección que hagas establece tu identidad tal como crees que es. Además, un milagro es un cambio de percepción; es perdón. Practicar el perdón de las dificultades cotidianas de la vida te llevará a perdonar automáticamente. Si el camino que has elegido es *Un curso de milagros,* leer el Texto del *Curso* hace que el Libro de ejercicios tenga más sentido. Además, hacer los ejercicios permite lograr el *objetivo* del *Curso.* Memorizar ideas no lo logrará. Aprende a generalizar las lecciones, haciéndolas

igualmente aplicables a todos y a todo lo que veas. Esta es la clave.

Los tres puntos anteriores, si los meditas y practicas continuamente, pueden literalmente cambiar tu vida del miedo al amor. Se produce una mejora en todo, incluyendo la comunicación con otras personas, independientemente del tipo de relación que tengas con ellas. Los demás ni siquiera tienen que saber que estás practicando un sistema de pensamiento único. Esto se debe a que solo hay una mente, que aparece como muchos cuerpos diferentes. **Cuando uno es perdonado, todos somos perdonados. Un antiguo odio hacia alguien puede convertirse en un amor presente que refuerce la relación santa.**

Aquí tenemos más sabiduría del *Curso* sobre la relación santa: *Cuando sientas que la santidad de tu relación se ve amenazada por algo, detente de inmediato y, a pesar del temor que puedas sentir, ofrécele al Espíritu Santo tu consentimiento para que Él cambie ese instante por el instante santo que preferirías tener. El jamás dejará de complacer tu ruego. Pero no te olvides de que tu relación es una, por lo tanto, es inevitable que cualquier cosa que suponga una amenaza para la paz de uno sea asimismo una amenaza para la paz del otro.*[6] Este pasaje describe el proceso de cambiar a lo que realmente quieres, a pesar de las apariencias. Cuando nos peleamos y discutimos, estamos actuando según nuestros deseos secretos de ser distintos de como Dios nos creó. El Espíritu Santo no fallará en su función de reemplazar lo que hemos hecho de nuestra relación. Queremos recordar que, puesto que solo hay uno de nosotros, tal como decidamos percibir a nuestra pareja, así es como nos percibiremos a nosotros mismos.

Tal vez sea el momento de contar otro chiste para aligerar el estado de ánimo: Una mujer va al médico y le dice que su marido está perdiendo el interés por el sexo. El médico le da una píldora, pero le advierte de que aún está en fase experimental. Le dice que la añada a su cena, de modo que eso es lo que ella hace al llegar la noche. Una semana después, vuelve al médico para su cita de seguimiento. Le dice:

—Doctor, la pastilla que me dio funcionó de maravilla. La camuflé en su cena tal como me dijo. No habían pasado ni cinco minutos cuando se levantó de un salto, tiró la comida y los platos al suelo, me agarró, me arrancó la ropa y me lo hizo desenfrenadamente allí mismo, en la mesa.

El médico, un poco desconcertado, dice:

—Lo siento, ¡no sabíamos que la píldora era tan fuerte! La fundación se hará cargo de los daños.

La mujer contesta:

—No, está bien. De todas formas no vamos a volver a ese restaurante.

El humor nos ayuda a mantenernos centrados en una realidad que está más allá del velo del olvido. Es esta realidad la que dice: "Nada es tan grave que no pueda curarse". Siempre que te asalte el miedo, y la sensación de sudor te recorra la cara cuando pienses en abordar un tema con tu pareja, debes saber que no eres el único al que le pasa esto, ya que mucha gente lo experimenta. Sin embargo, esa sensación refuerza la creencia de que estás solo, porque tus creencias hacen que algunas cosas sean más reales o más difíciles de superar que otras. Lo que se necesita es tener fe en que no eres tú quien cura, sino el poder de Dios o el amor. En el *Curso* hay una frase que se cita a menudo y dice: *No hay grados de dificultad en los milagros. No hay ninguno que sea más "difícil" o más "grande" que otro.*[7] Esto es lo que Jesús quiere decir:

Cuando sostienes que es imposible que no haya grados de dificultad en los milagros, lo único que estás diciendo es que hay algunas cosas que no quieres entregarle a la verdad. Crees que la verdad no podría resolverlas debido únicamente a que prefieres mantenerlas ocultas de ella. Dicho llanamente, tu falta de fe en el poder que sana todo dolor emana de tu deseo de conservar algunos aspectos de la realidad y reservarlos para la fantasía. ¡Si tan solo comprendieses cuánto afecta esto a tu apreciación de la totalidad! Aquello que te reservas solo para ti se lo quitas a Aquel que quiere liberarte. A menos que se lo devuelvas, tu perspectiva de la realidad permanecerá inevitablemente distorsionada y sin corregir.[8]

Eres perfectamente capaz de permitir que el poder de Dios fluya a través de ti para resolver todos los problemas, porque, para el Espíritu Santo (la Voz que habla por Dios), todos los problemas son iguales. Ninguno es más grande o más difícil de superar que otro. Es solo tu creencia la que dice lo contrario. ¿Ves cuánto poder tienes? La luz que hay en ti es demasiado grande para fracasar. Jesús está diciendo que todos tenemos el mismo poder que Él tuvo para transformar toda oscuridad y desesperación en la pura verdad. ¿Queremos la verdad por encima de todo? Esta es la "pregunta del millón". Tanto si la quieres ahora como si la quieres más tarde, tu inocencia permanece intacta. Pero, como dice el *Curso*: *¿Por qué esperar a llegar al Cielo? Los que buscan la luz están simplemente tapándose los ojos. La luz ya está en ellos.*[9] Por difíciles que parezcan las cosas en tus relaciones, o por temerosos que sean tus intentos de comunicarte, eso no significa que no estés ya en la luz. Jesús sigue explicando: *Esta luz no se puede perder. ¿Por qué esperar a encontrarla en el futuro, o creer que se ha perdido, o que nunca existió? Es tan fácil verla que los argumentos que demuestran que no está ahí se vuelven irrisorios.*[10] No se refiere a discusiones con personas, sino a que nuestros egos discuten con la verdad. El ego tiene que defender su "realidad" levantando defensas e intentando demostrar que la luz se ha ido. Es esto lo que es tonto y ridículo.

Mi intención para este capítulo es que empieces a sentir que tienes poder sobre tus circunstancias; que empieces a sospechar que no eres culpable y que, por lo tanto, no tienes por qué tener miedo. Al principio, cuando la separación parece real, siempre hay miedo. Todos lo experimentamos. Cuanto más reforcemos la idea de que no somos débiles, sino fuertes; de que no estamos indefensos, sino que somos todopoderosos, podremos experimentarnos a nosotros mismos tal como Dios nos creó y sentir la plenitud de alegría y paz que son nuestra herencia natural.

DICHOS DE WILLIAM SHAKESPEARE

A medida que avanzamos hacia nuestro último capítulo, profundizando en la comprensión de que somos uno en Dios, me gustaría cerrar este capítulo con algunos dichos de William Shakespeare, que a estas alturas de nuestro viaje no necesitan explicación:

"Estamos hechos de la misma materia que los sueños y nuestra pequeña vida acaba en un dormir".

"Dios os ha dado una cara, y vosotros os fabricáis otra".

"No es bueno ni malo, sino que el pensamiento lo hace así".

"La vida... es un cuento contado por un idiota, lleno de ruido y furia, que no significa nada".

"Nada puede salir de la nada".

"El robado que sonríe roba algo al ladrón".

"El amor buscado es bueno, pero dado sin buscarlo, es mejor".

PÁGINA PARA NOTAS PERSONALES

CAPÍTULO 13

LA RELACIÓN ÚLTIMA

Y permite que Aquel Cuyas enseñanzas son solo a favor de Dios te enseñe el único significado de las relaciones. Pues Dios creó la única relación que tiene significado, y esa relación es la relación que Él tiene contigo.[1]

Hemos llegado a nuestro capítulo final, que culmina con la comprensión de que todo lo que no tiene al amor como fundamento carece de sentido. Jesús dice: *Cuando la Expiación se haya completado, todos los Hijos de Dios compartirán todas las aptitudes. Dios es imparcial. Todos Sus Hijos disponen de todo Su Amor, y Él da todos Sus dones libremente a todos por igual. "Excepto que os volváis como niños pequeños" significa que, a menos que reconozcas plenamente tu completa dependencia de Dios, no podrás conocer el poder real del Hijo en su verdadera relación con el Padre. El que los Hijos de Dios sean especiales no procede de una condición de exclusión, sino de una de inclusión. Todos mis hermanos son especiales. Si creen estar privados de algo, su percepción se distorsiona. Cuando esto ocurre, toda la familia de Dios —la Filiación— sufre un deterioro en sus relaciones.*[2]

La creencia en la carencia y en la falta de valía es lo que nos mantiene a todos en los peldaños más bajos de la escalera y bloquea nuestro progreso hacia la iluminación. Ahora es el momento: el momento de reclamar nuestra herencia natural que sana todas las relaciones deficientes. Al reconocer a Dios como nuestra única Fuente, podemos comprender verdaderamente la diferencia entre lo que tiene sentido y lo que no lo tiene. Para despertar a la relación última, la que tienes con Dios, es útil revisar cómo puedes usar tus relaciones especiales, que pueden transformarse en relaciones santas como prerrequisito para despertar en Dios. Para transformar tus relaciones especiales en relaciones santas es necesario entregárselas al Espíritu Santo para que las utilice para sanar, como un aula de perdón. Para ello has de ser consciente de que, cuando se presente la oportunidad de afrontar un ataque, tú respondes con amor. En esta voluntad de ver las cosas de otra manera es donde notarás el progreso.

UNA DESCARGA DEL ESPÍRITU

Frente a los desafíos, es importante recordar que solo hay dos formas de expresión: alguien está expresando amor o está pidiendo amor. La respuesta en ambos casos sería el amor. Esto no suele ser fácil, pero si quieres la paz por encima de todo, aprenderás a aplicar amor a cualquier persona o situación. Para poder aprovechar tus relaciones especiales, practica contemplar cada desafío como una bendición, lo que te permite ver el rostro de Cristo en tu pareja, en los demás y en ti mismo. Con relación a esto, un día, mientras Gary y yo presentábamos nuestra clase en línea, recibí lo que llamo una "descarga" del Espíritu. Sentí como si la presencia de Jesús hablara a través de mí porque no tuve que pensar en lo que decía en absoluto. Las palabras pasaban a través de mí sin ningún esfuerzo. Durante los momentos siguientes me pareció entrar en trance, mientras las siguientes palabras se expresaban a través de mí:

*Jesús se nos aparece a cada uno de nosotros cada día si lo buscamos en todos nuestros hermanos y hermanas. Si buscamos el rostro de Cristo en todos…, eso es lo que el Espíritu Santo quiere que hagamos; eso es lo que el Espíritu Santo está consiguiendo que todos veamos. El Espíritu Santo se nos aparece todo el tiempo a través de nuestros hermanos y hermanas si eso es lo que **elegimos** ver, porque todos somos lo mismo; todos somos el Cristo junto con Jesús. Él no querría que lo pusiéramos en un pedestal. Él es un* hermano mayor sabio, y sí, es sabio escuchar a un hermano mayor sabio, pero lo encontramos en todos si eso es lo que **queremos** ver. Hasta que queramos eso por encima de todo, nos quedaremos con la versión del ego de la historia de las personas. Seguiremos viendo las imágenes como si fueran la realidad hasta que cambiemos de mentalidad y recordemos que no hay diferencia entre nosotros y Jesús, excepto en el tiempo, tal como él dice, pero el tiempo no es real. Esta es la comprensión última, llegar al lugar donde realmente sabemos que no estamos separados de Él o de Dios. Verlo a él en todos. Trata a todos como si él estuviera justo delante de ti, como si fueran Jesús, porque esa es la realidad. Esa es la verdad. Ninguno de nosotros es diferente de Él o de Dios. Solo sufrimos cuando optamos por las ilusiones o por dar más importancia a las imágenes que a lo que hay más allá del velo. No siempre es fácil. Y no es fácil hacerlo todo el tiempo, pero con la práctica continuada podemos llegar a ser realmente buenos en esto.

El Curso es una gran enseñanza. Sin duda, muchos de vosotros tenéis la siguiente experiencia: ¿No sientes a veces que, a medida que sigues leyendo el Curso, vas entendiéndolo a niveles cada vez más profundos, aunque hayas leído cien veces un pasaje determinado? Cuando experimentas eso, exclamas: "¡Oh, Dios mío!", porque todo encaja. Es como si lo entendieras por primera vez, aunque lo hayas leído cien veces. Eso es porque lo estás entendiendo y tu mente se está curando, porque cuanto más perdonas y amas, y **vives** el Curso, más vas a experimentarlo. Te vas a sentir más ligero, como si estuvieras soñando el sueño; solo estás caminando a través del sueño, pero no eres una figura del sueño. Esta es la experiencia hacia la que el Curso nos dirige: esta ligereza, esta sensación de que esto es realmente un sueño. Puede ocurrir que lo sientas solo durante unos segundos y luego desaparezca, como una revelación. Puede que solo dure unos segundos y dices: "¡Oh, Dios mío, Dios mío, acabo de tener la sensación más increíble!". Y en ese momento todo es perfecto; se ha producido la plena suspensión de la duda y el miedo; y no hay nada en el mundo que se le pueda comparar, nada. Es parecido a estar en comunión directa con Dios, y no puedes explicarlo. Simplemente sabes que quieres eso más que ninguna otra cosa porque estás recordando que eso *es lo que eres. Eres esa completa verdad, totalidad y unidad con el amor de Dios. Este mundo no se puede comparar con eso. El amor de este mundo no se puede comparar con eso, lo que significa que nuestras relaciones de amor especial no se parecen en nada al amor de Dios. Así que el* Curso *es muy profundo, y cuanto más te adentras en él, más se adentra él en* ti, *y tú experimentarás estas verdades.*

Después de esta descarga me sentí muy inspirada, y sentí una gratitud total por el recordatorio de que, cuanto más practiquemos, más seguiremos progresando.

RELACIONES SANTAS EN LA HISTORIA

He pensado que sería útil tomar algunos ejemplos de relaciones y personas de la historia que realmente han demostrado la transformación de una relación especial en una relación santa; relaciones en las que se demuestra amor incondicional, compromiso, sabiduría y coraje frente a la adversidad.

Una de las relaciones románticas más conocidas e inspiradoras de la historia de la literatura es la que mantuvieron Elizabeth Barrett Browning y Robert Browning, ambos poetas de la era victoriana. La relación amorosa entre ellos fue una verdadera pasión. Al parecer, Elizabeth sufrió una grave lesión en la columna vertebral a una edad temprana, por lo que se vio obligada a guardar cama. Durante este tiempo, comenzó a escribir poesía, lo que empezó como un pasatiempo cuando tenía alrededor de trece años. En 1844 publicó su primer libro completo, titulado *Poemas*. Su obra llamó la atención de Robert Browning. Este se puso en contacto con Elizabeth e iniciaron un noviazgo por correo. Él contactó con ella para expresarle su admiración, y su romance comenzó con una serie de cartas de amor que reflejaban la intensidad de su relación. Como escribe Frederic Kenyon, "el Sr. Browning sabía que estaba pidiendo que se le permitiera hacerse cargo de la vida de una inválida —creía, de hecho, que ella estaba incluso peor de lo que realmente estaba, y que estaba irremediablemente incapacitada para mantenerse en pie—, pero estaba lo suficientemente seguro de su amor como para no considerar que eso era un obstáculo". Este es un punto importante. Él no dejó que lo que pudiera considerarse un obstáculo se interpusiera en su amor y en sus sentimientos por Elizabeth, lo que me recuerda la siguiente frase del *Curso*, que puedes decir con la ayuda del Espíritu Santo ante cualquier situación difícil: *Enséñame a no hacer de ello un obstáculo para la paz, sino a dejar que Tú lo uses por mí para facilitar su llegada.*[3]

Más adelante se casaron y lo mantuvieron en secreto. El padre de Elizabeth no aprobaba el matrimonio y no quiso saber nada más de ella. Elizabeth apoyó a su marido a pesar de la opinión de su padre (otra poderosa lección) y le atribuyó el mérito de haberle salvado la vida. En una de sus citas dice: "Admiro cualidades como las suyas: fortaleza, integridad. Le quería por su valor en circunstancias adversas, que él sentía más literalmente de lo que yo podía sentirlas".

Durante sus primeros años de matrimonio, hubo muchas expresiones poéticas en forma de sonetos, que Robert Browning conservó: "No me atrevía", dijo, "a reservarme los mejores sonetos escritos en cualquier idioma desde Shakespeare". La colección fue publicada en 1850 con el nombre de *Sonetos del portugués*. Kenyon escribe: "Con la única excepción de Rossetti, ningún poeta inglés moderno ha escrito sobre el amor con tanta genialidad, tanta belleza y tanta sinceridad como los dos que dieron el ejemplo más hermoso de él en sus propias vidas".

Nota: **Lo que me llama la atención es la abrumadora sinceridad de su amor y cómo superaron la adversidad.** Elizabeth murió en brazos de Robert el 29 de junio de 1861. La cita siguiente sobre su amor por Robert está tomada de una fuente de internet:

"El soneto 43, uno de los poemas de Barrett, expresa su intenso amor por su futuro marido, Robert Browning. Tan intenso es su amor por él, dice, que se eleva al nivel espiritual. Lo ama libremente, sin coacción; lo ama puramente, sin esperar ningún beneficio personal. Lo ama incluso con una intensidad de sufrimiento similar a la de Cristo en la cruz, y lo ama como amaba a los santos cuando era niña. Además, espera seguir amándolo después de la muerte.

Nota: La mención del sufrimiento de Cristo hace referencia a su amor intenso e incondicional por su marido. En realidad Cristo no sufrió en la cruz, pues la mente libre de culpa no puede sufrir, y Jesús lo sabía. La referencia a los santos que hace aquí puede ser a personas que ella consideraba santas de niña, pero que la decepcionaron, aunque eso no le impidió experimentar la pureza del amor en su vida. Para mí su historia de su amor, expresada a través de uno de sus sonetos más famosos, describe su devoción completa e incondicional al amor sin límites.

El término "soneto" se deriva de la palabra italiana *sonnetto*, que significa "pequeña canción". El soneto merece ser reseñado aquí:

¿Cómo te amo? Déjame contarte las maneras.

Te amo hasta la profundidad, anchura y altura que mi alma puede alcanzar, cuando se siente fuera de la vista, hasta los confines del ser y la Gracia ideal. Te amo hasta el nivel de la necesidad más silenciosa de cada día, a la luz del sol y de las velas.

Te amo libremente, como cuando los hombres luchan por sus derechos.

Te amo puramente, como cuando se apartan de la alabanza.

Te amo poniendo pasión en mis viejas penas, con la fe de mi infancia.

¡Te amo con un amor que parecía haber perdido al perder a mis santos!

¡Te amo con el aliento, las sonrisas, las lágrimas, de toda mi vida!

Y, si Dios quiere, te amaré mejor después de la muerte...

Nota: Me conmovieron tanto estas palabras que les compuse una melodía, que se puede encontrar en mi CD, *Awakening to Love*.

El Espíritu también me guió hacia una historia en particular sobre la Reina Ester en el *Libro de Ester* del Antiguo Testamento, que tiene que ver con la devoción, el coraje y la fe, y que creo que merece la pena compartir. Se ha dicho que el coraje no es la ausencia de miedo, sino su dominio. La historia de Ester, la Reina del Imperio Persa, sin duda capta este tema tan importante, y es un excelente ejemplo de algunos rasgos de carácter como la devoción, la fe, la gracia y la confianza en un poder superior a uno mismo; trata sobre el desarrollo de la relación con Dios, la relación suprema. De vez en cuando, todos nosotros caemos y confiamos en la debilidad del ego como si fuera nuestra fuerza. Si nos acordamos de unirnos al Espíritu Santo y confiamos en Él para que actúe a través nuestro, seremos mejores recipientes para que el amor fluya y nos atraviese; este es el propósito del Espíritu Santo para el cuerpo y el propósito de las relaciones.

En la historia de Ester, ella nació sin madre ni padre, así que sentía que no pertenecía a nadie. Más tarde utilizó sus sentimientos de aislamiento y soledad para permitirse encontrar al Espíritu en sus experiencias. Tú también puedes hacerlo si te acuerdas de contemplar a los demás con la visión espiritual. Piensa en que las personas no son menos que Dios, lo que significa que *tú* tampoco eres menos que Dios. En otras palabras, en tiempos difíciles podemos aprender a encontrar nuestro Espíritu en lugar de perdernos a nosotros mismos. Ester desarrolló su devoción a Dios como resultado de sus sentimientos de vacío y aislamiento, que utilizó para un propósito diferente: como inspiración para conectar con Dios, su único padre (la relación definitiva).

Ester era capaz de mirar más allá de los muros de separación y de encontrar a Dios. Con frecuencia nuestra relación con Dios puede parecer engañosa debido a la aparente separación que sentimos de Él. En otras palabras, cuando le invocamos, no siempre experimentamos una respuesta inmediata. Pero fíjate también en que Dios no nos castiga cuando nos desviamos del camino y tomamos decisiones equivocadas con el ego. Él solo conoce nuestra plenitud.

Cuando miramos en nuestro interior y allí encontramos respuestas y, a medida que practicamos el perdón, no siempre obtenemos ganancias materiales o mejoras de salud. Las cosas parecen seguir como antes. Es posible que el mundo no cambie, pero nuestra percepción del mundo cambiará a medida que practiquemos el perdón. Siempre veremos sufrimiento hasta que estemos dispuestos a ir más allá de donde estamos ahora en nuestra mente y atravesemos los bloqueos que nos impiden experimentar la presencia del amor. Ester fue una maestra capaz de ir más allá de los bloqueos que parecían rodearla, algo que aparentemente se enseñó a sí misma y para lo que utilizó sus años más difíciles. Aprendió a ver a Dios en todas partes, como si supiera que Él era su único padre. Él era la única Autoridad. **En verdad, no hay velo entre Dios y Su Hijo (todos nosotros como uno), así que, en este sentido, no hay relación. Dios es una corriente continua de amor que se extiende hacia la eternidad, y nosotros somos parte de ese amor.**

Todos tenemos momentos en los que afrontamos dificultades; momentos en los que la voz del ego es mucho más fuerte que la del Espíritu Santo. Cuando se lo permitimos, el ego suele hablar primero y es el que hace más ruido. En lugar de permitir al ego llevarnos a ir más lejos en la tentación, podemos volver a ascender por la escalera que el ego nos hizo descender, ahora con el Espíritu Santo como maestro. Deshacemos el ego paso a paso, pensamiento a pensamiento, hasta que finalmente alcancemos la cima de la escalera. Así llegamos al *periodo de logros*[4] del que habla el *Curso* en *El desarrollo de la confianza*,[5] pues hemos aprendido a confiar solo en la Voz del Espíritu Santo, al que tenemos como maestro.

Ester mostró estos rasgos incluso ante la posibilidad de perder su propia vida, con lo que acabó salvando a muchos otros. La historia de Ester nos muestra a una persona parecida a Cristo en su ausencia de egoísmo, ya que estaba dispuesta a renunciar a su propia vida por el bien de todos. Esto no habría sido un sacrificio, sino un intento heroico de salvar a su pueblo (los judíos) de ser destruidos por el Rey.

La historia de Ester demuestra las bendiciones que reciben los que son devotos y tienen plena confianza en Dios. En mi opinión, ella demostró que su relación con Dios era lo más importante. Y todos estamos trabajando en esto, en sanar nuestra culpa inconsciente por creer que nos hemos separado de nuestro Creador. Nuestras relaciones especiales son una oportunidad preciosa de practicar esta actitud mental, si las usamos sabiamente con este propósito.

Jesús y su amada esposa, María Magdalena, son otro ejemplo de este tipo de asociación, en la que se evidenciaba su devoción a la verdad y a Dios a través de su mutua relación santa. Ambos eran iguales como maestros, y María también tenía sus seguidores. Ambos eran "normales" en el sentido de que no actuaban como si estuvieran por encima de los demás; eran simplemente mensajeros de la verdad, enseñando a través de la unión en lugar de separarse de la sociedad. Estaban casados, y yo diría que su relación era una asociación espiritual o una relación santa. Sin duda demostraron lo que significa tener una relación santa, esa etapa de la relación cuyo objetivo final es crecer espiritualmente en pareja con el propósito de despertar juntos *como uno en Dios*.

En el viejo paradigma del matrimonio, el propósito parece estar más orientado a la supervivencia de la relación y a lo que cada persona puede obtener de la otra para completarse, lo que satisface la necesidad del ego de ser especial. La pareja espiritual consiste más en comprender que ambos ya estáis completos y que os unís porque reconocéis el valor de lo que podéis compartir uno con otro y con los demás, lo que os prepara para despertar a vuestra verdadera relación con el Creador, *la relación definitiva, en la que reconocéis vuestra unidad.*

Nunca olvidaré la última escena de la película *Pompeya*, que tiene como protagonistas a Kit Harington y Emily Browning. En la escena final, cuando el Vesubio entra en erupción, los dos protagonistas tratan frenéticamente de escapar, como todos los demás. Era evidente que la erupción iba a consumir absolutamente todo a su paso, y los dos amantes lo sabían. Finalmente, la mujer se detiene, mira al hombre y le dice: "No quiero pasar mis últimos momentos corriendo". Él la mira mientras la tormenta volcánica viene directamente hacia ellos a una velocidad increíble, y dice: "No mires ahí, mírame a mí..., solo mírame a mí". En lugar de centrarse en el caos, pasan sus últimos momentos compartiendo un apasionado beso, mirándose directamente a los ojos. Esto ocurre cuando la horrible imagen de la tormenta ya se cierne sobre ellos. La escena es muy dramática y muestra la dualidad en acción. Resulta muy conmovedora porque también simboliza la elección del amor en lugar del miedo ante una muerte inminente.

A pesar de todo el drama que se desarrolla en nuestras vidas, podemos elegir vivir el dulce y feliz sueño de perdón que precede al despertar en nuestro verdadero hogar del Cielo. Cultivar una relación santa con alguien precede al desarrollo de la conciencia de tu verdadera relación con Dios. Desarrollar tu relación con Dios implica dedicarle algo de tiempo cada día. Tómate unos momentos a diario para pensar en Dios. La práctica de la Oración Verdadera, como se explica en el suplemento el Canto de la oración del *Curso*, es una de las herramientas que puedes utilizar para unirte a Dios y desarrollar tu relación con Él. En la oración verdadera, te olvidas de las cosas que crees necesitar y vas hacia tu Padre con las manos vacías. No tienes ídolos que adorar, deja que todos los ídolos se vayan. Pídele poder entender que se te ha dado todo.

Con frecuencia me doy cuenta de todo el tiempo que la mayoría de nosotros dedicamos cada día a nuestras rutinas y hábitos, como robots en piloto automático, completamente atrapados en el mundo y en nuestras historias. No hay necesidad de sentirse culpable, porque en realidad no ha sucedido nada. Como creemos que sí ha ocurrido, tenemos trabajo que hacer para deshacerlo. Hemos aprendido tan bien los caminos del ego que necesitamos deshacerlos en buena medida para empezar a reconocer cuán poco tiempo dedicamos a los propósitos espirituales y a unirnos a Dios. Hay una gran resistencia a hacerlo porque al ego le resulta amenazador, así que podemos encontrarnos diciendo: "¡Exige demasiado trabajo!". Decimos que lleva mucho trabajo, pero estamos dispuestos a ir a trabajar todos los días y a pasar horas y horas haciendo cosas que la mayoría no queremos hacer. ¡Qué extraño! Finalmente, a medida que valoremos más al Espíritu, cada uno de nosotros decidirá desarrollar su relación con Dios y recordar quiénes somos: una parte de Dios, a la que Él creó para que fuera exactamente igual a Él.

UNA METÁFORA PARA ENTENDER LA VERDAD

El Sol puede ser una metáfora de quiénes somos en realidad: ¡La Luz del Mundo que ilumina el mundo! En el *Curso*, luz significa verdad. En la metáfora siguiente, el Sol, tal como lo experimentamos aquí en la Tierra, es una constante, en el sentido de que siempre está brillando. Sabemos que siempre podemos contar con su resplandor. El Sol es la fuente de toda la vida en el plano de la forma (el mundo físico) porque *creemos* que nos sustenta, al igual que Dios es la Fuente de toda la vida. Las nubes que de vez en cuando oscurecen el Sol son como una metáfora de la culpa inconsciente que tenemos en nuestra mente, oscureciendo la verdad de lo que somos en Dios. Tal como sabemos que las nubes solo oscurecen temporalmente el Sol, nuestra culpa inconsciente solo oscurece por un tiempo la verdad de lo que somos. La verdad no cambia, tal como las nubes que ocultan el sol no cambian el hecho de que el sol siempre está brillando. No condenamos ni nos enfadamos con las nubes porque sabemos que solo ocultan el Sol, que sigue brillando por encima de ellas. Al Sol no le afecta lo que está fuera de él.

En verdad, como ocurre con todo lo demás en este mundo ilusorio, el Sol es solo una imagen que hemos creado, y desaparecerá junto con todo lo demás del falso universo. **En el nivel del mundo, donde creemos estar, sabemos que sería una tontería empezar a gritar y enfadarnos con las nubes por venir y tapar el Sol. Simplemente aceptamos las nubes porque sabemos que el Sol siempre está brillando. Por tanto, si las personas de nuestra vida también son proyecciones de nuestra mente inconsciente, ¿por qué condenamos y culpamos a los demás cuando bloquean la luz de *sus* mentes?**

Puedes aprender a aceptar que las personas que te irritan o te molestan solo están experimentando obstáculos temporales a la aceptación del amor que llevan dentro. Si reaccionas a ellas con el ego, también bloqueas el amor dentro de ti. Puedes desarrollar tu relación con Dios practicando dentro del marco de las relaciones especiales. Para eso es para lo que son, para perdonar. Con el tiempo, alcanzarás el objetivo del *Curso* y experimentarás tu naturaleza Divina a través de la comprensión de que *la Iluminación es simplemente un reconocimiento, no un cambio. La luz es algo ajeno al mundo y tú, en quien mora la luz, eres asimismo un extraño aquí. La luz vino contigo desde tu hogar natal y ha permanecido contigo porque es tuya. Es lo único que trajiste contigo de Aquel que es tu Fuente. Refulge en ti porque ilumina tu hogar, y te conduce de vuelta al lugar de donde vino y donde finalmente estás en tu hogar.*[6]

Mientras se desarrolla la historia de nuestra vida, el Sol sigue brillando todo el tiempo, tal como la verdad sigue siendo la verdad y no cambia. La verdad es... **Dios Es.**

PÁGINA PARA NOTAS PERSONALES

SOBRE LA AUTORA

Cindy Lora-Renard imparte conferencias sobre *Un curso de milagros* en muchos países del mundo y es autora de *Un curso de salud y bienestar* (publicado en seis idiomas) y de los éxitos de ventas *El asunto del perdón* y *El cielo es ahora*. Tiene un máster en Psicología Espiritual por la Universidad de Santa Mónica, además de ser una cantante y compositora visionaria. Cindy emplea su conocimiento del *Curso*, la música y la psicología como herramientas de curación para ayudar a otros a despertar del sueño de la separación a las octavas superiores de la vida.

Cindy nació en Toledo, Ohio, de dos profesores consumados. Su padre, Ron Lora, es un galardonado profesor de Historia (ahora jubilado) que enseñó en la Universidad de Toledo, Ohio. Su madre, Doris Lora (también jubilada), fue una respetada profesora de música en la misma universidad, y más adelante cambió de profesión y se doctoró en Psicología. Ambos siguen estando muy activos en sus respectivas comunidades. Cuando Cindy tenía 17 años, se trasladó con su madre a Los Ángeles, donde reside. Comenzó su recorrido espiritual a los 20 años, probando diversas vías hasta que eligió *Un curso de milagros*. Con el tiempo conoció y se enamoró de su marido, Gary Renard, un destacado profesor de *Un curso de milagros* y autor de diversos libros. Gradualmente se fue desplegando un proceso en el que Cindy tomó conciencia de la dirección que debía seguir. Ahora le encanta su trabajo de escritora, oradora y de profesora en línea junto a Gary; también ofrece grabaciones de audio sobre el *Curso* en su página web. Le encanta conocer a gente de todo el mundo y le gusta decir: "Todos estamos juntos en esto".

CLAVE DE LAS REFERENCIAS

Para entender las notas y referencias, por favor sigue los siguientes ejemplos del sistema de numeración que se utiliza para localizar las citas de *Un curso de milagros*.

T-26.IV.4:7 = Texto, Capítulo 26, Sección IV, Párrafo 4, Frase 7.

L-p1.169.5:2 = Libro de ejercicios, Primera parte, Lección 169, Párrafo 5, Frase 2.

M-13.3:2 = Manual para el maestro, Pregunta 13, Párrafo 3, Frase 2.

C-6.4:6 = Clarificación de términos, Término 6, Párrafo 4, Frase 6.

P-2.VI.5 :1 = Psicoterapia, Capítulo 2, Sección 6, Párrafo 5, Frase 1.

S-1.V.4:3 = Canto de la oración, Capítulo 1, Sección 5, Párrafo 4, Frase 3.

In. = Introducción

TRI.Cap.2.P.9 = *Tu realidad inmortal: cómo romper el ciclo de nacimiento y muerte*, autor Gary. R. Renard, Capítulo 2, Página 9 [de la versión original inglesa].

DU.Cap.4.P.365 = *La Desaparición del Universo*, autor Gary R. Renard, Capítulo 4, Página 365 [de la versión original inglesa].

EANHOAN = El amor no ha olvidado a nadie, autor Gary R. Renard.

Prefacio de *UCDM* = Prefacio de *Un curso de milagros*.

NOTAS FINALES

1. El propósito de las relaciones.   1.P-1.2:1   2.T-9.VII.1:6-7
3.T-21.in.1:5   4.M-20.4:8   5.T-20.VIII.1:2   6.T-9.VII.3:7-8
7.M-3.1:6-8 8.T-8.III.4:2-5 9.T-22.VI.14:5 10.T-17.VI.2:3 11.T-19.I
12.T-19.I.1:1   13.T-19.I.1:3   14.T-19.II.1:1-6   15.T-19.II.2:1-4
16.T-19.II.6:7-8   17.T-31.VIII.9:2   18.T-19.I.9:1-5   19.T-21.in.1:1-5
20.M-in.2:1-3
2. El poder del presente.   1.T-15.I.10:1   2.T-15.I.9:2-3
3.T-15.I.9:5   4.T-15.II.6:3   5.TRI.Cap.3.P.80   6.DU.Cap.7.P.256
7,T-19.IV-C.5:6   8.L-p1.185.1:1-3   9.T-18.VII.7:7-8   10.T-18.VII.8:4
11.T-in.2:2-3   12.T-6.I.18:1-2   13.Prefacio, ¿Qué postula?, p.xv
14.M-17.4:1-11   15.T-15.I.8:1-7   16.T-28.I   17.T-28.I.4:4-7
18.T-28.I.7:3-9 19.T-9.V.6:3-5 20.T-15.I.9:3-7 21.T-15.V.3:1-7
3. Aventuras que me han ocurrido viajando. 1.T-16.VII.4:1-3
2.T-7.VIII.3:9-12   3.L-p1.201   4.T-5.V.5:1   5.T-18.IV.2:1-2
6.T-18.IV.2:3-4
4. Las herramientas. 1.T-1.II.6:7   2.L-in.1:3   3.T-1.I.43:1
4.DU.Cap.2.P.39   5.S-2.II   6.L-p1.23.5:2   7.TRI.Cap.3.P.78
8.TRI.Cap.3.P.80 9.L-p1.121.10-13 10.T-23.IV 11.L-p1.185.6:1-2
12.L-p1.132.5:3   13.T-9.IV.5:3-6   14.T-31.VI.2:1-7   15.T-2.II.1:11-12
16.T-2.II.1:9   17.T-9.VII.8:1-3
5. Percepción es interpretación.   1.T-1.III.6:7   2.T-14.XI.5:1-2
3.T-23.II.22:8-11   4.T-21.IV.3:1   5.Prefacio, ¿Qué postula?, p.xiv
6.T-30.I 7.T-18.II.5:12-15 8.T-27.VII.11:7 9.T-27.VII.8:1 10.T-10.I.2:1
11.T-5.IV.4:5-6   12.T-3.V.9:1   13.T-3.III.2:1-4:6   14.T-27.VIII.6:2-4
15.T-1.I.1:1

267

6. Infidelidad. 1.T-31.VIII.1:1-2 2.M-4 3.M-4.II.1:4-9 4.T-23.IV
5.I-29.IV.4:1-3   6.T-29.IV.6:1-4   7.Prefacio, ¿Qué postula?, p xiii
8.T-1.III.6:1-7 9.T-4.IV.8:1-10

7. La abundancia es un estado mental. 1.T-9.VIII.5:1 2.T-1.V.6:2
3.T-7.IV.7:1 4.L-p1.166.9:2   5.L-p1.166.9:1-6   6.T-26.X.4:1
7.T-27.I.1:5-9 8.T-18.I.4:1-6 9.T-15.I.10:7-8 10.L-p2.289

8. La Realidad como cocreación con Dios. 1.T-25.VII.4:2-3
2.T-4.III.1:10 3.T-in.1:1-8 4.T-4.IV.8;1-6 5.L-p1.169.5:1-7

9. Relacionarse desde la mentalidad recta.   1.C-1.5:2
2.L-p1.132 3.L-p1.132.4:1-5:3 4.L-p1.132.7:1-4 5.T-5.IV.8:1-6
6.T-15.I.11:1-2 7.T-3.IV.2:3 8.T-27 9.T-27.VIII ,10.T-27.VIII.10:1-6
11.T-27.VIII.11:1-2 12.T-31.VIII.11:1 13.M-14.1:2-5 14.T-23.IV
15.T-16.VI.10:1-2

10. Tener razón o ser feliz. 1.T-29.VII.1:6-9 2.T-30.I.2:2
3.T-30.I.4:2 4.M-21.1:9-10 5.T-8.III.4:2-6 6.L-p2.1.1:1-7
7.T-27.VIII.4:4-5 8.C-1.1:1 9.*Let it Be*, canción y letra de Paul
McCartney

11. Relaciones especiales. 1.T-16.VII.4:1 2.M-4.VIII.1:1-3
3.T-16.IV.3:1-7 4.T-1.VI.5:4-10 5.M-3.1:6-8 6.L-p1.195.1:1-6
7.T-15.V.3:1-7 8.T-15.V.4:1-6 9.L-p1.134.15:3 10.L-p1.134.16:3-4

12. Comunicación sin miedo. 1.T-15.IX.7:1   2.T-5.V.5:1
3.T-31.VIII.5:2-4 4.M-10.2:1-7 5.T-6.in.1:2-3   6.T-18.V.6:1-3
7.T-1.I.1:1-2 8.T-17.I.3:1-6 9.L-p1.188.1:1-3 10.L-p1.188.2:1-3

13. La relación última. 1.T-15.VIII.6:5-6   2. T-1.V.3:1-8
3.T-19.IV-C.11:10 4.M-4.I-A.8:1 5.M-4.I-A 6.L-p1.188.1:4-8

LECTURAS SUGERIDAS Y RECURSOS SOBRE
UN CURSO DE MILAGROS

1. *Un curso de milagros*, 2ª edición, publicado por la Fundación para la Paz Interior.

2. *La Desaparición del Universo*, Gary R. Renard, Barcelona, El Grano de Mostaza Ediciones, 2010.

3. *Tu realidad inmortal: cómo romper el ciclo del nacimiento y la muerte*, Gary R. Renard, Barcelona, El Grano de Mostaza Ediciones, 2009.

4. *El amor no ha olvidado a nadie*, Gary R. Renard, Barcelona, El Grano de Mostaza Ediciones, 2013.

5. *Las vidas en que Jesús y Buda se conocieron: una historia de poderosos compañeros*, Gary R. Renard, Barcelona, El Grano de Mostaza Ediciones, 2017.

6. *Un curso de salud y bienestar*, Cindy Lora-Renard, Barcelona, El Grano de Mostaza Ediciones, 2018.

7. *El asunto del perdón*, Cindy Lora-Renard, Barcelona, El Grano de Mostaza Ediciones, 2021.

8. *El cielo es ahora*, Cindy Lora-Renard, Barcelona, El Grano de Mostaza Ediciones, 2022.

9. *All Peace, No Pieces*, Jackie Lora-Jones, autopublicación, 2018.

10. *Las preguntas más comunes en torno a Un curso de milagros*, Gloria y Kenneth Wapnick, Barcelona, El Grano de Mostaza Ediciones, 2014.

11. *Ausencia de Felicidad*, Kenneth Wapnick, Barcelona, El Grano de Mostaza Ediciones, 2010.

12. *La sanación de la mente,* Kenneth Wapnick, Barcelona, El Grano de Mostaza Ediciones, 2019.

13. *El tiempo, una gran ilusión*, Kenneth Wapnick, Barcelona, El Grano de Mostaza Ediciones, 2022.

14. *Viaje sin distancia*, Robert Skutch, Barcelona, El Grano de Mostaza Ediciones, 2010.

15. Clases en línea con Gary y Cindy Renard sobre *Un curso de milagros*:

Para apuntarte a las clases, por favor ve a la página de "Appearances" en www.cindylora.com

También encontrarás una lista de productos en la tienda (store) de Cindy dentro de su página web, que incluye grabaciones de audio recién publicadas (para descarga digital) sobre *Un curso de milagros*.

Otros productos de Cindy Lora-Renard:
CD de música y meditación, que se pueden encontrar en Amazon, iTunes y CD baby:

Journey through Sound (Viaje a través del sonido)
Awakening to Love (Despertar al amor)
Near the Beginning (Cerca del principio)
Summer and Smoke (Verano y humo)
Meditations for Couples (Meditaciones para parejas)
Grabaciones de audio descargables sobre *Un curso de milagros* en la página store del sitio web de Cindy:
www. cindylora.com

SOBRE LA LA FUNDACIÓN PARA LA PAZ INTERIOR

Para saber más sobre *Un curso de milagros,* te recomiendo que visites la página web de la editorial autorizada y titular de los derechos de autor del *Curso*, la Fundación para la Paz Interior: www.acim.org. Aunque hay muchas excelentes organizaciones que apoyan el estudio de *Un curso de milagros*, esta es la original y la que tiene una mayor variedad de materiales relacionados con el *Curso*, incluyendo biografías y fotos de los autores, DVD, acceso gratuito a las lecciones diarias, grabaciones de audio, información sobre los idiomas a los que se ha traducido el *Curso* y versiones electrónicas del mismo, incluyendo aplicaciones para dispositivos móviles.

La Fundación para la Paz Interior es una organización sin ánimo de lucro dedicada a elevar a la humanidad a través de *Un curso de milagros*. La organización depende de donaciones y actualmente está inmersa en la traducción del *Curso* a muchos idiomas (26 hasta la fecha). La Fundación también dona miles de copias del *Curso*. Si quieres hacer posible que más gente se beneficie de *Un curso de milagros,* haz una donación a la Fundación para la Paz Interior o a una de las muchas otras organizaciones relacionadas con el *Curso*.